あるくみるきく双書

田村善次郎・宮本千晴【監修】

宮本常一とあるいた昭和の日本

23

漆・柿渋と木工

農文協

はじめに

——そこはぼくらの「発見」の場であった——

「私にとって旅は発見であった。私自身の発見であり、日本の発見であった。書物の中で得られないものを得た。歩いてみると、その印象は実にひろく深いものであり、体験はまた多くのことを反省させてくれる。」これは『私の日本地図』の第一巻「天竜川にそって」の付録に書かれた宮本常一の「旅に学ぶ」という文章の一節である。これは宮本先生の持論でもあった。近畿日本ツーリスト・日本観光文化研究所に集まる若者の誰もが幾度となく聞かされ、旅ゆくことを奨められた。そして「どうじゃー、面白かったろうが」というのが旅から帰った者への先生の第一声であった。一生を旅に過ごしたといっても過言ではないほど、旅を続けた宮本先生にとって、旅は面白いものに決まっていた。それは発見があるからであった。発見は人を昂奮させ、魅了する。

この双書に収録された文章の多くは宮本常一に魅せられ、けしかけられて旅に出、旅に学ぶ楽しみと、発見の喜びを知った若者達の旅の記録である。一編一編は限られた村や町の紀行文であるが、こうして地域ごとに集めてみると、期せずして「昭和の風土記日本」と言ってもよいものになっている。

日本観光文化研究所は、宮本常一の私的な大学院みたいなものだといった人がいるが、この大学院は学歴も職歴も年齢も一切を問わない、皆平等で来るものを拒まないところであった。それだけに旺盛な好奇心と情熱をもった多様な性向の若者が出入りしていた。『あるく みる きく』は、この研究所の機関誌的な性格を持った月刊誌であり、所員、同人が写真を撮り、原稿を書き、レイアウトも編集もすることを原則としていた。編集者もデザイナーも筆者もカメラマンも、当時は皆まだ若かったし、素人であった。公刊が前提の原稿を書くのは初めてという人も少なくなかった。発見の喜び、感激を素直に表現し、紙面に定着させるのは容易なことではない。何回も写真を選び直し、原稿を書き改め、練り直す。徹夜は日常であった。素人の手作りからの出発であったが、この初心、発見の喜びと感激を素直に表現しようという姿勢、は最後まで貫かれていた。

月刊誌であるから毎月の刊行は義務である。多少のずれは許されても、欠号は許されない。特集の幾つかに宮本先生の古くからのお仲間や友人の執筆があるし、宮本先生も特集の何本かを執筆されているが、これらは欠号を出さず月刊を維持する苦心を物語るものである。

『あるく みる きく』の各号には、いま改めて読み返してみて、瑞々しい情熱と問題意識を感ずるものが多い。それは、私の贔屓目だけではなく、最後まで持ち続けられた初心、の故であるに違いない。

田村善次郎　宮本千晴

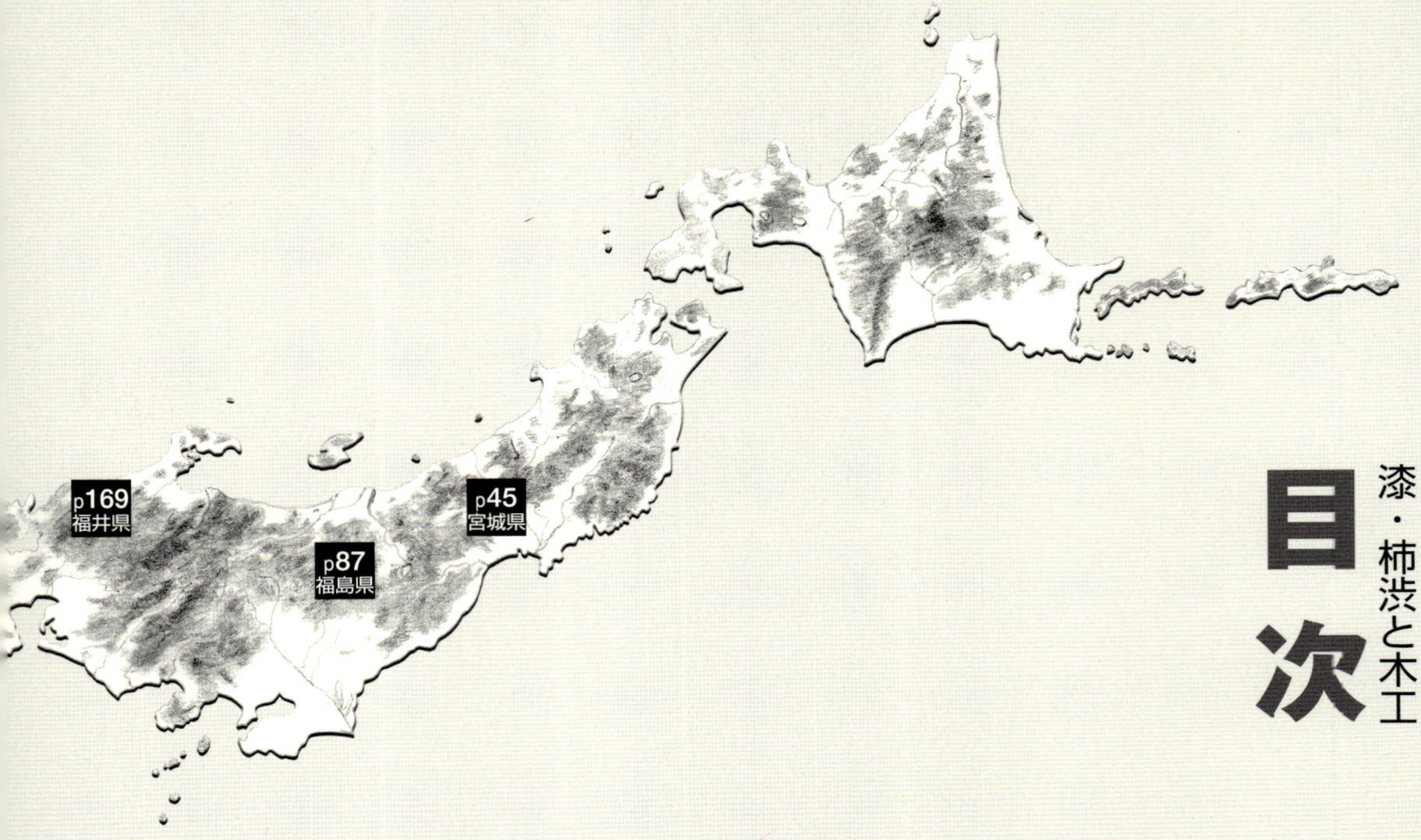

目次

漆・柿渋と木工

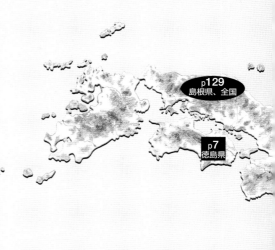

N
p129
島根県、全国
p7
徳島県

凡例

＊この双書は『あるくみるきく』全二六三号のうち、日本国内の旅、地方の歴史・文化、祭礼行事などを特集したものを選出し、それを原本として地域および題目ごとに編集し合冊したものである。

＊原本の『あるくみるきく』は、近畿日本ツーリストが開設した「日本観光文化研究所」の所長、民俗学者の宮本常一監修のもとに編集し昭和四二年（一九六七）三月創刊、昭和六三年（一九八八）一二月に終刊した月刊誌である。

＊原本の『あるくみるきく』は一号ごとに特集の形を取り、表紙にその特集名を記した。合冊の中扉はその特集名を表題にした。

＊編集にあたり、それぞれの執筆者に原本の原稿に加筆および訂正を入れてもらった。ただし文体は個性を尊重し、使用漢字、数字、送仮名などの統一はしていない。

＊印字の都合により原本の旧字体を新字体におきかえたものもある。

＊写真は原本の『あるくみるきく』に掲載のものもあれば、あらたに組み替えたものもある。また、原本の写真を複写して使用したものもある。

＊図版、表は原本を複写して使用した。また収録に際し省いたもの、新たに作成したものもある。

＊掲載写真の多くは原本の発行時の少し前に撮られているので、撮影年月は特に記載していないものもある。

＊市町村名は原本の発行時のままで、合併によって市町村名の変わったものもある。

＊収録にあたって原本の小見出しを整理し、削除または改変したものもある。

＊この巻は森本孝が編集した。

山の自然を必要とする人々

宮本常一

伐採した雑木の集積場　昭和43年（1968）10月　撮影・宮本常一

一昨年、国土庁から山村文化振興対策についての調査を依頼されて、全国六ヵ所のうちに奈良県吉野郡大塔村を加えた。大塔村は十津川の流域にある。奈良県でも過疎現象の特に著しい村で、村の総面積一一一平方キロメートルは昔も今もかわらないのに、人口の方は終戦頃の半分にも達しなくなって一三〇〇人ほどが在住しているにすぎぬ。その主な集落の坂本、辻堂、宇井は十津川にそうて谷底にあるが、そこには平地らしい平地もない。五条から新宮への通り道にあって、自動車の往来が多いので人も住みついているのである。その他の部落は谷から急傾斜をのぼってややゆるやかな斜面に畑をひらき、その畑の中に家を建て、山仕事をして暮らしをたててきたのであるが、山仕事は辛いもので、親も子供にそうした仕事をさせようとしないから、子供たちは中学を卒業するとみな村を出る。そして就職する者もあれば高校へゆく者もあるが、いったん村を出ると、再び帰って来る者はないという。さてその子が成長して都会で就職し、妻を迎え家を持って生活が安定すると、親も息子のところへ出かけてゆき、そのまま都会の人になる者もある。このまま五年、一〇年とすぎてゆけば、廃村になってしまうのではなかろうかと、村の年寄りたちは言っている。

そうした部落の中で、最近とくに人口減少のはなはだしいのが篠原である。人家の多いときは百戸をこえていたというが、現在では三十五戸に減っているが、それも大半は老人である。この村は古くは壺杓子木地の村であった。つまり壺杓子を作る人たちが定住したた

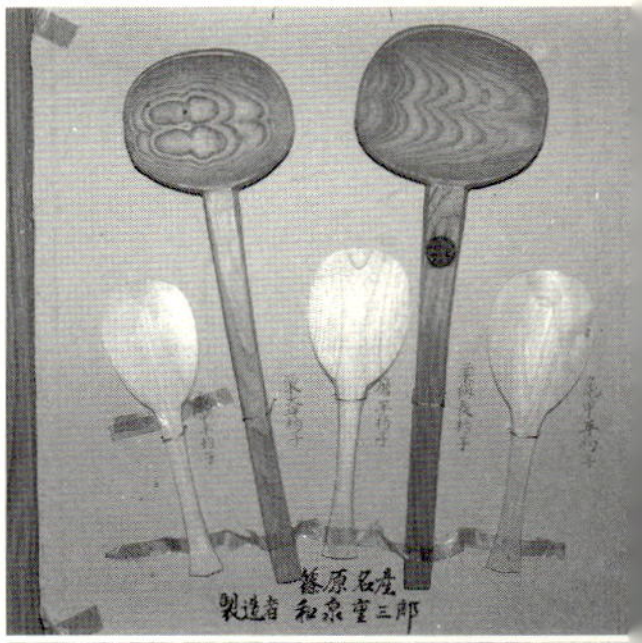

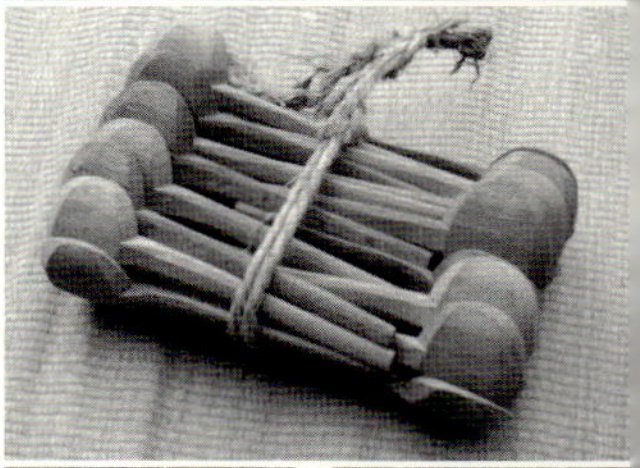

上　篠原名産の長柄杓子や平杓子など。
和泉重三郎制作
中　10本一束で出荷した長柄杓子
下　長柄杓子用の材割作業
昭和43年（1968）10月　撮影・宮本常一

ものである。いつ頃から定住したか明らかでないが、室町時代にはもう定住していたのではないかと思う。このあたりの山々には雑木が多く、それを利用して壺杓子を作り、また山を伐って焼畑をおこなって食糧を自給した。川にはアメノウオが多く、それをとって蛋白質は補った。豊かとは言えないがおちついた生活があって、篠原踊りという古風な小歌踊りを持ちつたえ、それを踊ることをたのしみにしていた。その篠原から西へ四キロほど谷を下ったところに惣谷という在所があって、そこも壺杓子を作っていたが、今はすっかりやめて、林業労務にしたがっている。この在所には狂言がおこなわれていた。こうした村の古い文化は今後どうなってゆくのか、またどうしようと考えているのか、そういうことについてしらべてみることにしたのである。

　この村をはじめて訪れたのは昭和十一年頃であると思うから、もう四十年をこえている。四十年前には村にも活気があった。しかし今はすっかりさびれている。さびれながらも、ここに住む人たちは最後までここに踏みとどまろうとしている。そして篠原には和泉重三郎さんが今も壺杓子を作っている。作れば買う人がある。

　惣谷の新子薫さんは木彫をやっていて身体をいためて山仕事ができなくなったので木彫をはじめたのだという。木彫の師匠は別にいない。ただ若いとき壺杓子を作っていたので、木を刻むことは好きであり腕もたしかであった。そして狂言の面を作ったり刳り鉢や刳り盆のようなものも作れば牛なども刻む。美しい硯箱も見せてもらった。そしてそれらのものは奈良県展に出品して入賞している。息子さんは漆器の下地を作っている。

　需要者は奈良のあたりの人なのだから、奈良のあたりへ出ていって仕事をする方がよいのではないかと聞いたら、この山中でないとよい作品ができないという。木彫などでほんとにりっぱな仕事をしようとすれば、こういう自然の中にいることが何より大切なのだと思う。今はこういう自然を必要とする人が減っているが、本当の仕事をしたい人がふえ、この自然を必要とするようになると、この山中に住む人がまたふえてくるのではないかと思う。

（出典『ずいひつ大和』近畿日本鉄道企画部　昭和五一年）

緩斜面に建つ篠原の集落　昭和52年（1977）1月　撮影・宮本常一

惣盆

櫛差し黒内朱重箱

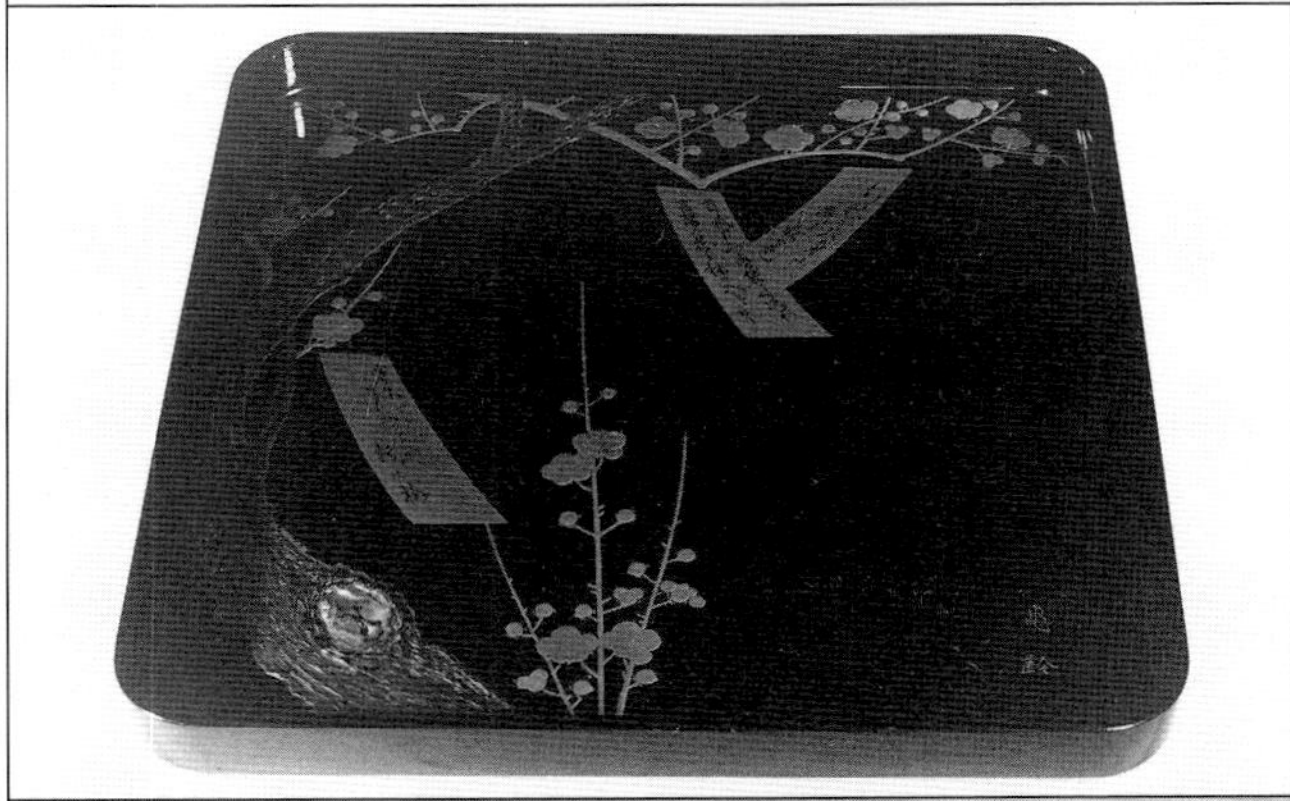

蒔絵惣盆

黒内八寸膳

うるし風土記 阿波半田

消えた漆器産地を訪ねて

文 姫田道子
写真 吉野洋三

旅のはじめ

漆器を尋ねる旅をしてみたい、と考えたとき何よりも阿波の半田塗の里を訪れてみたいと思いました。

そこはかつては西日本でも、そうとう大きい産地だったといわれていました。江戸時代の末期には、西日本はもとより江戸まで販路をもった漆器産地でしたが、大正の末期に急に衰えて昭和四十五年には最後の一軒も、なくなってしまったというところです。

どうしてそのような所へ行きたがるのか、尋ねても何も見るべきものはないのにと、心配したり不思議がる人もいました。いま盛んに生産している産地に行かないで、反対の方向へ目をむけたのは何故か、自分でも解らない、ただ一度行って確かめたいと思うばかりでした。「あるくみるきく」で漆器を特集する企画があり、しかも漆器が好きな私に旅をさせてくださるというのです。こんな機会はまたとない。主婦はいつも多忙でなかなか自分の旅はできません。息子達の学校の春休みの数日間に決行することにしました。

漆工の持っているさまざまな問題を話しあう明漆会《めいしつかい》という集りがあります。その会に参加する方々がよく我が家にお見えになります。漆のうつわの美しさ、使いよさに魅せられた私に、宮城県鳴子《なるこ》の澤口滋さんと輪島《わじま》市の奥田達朗さんから、毎年八月に開かれる会の記録の手伝いに来てくれるようにと誘われました。職人さんの話の面白さ、まことさにもひかれた私は、この会の記録を手伝うようになりました。その三回目が、四国高松でした。

その席で消えたといわれる産地の話を聞かされたのでした。徳島県美馬《みま》郡半田《はんだ》町からこられた竹内久雄さんの語られる話には、胸をつかれるものがありました。約三百年も続いた産地が、どんな漆器を創り出し、どんな栄えかたをして、どのような理由が重って無くなってしまったか、自分で行って確かめたいと思ったのです。

漆への愛着の話、本当の話、切ない話が聴かれるのではないかしら、そんな気がしました。職人でもあった竹内さんの始めの言葉に「私ら、一たん栄えて休んでいるところ」とおっしゃられたところも確かめたい。そうして半田に目を向けてしまったのです。

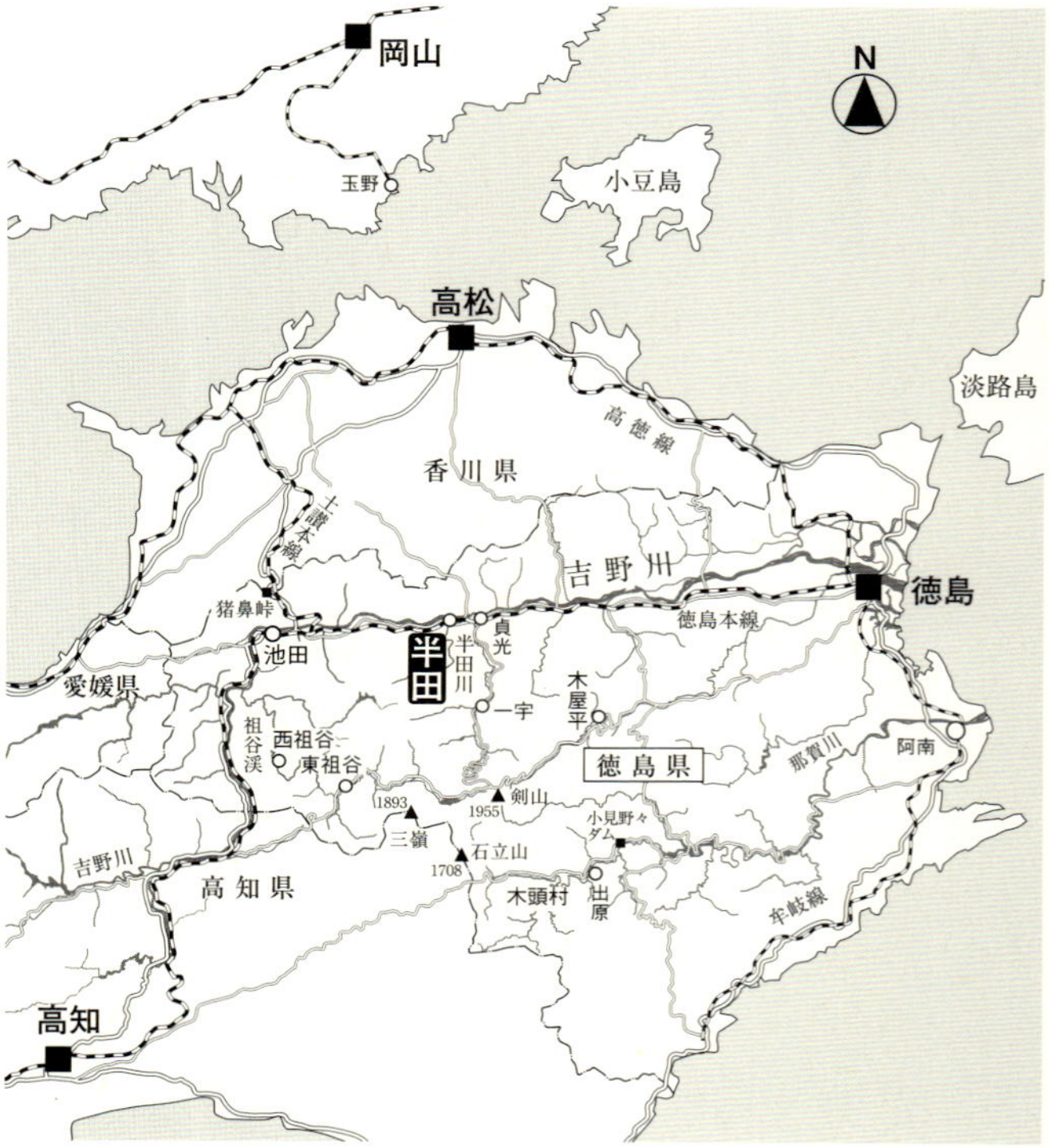

半田町美馬橋より半田小野付近をのぞむ。半田漆器を生んだ半田町は吉野川中流域に位置する

吉野川の中流域

三月二十六日、春休みになりました。息子達の休みはそれぞれ計画があって、第一日目は私と高一の長男が出発しました。神戸から先は私にとってはじめてのひとり旅です。

高松、一昨年私はここまで来たのです。高徳線の津田の国民宿舎で行われる明漆会にゆくためでした。その時は、四国の風土ときっても切れない運命的とも云うべき、台風のさ中で行われたのです。その一週間前にも台風五号に襲われて、数日に千ミリをこす驚異的な雨量で、町に山に大きな被害をのこしました。

いよいよ四国の中央へ突き進む土讃線に乗るときは緊張しました。船の中で知った若い青年は旅なれていて、さっさと弁当を買い込んで席に着きます。なるほど時間が節約されていいなと思っても、席を立つと汽車が出ていってしまいそうでやめました。神戸を七時に発ち、すでに十一時頃になっていました。

讃岐《さぬき》の山々はまんまるくて絵本をみるようでした。讃岐山脈に入り猪鼻《いのはな》トンネルを抜けると風景は一変しました。

待ちこがれた吉野川の姿を見たのです。芽をふき出した木々を通してみる吉野川は思ったより優しかった。昔ここでは帆掛船が使われたと或る本にありました。そのつど船はまた上流にもどさなければなりません。風が追い風でないときは曳き船といって岸辺で綱を肩にかけ全身の力を入れて、体を前に折り石を拾うかたちで汗を流しながら曳き上げるきつい作業であったというのです。
この池田あたりから徳島への約二〇里（八〇キロ）の往復は荷船の場合で、約一ヶ月もかかったともいう。カンドリ船（客船）の場合の下り早船は二四時間、上りは風次第で池田まで三、四日の早さとも書いてありました。その川がどのような表情をしているのかが、私の一番の関心事だったのです。

四国三郎といわれている川の名の響は、私には野性的で無分別な若者という感じでした。それがこの初対面では、ゆとりを見せ明るく水は青く、大らかな川幅を持っているではありませんか。

山から出た汽車は川に向って突き進み、アーチ型の鉄橋を渡って川を横ぎりました。私は忙しく左右の窓から上流、下流を眺めました。上流はダムが築かれているようでした。下流ははるかな霞の中に消えて舟影一つ見えませんでした。渡り切るとすぐさま迂回して急行の止る阿波池田駅に着きました。

吉野川の中流域に着いたのです。半田漆器を生み出した阿波の山なみと豊かな文化を運んだ川の全体の姿を見ることが出来ないものかと、出発前に旅行案内と地図で調べてみました。リフトもロープウェイもある箸蔵《はしくら》山に登ることにしました。いま通って来た急行の止らぬ箸蔵《はしくら》駅までもどらなければなりませんが、ロープウェイの下までのバスはあります。池田は何も彼もありそうな大きな街で、駅前はみやげものの店と、バスの発着で活気があります。構内にはかずら橋附近の民宿の案内板がいくつもかかげてありました。観光客は見当らず、土地の人々が汽車を待っていました。

リフト下までのバスが二時間後に来るというので、近くまでのバスに乗ることにしました。町なかを通り、川岸にそって走り、三好大橋を渡り、また川岸にそって走ります。二股の登り道になるところで下りました。百四十円を払う。道から見下す吉野川は、東風でさざなみを作り、河原の竹藪も波打っています。ウグイスの声が実によく耳に入ります。梅も桜も咲いています。川を離れてリフト口までなだらかな道を登ってゆきます。一キロばかりの道のりで一人の少女を見かけただけ、風の音はすれど眠いようなのどかさでした。

リフトを見て驚きました。四十五度、いえ五十度の傾斜かもしれない、そして長く伸びている。リフト口に来ると風はさらに強く、ひとり乗りの席が軽そうにゆれて見えます。たまに人が乗ってゆく。入口に観光バスが四台ほど待っているので、山には人がいるのに違いないと乗ることにしました。往復八百円でした。手には駅前で買った弁当と茶を持って。

幾年ぶりのリフトでしょうか。

昔乗ったのはスロープのゆるい雪山でした。ここのは釣り上げ、釣り上げして登って行き、振りむくのも恐ろしい。見上げる空はV字型で雲が走って美しい。リフトの道は風がなく暖かい、左右のレンギョウの花、足元には陽炎《かげろう》のぼる土の上に、水色の忘れな草が咲き続いているのです。踏んで痛めつけることなく、花の上を私は飛んでゆく。

なんと花の新しい時よ！

つい先日まで私は、受験直前の息子と共に、長く重苦しい冬をすごしました。その私が、いまここで陽光と花の群落のなかで、やすらぎの春、ねぎらいの春をむかえています。

この山にはこんぴら奥の院と言われている、真言宗別格本山箸蔵《はしくら》寺があります。天長五年（八二八）弘法大師が四国行脚の折、開創されたとありました。四国八十八ヶ所番外の寺です。リフトからロープウェイに乗り換え場所が、大門、仁王門でした、風雨に洗われた木造建築に目をみはりました。ロープウェイで蔵谷といわれる大きな谷を越えるのです。松、檜、杉などの老樹がうっそうと茂った昔に近い樹海が足下に見えます。

七堂伽藍。往時見事な森林が育った山々を物語る巨大な木造建築群でした。本殿にいたる胸をつく石段。その脇に立ち並ぶ御影石に刻む寄進者の名前を一つ一つ読みながら、のぼります。もし人間が木々たちに、その命をまっとうさせるのなら、このように茂るのだと立つ、威厳に満ちた檜の大樹。あたりはひんやりとして空気の甘さを感じさせてくれました。

箸蔵山南方に拡がる四国山脈。東祖谷《いや》は黒々と樹木が密生して静まりかえっているのに、半田町とおもわれる山々は、木がはらわれ、段々畑の連なりです。そしてそのなかに、一戸、また一戸と人家が散在しております。家々の屋根は、ほとんど萱葺きからうすみどり色のトタン屋根に葺き替えられ、家そのもののすがたが畑からくっきりと浮かびあがって見えます。そしてそれが見える限りの山の高みに一面に、何十戸となく数えられるのです。緑萌える前のせいでしょうか、少しも寂しい感じがしない。陽を受けて明るく、人家の密集している東京で生まれ育った私にとっては、何ともいえずのびやかで美しい。またこれまで山の村というものをほとんど見たことのなかった私には、こんな高みに、こんなにも多くの人家があることが、不思議でなりませんでした。

箸蔵山頂からの眺めに心を残しつつ、山を下りました。吉野川が見えました。上りには、恐ろしくて振りむかなかったリフトからです。右側の上流は樹林にさえぎられて見えないが、ほぼ直角に折れて、小歩危《こぼけ》、大歩危《おおぼけ》へと。左側はリフトが下るにつれて次第に姿を見せてきました。紫色の山々が向い合い、重なり合って春がすみの中を遠く、遠く、紀伊水道に出るまで見通したように思えました。こんなに遠くまで一直線に流れる川の姿をこれまで私は見たことがない。写真でもない。これは優しい川とは云えません。両側の山を分けあい谷をけずり、荒れ狂い、溢れさせ、怒り走ったに違いないのです。彼の雄姿をもっと眺めて居りたいと想うと、ずずーと降る。もうリフトから飛び降りなければなりません。アーアーと長嘆息しているうちに下って視界は閉じられてしまいました。

半田町逢坂《おうさか》竹内家

池田から十八キロほど下流の南岸に半田町があります。別のルートでは本州から船で徳島へ、徳島本線で吉野川を遡るのです。南岸を走り、吉野川にそそぐ支流の鮎喰《あくい》川、穴吹《あなぶき》川、貞光《さだみつ》川、そして半田川の手前に停車駅

阿波漆器のふるさと半田町逢坂の家並みと吉野川に注ぐ半田川の流れ

があります。静かな木造の駅でした。

半田町逢坂が私の尋ねる竹内久雄氏が住まわれるところです。出発前に「陽暮れ前には必ず参ります。尋ねあてる楽しみがありますので、御出迎えの心配はどうぞなさらないで下さい」という意味の手紙を出したのです。駅を降りると急に心細くなり一刻も早くたどりつきたい、町を観察しながら歩いて行こうとする余裕もなくなってしまいました。

町の様子を示す案内板もなく、駅員に聞くと一キロばかりと云います。荷物もあるからとすすめられるままにタクシーに乗りました。

四時すぎ夕暮間近に着きました。半田川が前に流れ、崖の縁に藤葛が巻きついた椋《むく》の巨木を持つ神社の前に止まりました。その道をへだてた前が竹内家でした。間口四間程の店のガラス戸に金色の縁取りの文字で

竹内漆器製造販売　膳椀修繕

と書かれてありました。内側にカーテンが閉じてありました。この町で最初にこの文字に出会って、旅の目的の行き先を案じていた私は、とてもうれしかったのです。また膳椀修繕とは、なんとなつかしい温かい気持にさせてくれることでしょう。

竹内さんはその店家の路地の裏手、四〇メートルほど入った山際にあるもう一軒の家の前に立って、私の来るのを待っていて下さったのでした。とうとうやって来ました。

「古い家です。百三十年は過ぎているのです」

と案内されて、かつての仕事場でしょう、六畳、四畳

半田町逢坂で最後まで漆器生産を行っていた竹内家の旧店舗

半、二畳と通って一番奥の四点セットのソファの置かれている部屋へと導かれ腰を下しました。坐った横に奥行が並とは違う深めの戸棚に気がつくと、竹内さんは漆器を乾す室（乾燥室）でしたとおっしゃられた。書棚には漆工関係の本と、各市町村史、民俗、郷土史関係の本が多く、現在教育委員会の半田町誌の編纂に主力をそそいでおられることが解りました。

半田町（人口約九五〇〇人）の逢坂という所は、吉野川に流れこむ、半田川を抱く小さな盆地の東側の山裾にあります。竹内さんの話では、吉野川まで出る道は大正五年に開かれた郡道が出来てからであり、それ以前は半田川が山に当って蛇行し青い根石の露出した狭い谷となって人は通れなかったそうです。今から約二百十年前、江戸時代も後半の明和四年に、この渓谷をふさいで池を作る計画があったほどの盆地状の地形でした。もう一つの道は古《いにしえ》の道で、東側段丘崖の山裾から登り、峠の掘り切りを越して小野へと出る。この峠を小野の峠と呼び、次第にけずりとって車も通れる道となったのが、昭和十年とのことでした。半田町は、盆地外と盆地内、そして広く拡がる山地とで、東西に狭く南北に細長い地形でした。

外が藍色に暮れかかった頃、竹内さんの奥さんが仕事からもどられて書斎に見えられました。私は「お世話になります。御迷惑をかけますがよろしくお願いします」

「ハイッ、女の方で漆の御研究なんて、わたくし想像もつきません」

とにこにこしておっしゃいます。こうして家を出て旅立

竹内家平面図

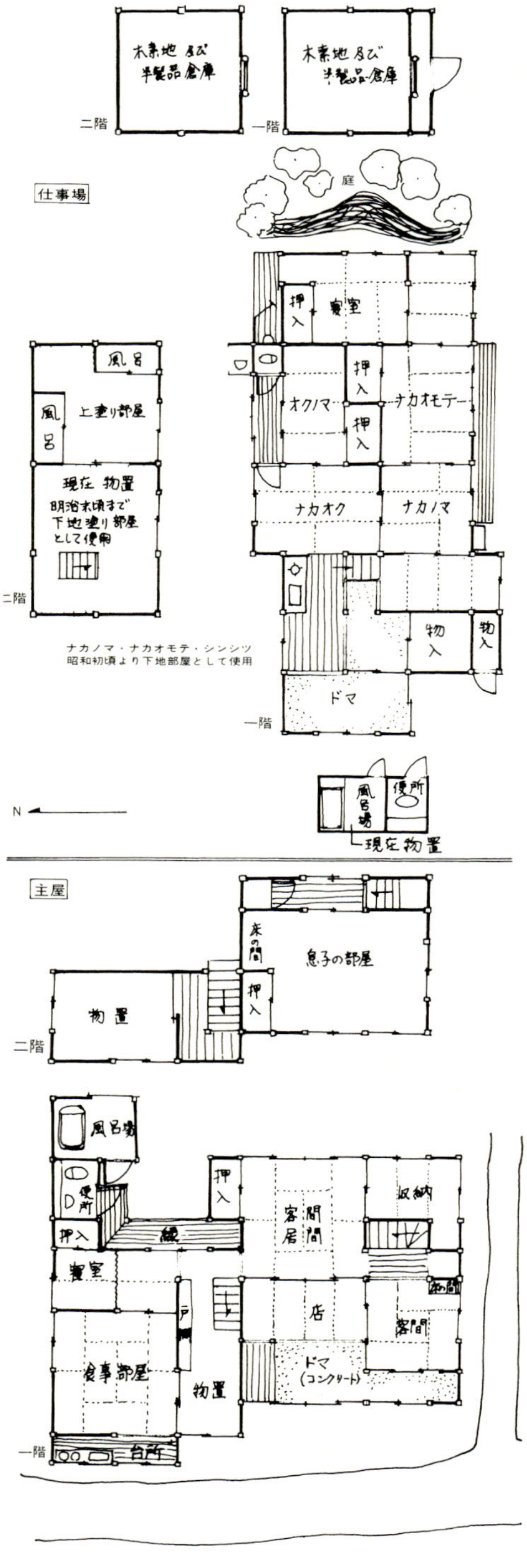

漆塗りの仕事場があった竹内家の旧宅。130年以上（当時）前の建物

ってしまった私こそ、これから過ごす日時は想像もつかず不安ばかりつのります。

「使い手である主婦が漆器のことを尋ねて教えを乞う旅であります」と伝えるのに精一ぱいでした。

奥さんは私と背恰好も同じで、少し太めで小柄、年も違わないのではと親しさも感じられひとまず安心します。子どもさんの数も私と同じ二人。竹内さん御一家の生活の場は、表通りに面した店家で、そこに寝起きされて居ります。

家は静かで落ちついた生活が出来る奥の方にあると語られました。

この半田町には、商用や公用で来た人が泊る旅館が一軒、公民館下にあるそうです。民宿はないところを見ますと、観光地ではなく、静かな歴史を秘めた盆地の里と知って、明日が楽しみでした。お言葉に甘えて旅館住いをやめました。そして沢山の資料と、竹内さんのお父上の御遺影がある、この静かな奥の家に私ひとり泊めて頂くことにしました。

半田漆器を見る

翌日、二階の仕事場に案内して頂く。土間があり台所の横から中二階に上りました。

この家が建られたのは弘化四年（一八四七）と棟札にあるので竹内さんの玄曾祖父、政右ヱ門の代だといいます。下地塗をする場は一階で、二階が仕上げの上塗場です。福井県河和田《かわだ》塗の若い塗師がいった言葉を想い出しました。「塗師は仕事場を見られるのは裸を見られるよりもつらい」と。けれども半田を訪れた一番の願いは、この仕事場を見せてもらうことでした。四坪が二部屋で、南面に腰高の窓がありました。懐中電燈に照らし出された屋根裏は、割竹が張ってあり、棟の骨組が見えています。煤《すす》にいぶし出された棟木。周囲の壁は土壁で、二部屋にはそれぞれ室《むろ》らしい戸棚がありました。仕事の途中の下地塗をした、大名膳、皿鉢《さはち》料理の台、重箱、硯《すずり》箱、猫足の膳、大形鉢、栗の小鉢、会席膳などが雑然と積み重ねてありました。すべてが墨色に静まりかえっています。

　小さい道具類を一つ一つ手にとって聞くと、漆を濾《こ》した茶碗であり、砥石、研ぎ炭、かたまった漆刷毛、空の漆桶、膳と膳との間にさし込む竹ヒゴ、漆をひくヘラ、そして漆掻《か》きの道具。そのほかに、椀の白木地や、黒塗りの六十物といわれる仏事用の漆器などは、別棟の蔵の二階へ置いてあるとのことでした。

　二人用の箱膳がありました。

　箱膳といえば、私には忘れられない思い出があります。第二次大戦中私は東京から母の故郷である、新潟県高田の田舎に疎開しました。屋敷内の一隅に住む一人者のおじいさんが、食事時には母屋に来て戸棚からひとり四角い箱膳を出し、中から茶椀と汁椀と皿と箸を出して、裏返した蓋に置きます。私たちは脚のついた膳でしたが、そのおじいさんのは、脚のない小さい箱膳です。それがなんともいえずわびしく、脚のついたお膳を使わせてもらっている自分が、ひどく申訳ないものに思われたのです。ところが竹内さんの家のこの**二人用の箱膳**は、美しい朱塗の堂々たるものでした。仕上げの上塗りはまだしてありませんが、塗り方のがっちりした堅地のものです。蓋をとると、中に飯椀二コ、汁椀二コ、そして小皿などさえも入るほどの広さのものでした。横側には引出しが

昭和38年に廃業した当時のままの竹内家の２階の漆塗の仕事場

漆を練り、クロメを行なう鉢

竹内さんが使っていた塗道具類

①

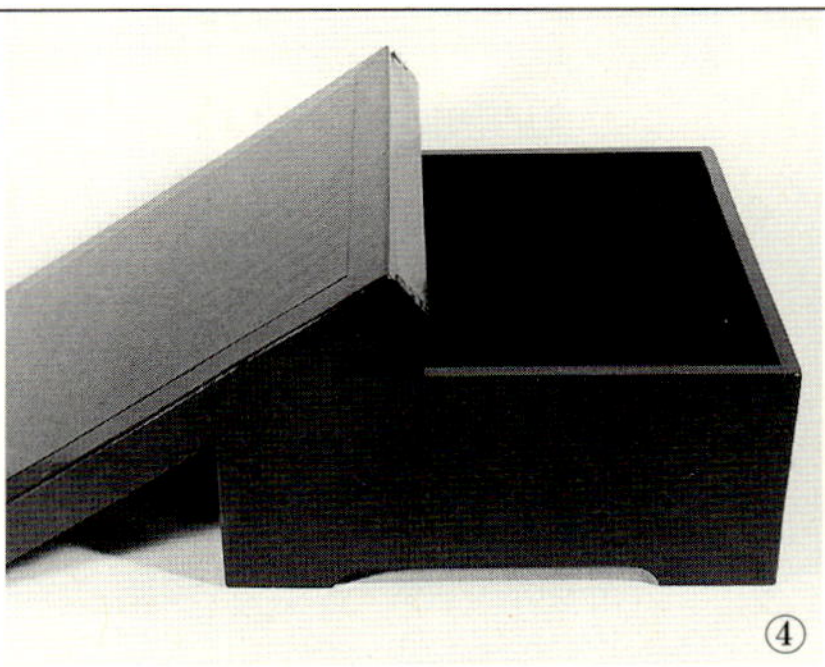
④

⑦

②

⑤

⑧

③

⑥

①博多目盆
②引き曲げ黒内朱膳
③櫛差し内黒朱膳
④箱膳
⑤二人用箱膳
⑥櫛差し重木地
⑦櫛差し螺鈿重箱
⑧内朱遊山弁当箱
（撮影・竹内久雄）

三つ。ちょうど鏡台の鏡の部分を取りはずしたようで、妙になまめかしく、しかも重厚なのです。

「珍しいわァ、二人用というからには、二人で使ったんでしょうが、その二人はどんなふうに膳に向かうのかしら」

　私はひとりあれこれと想像してみました。

「どうしておやじさんが、こんなものを作ったのか私にもようわからんです」

と竹内さんは言いました。

　二人用の箱膳には、何か余裕というか遊びのようなものが感じられました。けれどそうではない、生活的なぎりぎりの必要をみたすために作られた、そういう意味では厳しい表情をもつ膳もあります。それは**八寸膳**です。脚のない八寸四方の膳で、ヘリの高さは一寸ほどの、膳としては最小のものです。二人用の箱膳などとは縁の遠い全く庶民的なものでした。昔は正月になると、どの家も八寸膳一枚を買って、新年の神棚へ供える膳として使い、後になって常使いに降したということでした。

　八寸膳よりやや上物の**博多目**《はかため》**の会席**

⑬

⑪

⑨

⑭

⑫

⑩

⑮

⑨黒漆椀と皿類
⑩半田塗り
⑪螺鈿蒔絵菓子鉢
⑫錦地惣盆と八十物（撮影・竹内久雄）
⑬椀と鉢の木地
⑭虎と竹の蒔絵火鉢
⑮博多目櫛差し重部分

竹内家現存
半田製漆器

膳がありました。博多目とは卦引《けびき》カンナで薄くけずり、博多帯の縞柄の模様のような、線引き模様を施したものです。刃形目《はがため》と呼ぶ地方もあるといいます。竹内さんはこれは雑の仕事と言われたが、雑とは安価で庶民の日常の用に広く使われたという意味です。私もこの膳が好きになり、また値段が安そうですし、側面に使った檜の曲木の角の切り込み方も工夫されて面白い。竹内さんの話では昭和三十八年ごろまで、夫婦共同でひと仕事百枚単位で、八寸膳や会席膳を塗りつづけたということです。それほどこの膳に対する需要があったのでしょう。

櫛差し重という私には耳なれない名の重箱がありました。重箱の角の組合せが櫛の歯のように切り込んであって、両手の指を互に組み差した形になっています。これでは容易にはずれなくて丈夫だろうと思いました。漆器の職人さんたちの話では、伊予（愛媛県）桜井の特産品といわれているようです。けれど竹内さんは言いました。

「半田から伊予の方へ移った塗師屋が居るが、おそらくその重箱は半田から渡ったのではないかと思います」

かつて木地椀を挽いた木地師たちが仕事をした剣山北面の森林

竹内さんのお考えの当否は私にはわかりません。でももし竹内さんのお考えが本当であるとするなら、この半田に、どうして櫛差し重のような高度な木地細工の技術が、少なくとも桜井というような有名な漆器産地よりも古くからあったのでしょう。私の胸の奥でそんな疑問がむくむくむくと湧き上ったことでした。

惣盆《そうぼん》と呼ばれる大型の盆がありました。タテヨコ四五センチの正方形。私は漆器の盆でこんなに大きいものを見たことがありません。料理を乗せ、運び、あるいは二人用の差し向いの膳などとしての使いよさからいけば、最大の大きさではないかしら。

その惣盆のフチに、錦地塗とよばれる装飾が施されてありました。錦地塗とは、下塗の上に色漆をおき金粉をおき砥石で研ぎ出した模様で、錦と云うのにふさわしく、津軽塗の多彩さに似ています。この錦地塗の技法は竹内さんのお父さんの代に半田で講習会が開かれ、竹内さんのお父さんがそこで修得した技法といわれました。この盆といい、同じ竹内家の二階で見た黒漆塗の大型の水盤と云い、実にしっかりした下地《したじ》が施されています。漆塗りの器物にとって、もっとも大事なのは下地の仕事です。まずそれがしっかり施されていなければ、その上に塗り重ねてゆく漆や装飾がしっかりと定着できないと、私は聞いていました。

半田地と言う言葉があります。半田で行なわれている下地の施し方のことでしょうが、それについてこんなことを聞いたことがあります。半田地は白木地に紙を糊ではって、砥《と》の粉をおいた糊下地で、はげやすい安物だというのです。半田の人である竹内さんにそんなことを聞くのは失礼かもしれませんが、勇気を出してお伺いしました。すると竹内さんは、ごく最近まで半田地という言葉そのものを御存じありませんでした。また私の見る限り雑といわれた八寸膳にもそれはありませんし、竹内さんも、

「上物は錆下地《さびしたじ》（砥の粉を漆でねった下地）下物は渋地《しぶじ》（柿渋と松煙、または生渋のみの下地）で糊下地はありません」

と言われました。では誰が、なぜ、安物という意味で半田地という言葉をいうようになったのでしょうか。半田の人々はそのことも知らずに、安くて丈夫で百年も使用に耐えうる漆器と自負して製作しつづけていたのでした。

木地椀が消える

「半田塗という名称は明治時代、小学校の地理の教科書にも収録されていたから、日本中に知られていた。特に郷土の人々には、日常の食生活にかかすことができない膳、椀中心の生活必要品が主体であったから、半田漆器の名は非常に親しみ深いものであった」

　これは竹内さんが見せてくれた昭和四十年二月の徳島新聞の記事です。ところが竹内さんの仕事場には、膳などはあっても椀は見ることが出来ません。私はそれが気になりました。どうしてお椀がないのかしら。竹内さんのお話では、椀をつくっていたのは、専ら敷地屋という半田では唯一の漆器問屋だったらしい。そして半田周辺の山や、半田の町なかに住んでいた木地師たちがつくった椀木地は、すべてその敷地屋に納められていたといいます。独占でした。また明治二十年代の記録では、逢坂には四十軒の塗師《ぬし》屋がありましたが、そのうちのほとんどが、敷地屋の賃仕事をしていたといいます。たぶん半田のお椀の大多数は、そういう家々によってつくられたのでしょう。

「峠庵から逢坂見れば、朝も早よから椀みがき」を、

「食うや食わずの椀みがき」

と替歌にして唄われていた歌があるとも聞きました。

　一階の書斎の戸棚に、わずかに一、二個ずつの白木地と錆下地をした椀がありました。竹内さん父子の手によって、仕残されたものではなさそうでした。竹内さんのお話では、お父さんの年代になってからは、山に住んでロクロを挽く木地師たちが、半田に見切りをつけて山を去って行ったといいます。山からの椀木地の供給が絶えた後は、里に蓄積された椀木地を頼りに、里に住む仕上げロクロ師が細々と椀づくりをつづけたようですが、その仕上げロクロ師も転業してゆき、角物専門指物大工の檜木地類に変わっていったようでした。

　最後まで漆椀をつくっていたのは、敷地屋の下請けの塗師屋で、椀は椀、膳は膳とそれぞれ専業でやっていたようです。素地《きじ》と漆と道具を敷地屋から預かり、賃仕事として敷地屋に納めます。ところが大正十五年に敷地屋が廃業してからは、そのまま椀の木地も漆も道具も下請職人のものになりました。そしてしばらくは、下請け職人が自ら塗って売るという時代がつづき、やがて手持ち

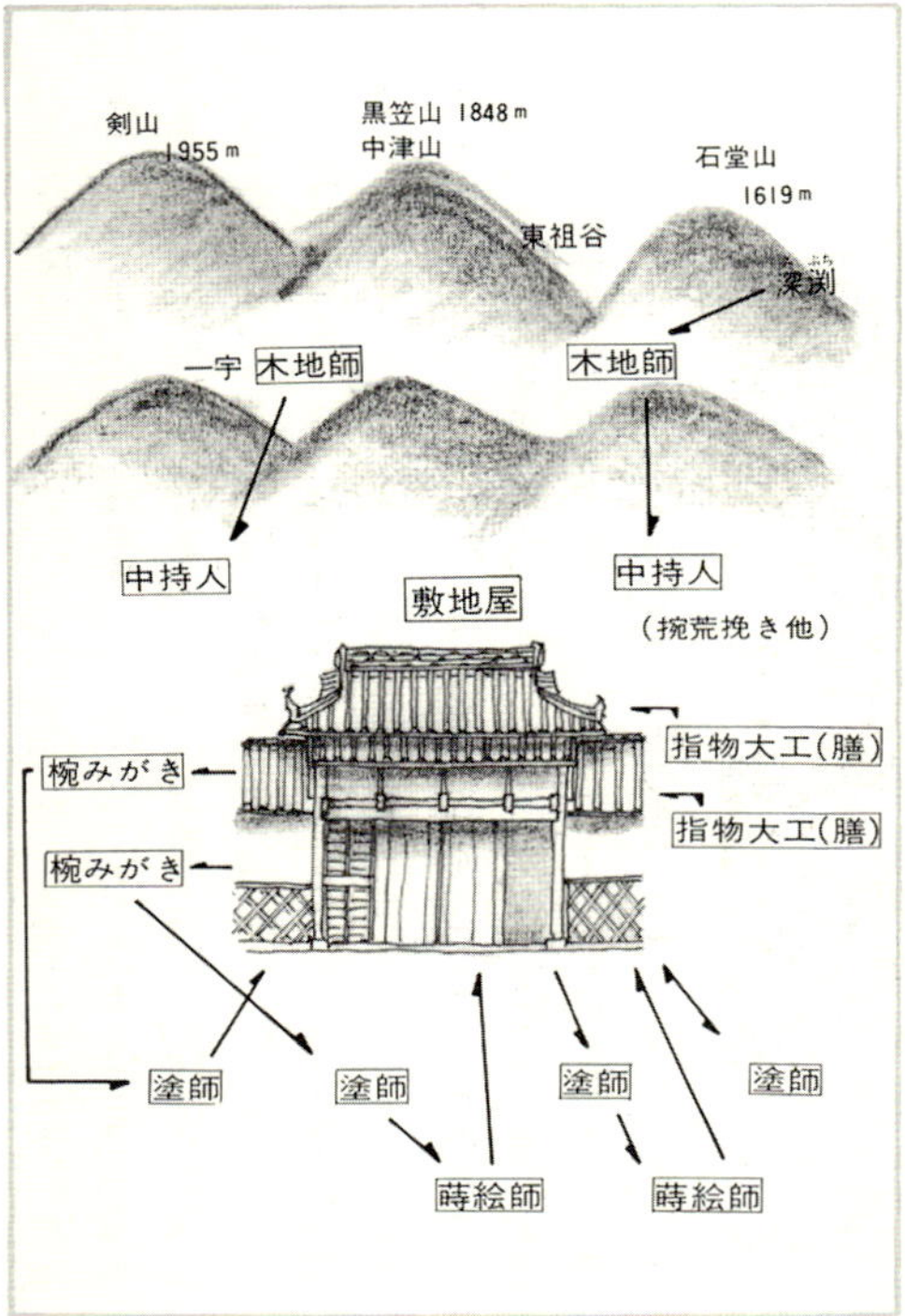

の漆もなくなり、木地もなくなり、半田の椀づくりは、じりじりなくなって行ったようでした。

これはひとつの例ですが、美原安夫さんという人の家では、御自分は役場に勤めながらも、家には職人を入れて御自分も昭和二十三年まで塗り、そして三十一年までには漆器類は売り尽し、大量に残った塗ってない椀木地など、若干の木地類を記念に残してあるだけで、他は全部風呂の焚木《たきぎ》にしてしまったとおっしゃるのでした。

半田漆器の盛衰

あの残された漆器たちの、たどった経路はどのような道であったか、竹内さんにお話を伺いました。

――私の家は、私で十七代で四代前から塗師屋をしております。その以前は明確な資料もなく解りません。幕末（天保末期）に漆器業に入り、塗師屋としての道を歩んで来たものと想像しています。

明治中期、大久保弁太郎（衆議員議員）が自分の家の、漆器問屋敷地屋の先祖の沿革史を作り、その内容がそのまま県史、市町村史、その他の書籍にすべて引用されているので、当然私も信じていました。今まで自分たちの先祖の歴史を、深く調べる機会がなかったのです。しかし町誌の仕事にかかり、資料を調査するにつれ、さまざまな疑問も湧いてきました。最初に『木地師支配制度の研究』などの本から学び始めました。

その書物で一つの発見をしたのです。享保二十年（一七三五）の氏子駈《うじこかけ》第十一号簿冊中に、土佐国韮生郡物部村の久保山の木地師善六が、半田へ来て塗物をした、とのっているのです。それまで半田塗の起源は明暦とか天和とか、いっていましたが、阿波藩の蜂須賀家が出した、阿波志には、「椀半田出ス　天和元年（一六八一）以降作る」とあります。この書物も後世の文化十二年末、学者が聞き覚えて、著作して藩公に提出したものであって、真実白木地か、塗ってあるのか、わかりません。その頃木地師の作る白木地が、年産相当量を出していたことは事実で、他国へ積み出していたものらしい。木地師より転職した善六の名を、氏子駈に記されてから二十年後に、漆器業の開祖と云われる敷地屋利兵衛が三十一歳の若さで、宝暦八年（一七五八）半田村の油免で、店を開いています。七人兄弟相助けて、それぞれの家業を順次軌道に乗せました。

その頃、二十五世帯の木地師が住んでおりました。古文書によると南北朝時代には、ろくろ師が阿波の祖谷《いや》に居住していたし、後世の氏子駈の時代は役人を通じて元文二年（一七三七）頃すでに紀州黒江とも交流がありました。漆器業が盛んになるにつれ、木地師も多くなり、寛政十一年（一七九九）には、三好、美馬郡で家族数をふくめて、三〇四人にもなります。

塗物の盛衰にも波があり、塗師が徳島で品物のたたき売りをした記録もあり、その翌年には吉野川の大洪水、天明大飢饉と重なります。同じころ初代利兵衛が一七八一年、五十四歳で死去、子亀五郎は十五歳で家業をつぎます。

藩では財政増大政策をとっていましたから、漆器業もたちまち、藩の保護のもとに、販路を拡げることができました。亀五郎四十一歳の時に、苗字帯刀、大久保姓をたまわるとあります。文化八年（一八一一）塗物裁判所を起し、九年には亀五郎の長男善右衛門は、漆樹植付裁判役となります。その頃は椀類が主でした。販路は関西、九州、中国地方に及びました。江戸への販路は、漆器業四代目の熊太が、嘉永三年（一八五〇）藍の豪商の志摩利右ヱ門のところを訪ねて依頼します。江戸へは藩の御用船の使用を許されて、二八〇丸、次に六二〇丸、嘉永六年には八五〇丸と出してたちまち売れます（一丸とは椀二〇〇個）。江戸霊岸島町に支店を置き、藩の倉も使用するという勢いでした。全国四十ヶ所にまで販売網の組織を拡大してゆきます。

明治初年の藩籍奉還のために、一時半田塗も落ちくぼんだが、明治二十年には、またもちなおりかなりの産額になっています。『新編美馬郷土誌』によると、その当時の木地挽一五〇戸、塗師四十戸、磨師一〇〇戸、蒔絵《まきえ》師三〇戸、指物《さしもの》大工六十戸、年間販売高十三万八千円とあります。逢坂百三十軒中、半数以上の者が漆工に関係し、対岸の田井、西地とか山に入ったところでも、塗や蒔絵もしていました。

文化二年（一八〇五）以前に、会津の蒔絵師、会津屋利助がこの半田に移住して、村人の塗師に蒔絵を教えています。三十六歳以前に来て、六十八歳でこの地でなくなっています。私ら漆器同業者で、敷地屋と関係のない十軒少々の者が、毎年佐々利助の命日に、一日仕事を休んで、交替制で法要をいとなんでおりました。

半田漆器問屋の敷地屋5代目大久保弁太郎肖像画（撮影・竹内久雄）

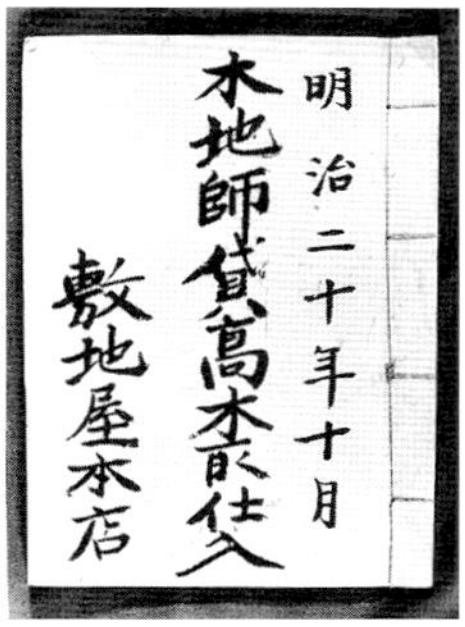

敷地屋が取引した木地師の名前と取引状況が記された算用帳

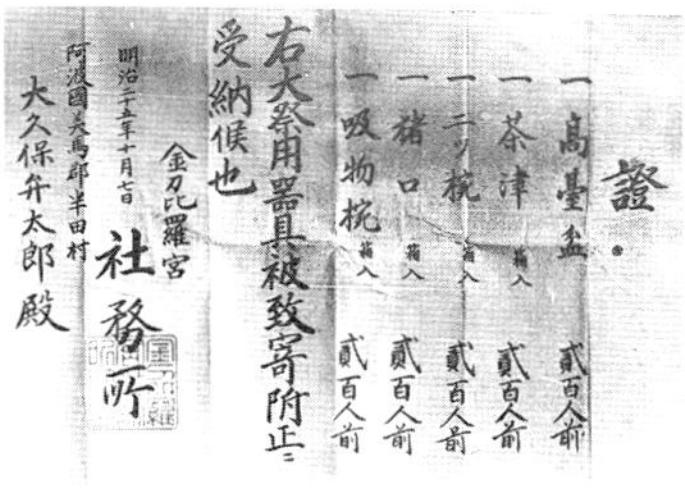

敷地屋が金毘羅宮へ奉納したものの受納証

塗物仲買面名并国割名面
撮影・竹内久雄

漆器問屋廃業

　明治末期には紀州、静岡からも職人を呼び、技術講習にも人を出していました。

　四代目の熊太なる人は三歳で父親に死別し、十一歳で祖父亀五郎にも死別しました。幼くして相続したが、後見人の応援よろしく盛り返します。また弁太郎なる人も九歳で熊太と死別しております。弁太郎は、自由民権運動の自助社という政治団体に加盟して、板垣退助らと組んで、自由民権運動史上にもその名を見ることが出来ます。寿命というものでしょうか、五代目になった弁太郎当主と、その長男が同じ大正八年に、あいついで逝きます。現在の当主大久保甚吉氏は、京大法学部を出て神戸の住友銀行に入っていた。分家で弟の子であり、漆器とは関係はなかったが、本家に跡継ぎとして入った。二十代の人ではあるし、塗り物の将来の見通しを思案してか、大正十五年漆器業を廃業するわけです。

　廃業により、当時紀州から来た多くの職人は四散しましたが、後に残った塗師屋十軒ばかりで、細々と仕事をしていました。戦時中に物資が焼けて、塗り上った品物は飛ぶように売れた時もありました。昭和二十三年、半田漆器協同組合を作り、県の補助をもらって、再興に努力しましたが思うようにいかず、その内ベークライト、プラスチックが出て業者がへり、最後に内藤という

半田町・木地師と塗師の分布

（S・50・6・15）

（図　竹内久雄）

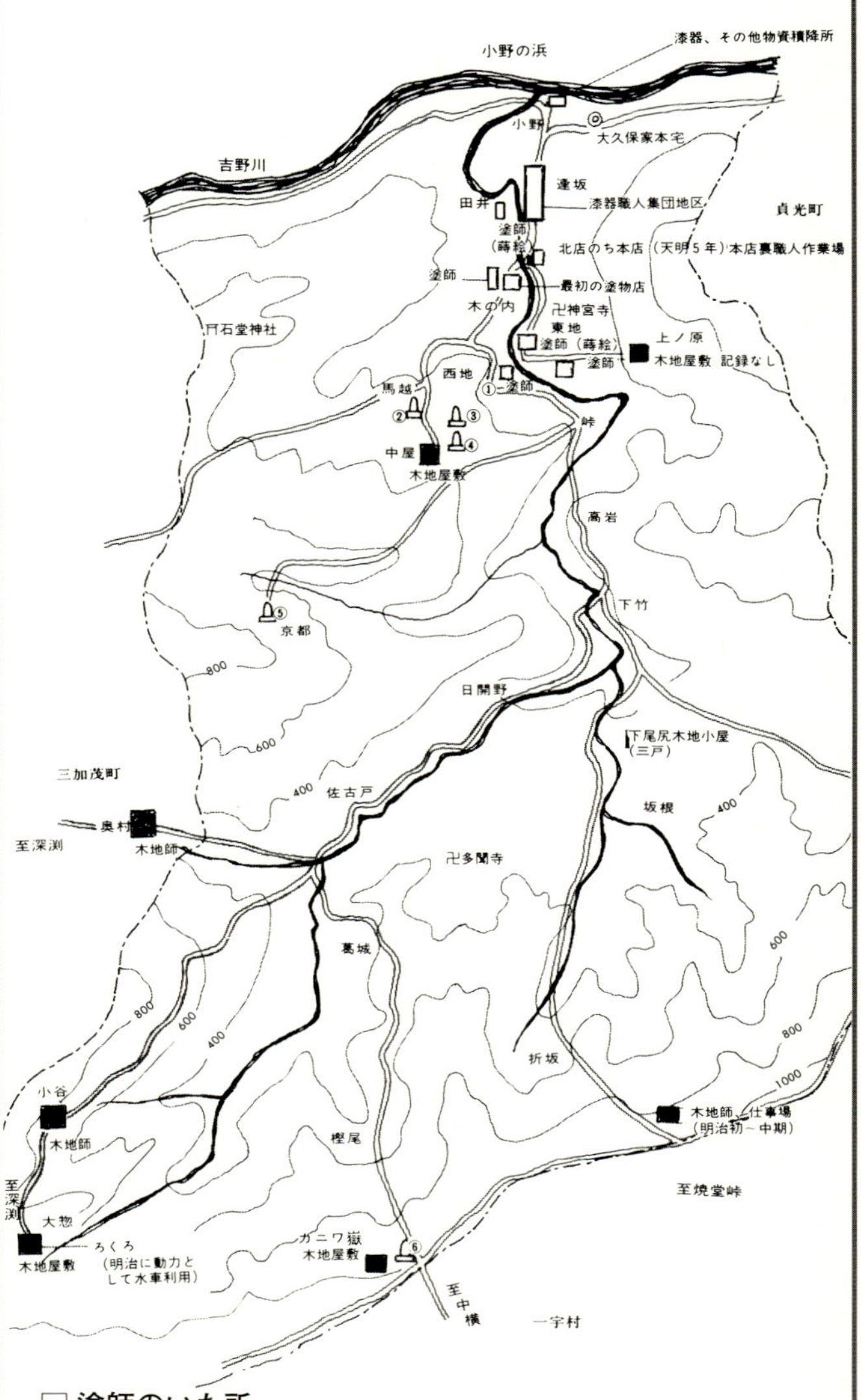

□ 塗師のいた所
■ 木地師のいた所
⌂ 木地師の墓
① 西地　文化１０年～天保５年（４基）
② 馬越　天保２年～安政　明治１２年（５基）
③ 中屋１　寛文～文化１４年、嘉永５年（２基）
④ 中屋２　文化１２年～天保、嘉永、慶応、明治（６基）
⑤ 京都　年代不明
⑥ カニワ嶽　天明３年、安永４年、明和８年（３基）

嘉永四年（1851年）ごろの販路

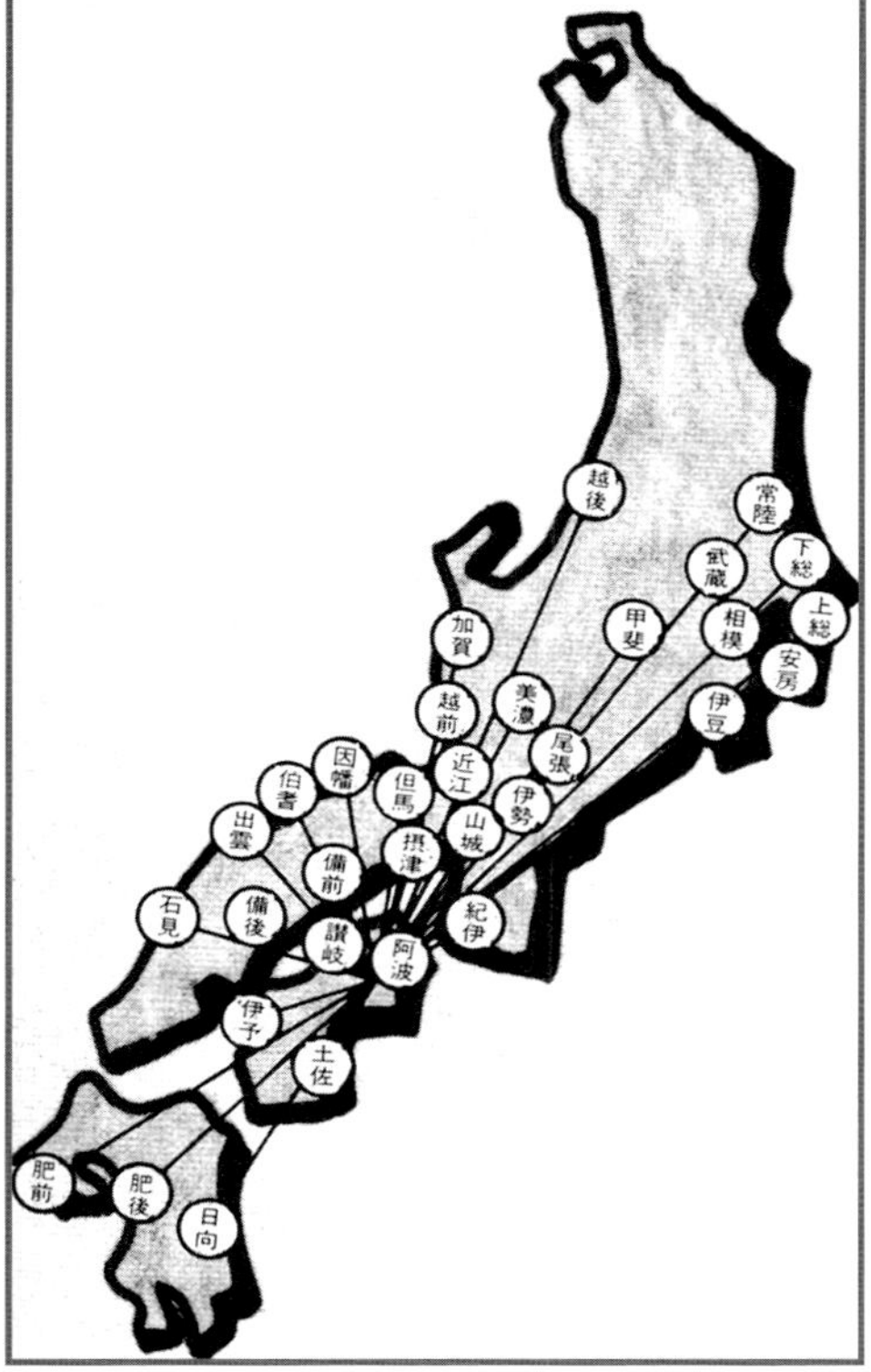

家と、私の家二軒だけになってしまった。指物大工など次第に転業してゆき、内藤家では、最後の技術者が万博見物で事故死したのを、きっかけに廃業してしまったのです。

私も昭和三十八年十一月まで、学校を出て十七年間漆器をしていたが、時勢には勝てず塗師屋家業を廃止して、土建屋の手伝いに、その後は現在の町誌編纂にたずさわっています。

と語っておられました。

今市正義氏の『阿波木地屋の盛衰』の中から引用させて頂くと、

――明治三十年代、箱根のロクロ師伊沢為次郎手引綱の両はしを長く下にたらして、踏み木に取りつけ足で回転させる、足踏みロクロを発明。千年を経て手動から足動。半田漆器工業が家内工業としての組織と秩序を整理し、工場制手工業の段階に入ろうとしたのは明治中期である。この時伊沢為次郎の発明による足踏みロクロは、子孫の負うべき天命という神慮をみじんに砕いて、剣山周辺の木地屋は争って足踏ロクロの便利性に依存した。足踏ロクロが木地別の刳《く》りの能率をあげる時期には、半田の漆器工業は急速に材料革命のあおりをうけて、衰退を避けられなかった。生活様式の激しい変化に加えて、高分子材料の開発があった。熱や圧力を加えて自由な形に作れる、有機合成高分子材料は成形技術の進歩によって木地屋の業務範囲を上まわる食生活用具を提供してくれる。阿波木地屋のロクロ作業は、昭和三十年を境にして止まっていたが、エネルギー源を電力に替え、ひたむきな工匠の心をこけし製作にむけている。（昭和四十七年十一月三日徳島新聞）――

とありました。

竹内さんのお父さんと共に再興に努力をなさった美原安夫氏は、

「一寒村でつぶれたのは無理もないが、私達の先輩も、もう少し世の中を広く考えてくれるとよかった。半田の人は自分の職業を信念持ってやっているが、己《おのれ》しかないと云う、個性を持っている。皆の特技を一緒に合せて、共に考えを出せば、よいものが創れて、販売の道もそれほど早く、崩れなかった。己は朱の色がよい、隠して誰にも伝えぬ、自分の技術を狭くして門から出ない。他から自らも学ばず自己の技術を誇ってガンバッテいる。堅牢だが美術がともなわない。世の中の考え方が変わり百年も使えるものは必要とされなくなった」

と紀州漆器の商売のうまさを上げてくださるのでした。

大久保家の飾瓦

半田漆器が、がんこさの故に消滅したとするなら、私はそのがんこさをいとおしく思います。

半田町を見る

逢坂の朝はすがすがしい。小鳥のさえずりと、あちらこちらの庭に咲く一重の椿の花や、桜の花に誘われてつい散歩の足がのびてしまいます。町を歩きながら、私がまず心を奪われたのは家々の小さな庭です。椿も梅も古木で姿が美しく、石組みもひかえめでほどよい。そしてまた屋根。殊に家の棟の装飾瓦と瓦庇《かわらひさし》が美しい。屋根は品よくそりぎみの破風をもち、その尖端の鬼瓦が、打手の小槌とか、恵比寿様が鯛をかかえて見下しているとか、鯛と波、勢いのよい波だけとか、鬼の顔とか実にさまざまです。かつての半田の町の繁栄が、そこに凝集されているように私には思われました。

半田町逢坂の神社。大正時代の逢坂約130戸の半数は漆器に関係していたという

きょうは半田川を遡って半田漆器にちなむ場所を御夫妻が案内して下さることになりました。竹内さんは公民館の仕事を私のために一日振り替えて下さったのです。

逢坂は大正まで、百三十戸のうち、半数は漆器に関係していたと云われます。川にそった道の両側に建ち並ぶ家々の間を、竹内さんのガイドでゆっくり車で走ります。衣料品店、理容店、オートバイ屋、車修理、飲食店、と何処の町とも変わらぬ店がつづきます。ここが敷地屋の本店だったといわれる場所は、すでに建て替られた郵便局となっていました。敷地屋の一族である仲買人の敷太屋は、大きいマーケット。明治期半田で焼いてみたという赤レンガの塀を一部残す豪商の家が、敷地屋六代目の当主大久保甚吉氏の生家。父親は大久保弁太郎の弟亀吉で重任八回二十五年間村長として活躍されたといいます。次は江戸期の店先を思わせる酒造家、格子戸の木組の堅牢美が心をとらえてはなさない。甚吉氏の生家と酒造家とを思いあわせて、往時の敷地屋に出入る人達の姿

木ノ内は半田町の中心で商店が並んでいる

を想像してみます。母屋の裏はなまこ塀の続く酒倉、その下は田んぼでありましたが、かつてそこには紀州から多くの職人が来て塗物をしていたところ。木ノ内と呼ばれる場所は、一本の道をはさんで、古いがしっかりした中二階を持つ店が並んで、間口が狭く混み入っているところを見れば、昔もここがにぎわいの中心であったことを偲ばせてくれます。

この半田川が大洪水をおこして壊滅的にやられたこともなく、飢饉で死んだ人の詰も聞きません。塗師の里、逢坂も文化、文政の二度の大火が苦い想い出としてありますと竹内さんは話します。

半田川の西岸は、田井、西地といわれ、人家も少なく田んぼ、小中学校、女子高校、体育館と並んでいます。

町内をリヤカーをひて野菜を売り歩く八百屋さん

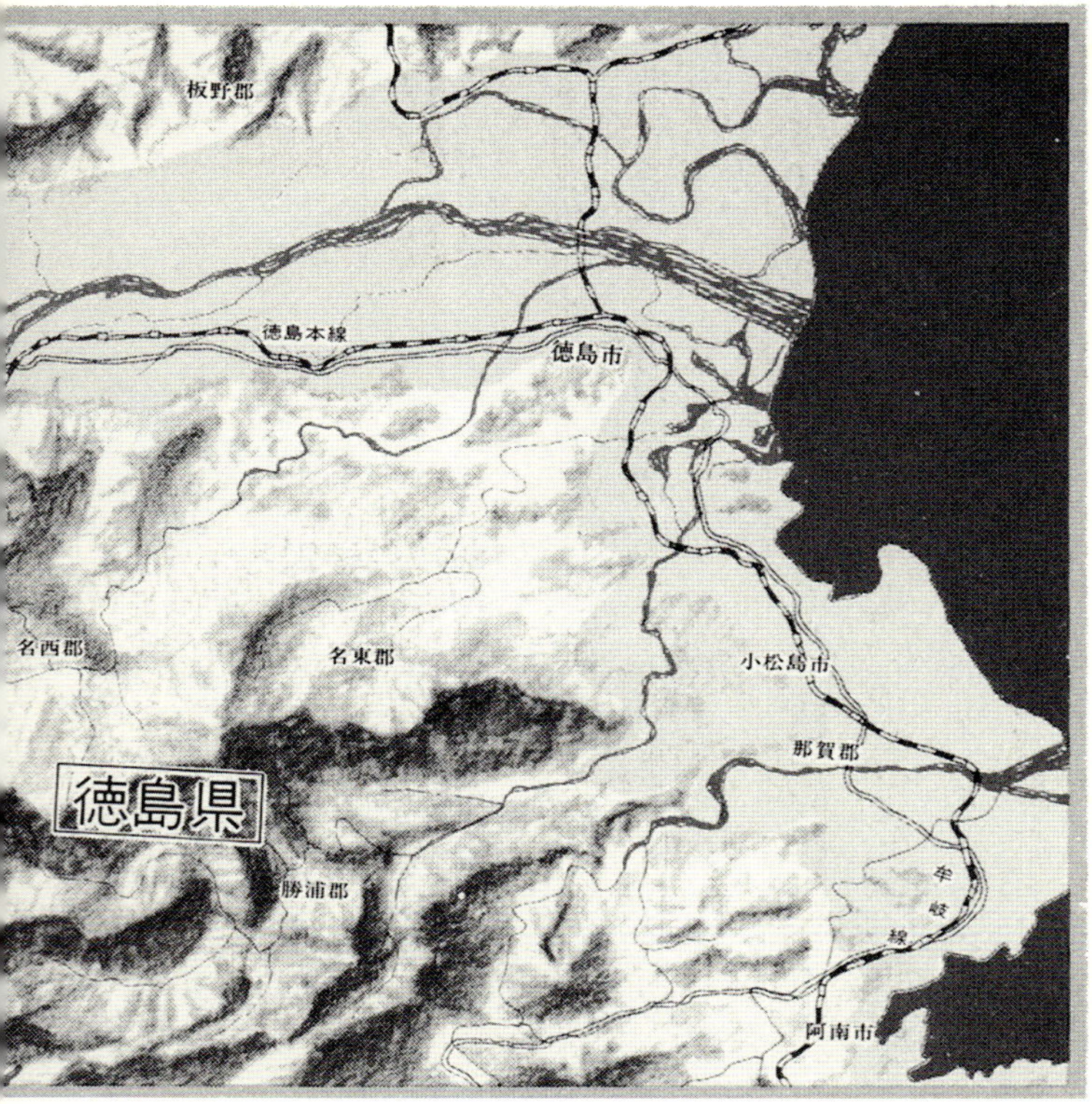

剣山山麓一宇と祖谷への分岐点

木地の道

井川、馬越と急斜面を登り、段々畑が見えだして、これから、ジャガイモ、ソバ、コンニャク、タバコなどが植えられると聞きました。それに桐、桑、茶も植わっています。コブシ、レンギョウ、梅、桜、椿、馬酔木《あしび》と、それらの花々がいっせいに咲き競っていました。

車で降り立ったところは、中屋といわれる山の中腹で陽が当り、上を見上げると更に高い尾根がとりまいています。

「あそこは蔭の名《みょう》、おそくまで雪が残るところ。馬越から蔭の嶺へと尾根伝いに東祖谷山の道に通じています。昔、木地師と問屋を往復する中持人が、この下のあの道を登り、そして尾根へと歩いてゆく」

と竹内さんは説明して下さると、折しも指をさした下の道を、長い杖を持って郵便配達人が、段々畑の柔らかな畦道を確実な足どりで登って来ました。平坦地から海抜七百メートルの高さまで点在する半田町の農家をつなぐ道は、郵便配達人が通る道であり、かつては木地師の作る椀の荒挽《あらびき》を運ぶ人達の生活の道でもあったのです。

東祖谷山村の落合までは、直線距離で二十五キロ、尾根道を登り降りすると四十キロ。陽の高い春から秋にかけては、泊らずに往復してしまう中持人もいたとか。さすがプロです。ですが信じられないほどの早さです。しかも肩で担う天秤棒にふり分け荷物で十三貫（約五十キロ）という重量があり、いくつも難所があったのに町から塩、米、麦、味噌、醤油、衣料、菓子類までも持ってゆき、そして半田の里にむけての帰り道は木地師が作った木地類を持ち帰ります。運搬の駄賃をもらう専門職でした。おそくまで雪の残る蔭の人々に、中持人が多かったと聞き、私は想いました。そこに住む人々は彼らの点在する家々の背後の尾根に上り、南の尾根へと続く落合いまでの道を歩みつづけて行ったのでしょう。それを想えば胸がつまります。

また半田から南東の剣山の麓近くの村、一宇村葛籠《つづろ》ま

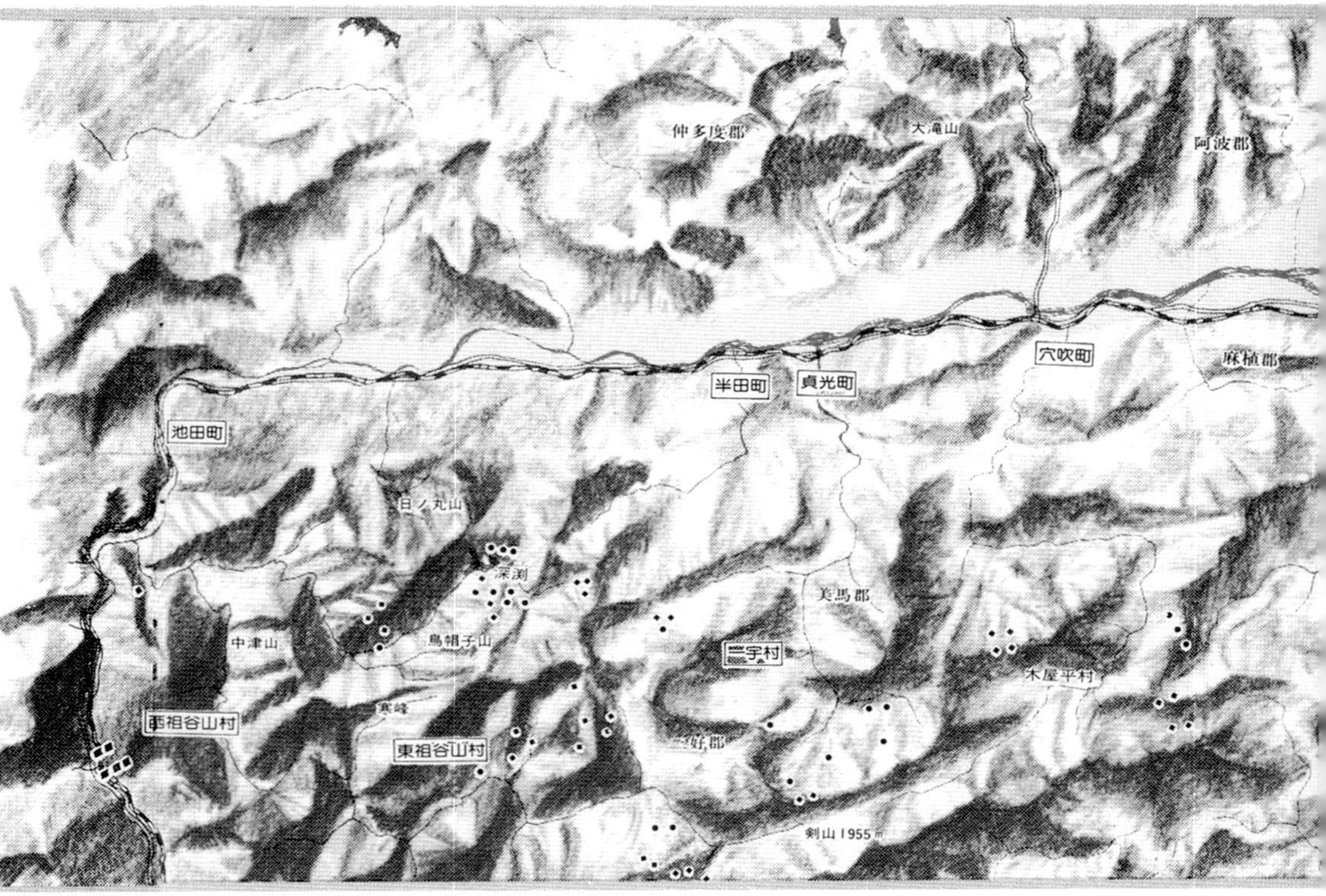

◆明治初期木地師、中持の道と推定
●明治二十年木地師、中持の道と推定

明治二十年十月木地師貸高木取仕入　敷地屋本店より

では、峠を越え尾根道をゆき渓谷ぞいの道を歩いて二十五キロ。竹内さんはここで昔、木地師をしていた小椋忠左ヱ門さん夫妻をさがし当てました。五十一年の一月と五十一年の秋に二度訪れております。おそらく阿波の山

一宇村片川地区はかつて木地屋が多く住んでいた

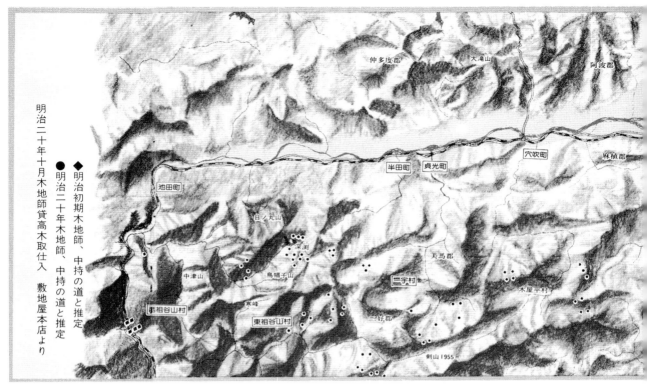

でこの方ひとりが半田漆器と敷地屋とに、かかわりあいを持った最後の木地師ではないかと思われます。

竹内さんは小椋さん夫妻から、

「半田から一宇方面には、定まった中持人が来ていて、敷地屋から木地小屋までを上げ荷といった。来た日は一

上、下　一宇村片川の木地屋の末裔小椋さんの家

剣山への途上の道よりかつての木地屋の村一宇村葛籠部落をのぞむ

泊して疲れを取り、翌朝早く木地類を持って出発した。草履《ぞうり》は一足余分に腰につけてきている。持ち帰る木地類は品物によっては数量も重さも違うが、菓子皿の場合だったら一荷四百枚が定数であった、重さも十二、三貫

半田町中屋に残る木地屋の墓

（約五十キロ）であった。

冬の山は寒さが厳しく、その上とても寂しい。正月前は半田からやって来る中持人をまだか、まだかと待っていた。（問屋との精算の取引は盆と正月の年二回）」と、お聞きしたと云う。

小椋さん達は木地師文書など八点を持っていて、黒漆の縦長の合せ箱に納められ、箱の表には菊の紋と御綸旨《りんし》の字が金蒔絵でかかれてあった。自分たちは山の八合目以上は、自由に伐採してよいと言い、また実際に山持ち人から、山を静めるために山へ入ってほしいと頼まれたりもする。一ヶ所に三年か五年で、あたりの原木を伐り尽して移動し、忠左ヱ門さんは東祖谷から一宇の九日谷《くにちだに》に入り、最終は、葛籠在所に定住。戦時中になって山の

紙の原料の三椏の皮むき（一宇村片川）

地にくわしいからと、営林署の山廻りをしたそうです。

木地の仕事は、秋に木を倒して玉取り（木からヨキで椀の荒型をとり出す）して放置する。冬になって一メートルほどの雪をかき分け小屋に運び入れロクロ挽きをした。


そのほか、木地師仲間との交流、年中行事、山神、道具に行なわれる祭事など、竹内さんは興味が尽きない話をしてくださいました。

半田に近い中屋にも、木地師達の墓群が残されており、木の葉を払いのけて見ると、寛文年間から明治までの月日が読み取れました。方形造りの地蔵堂と庚申塚《こうしんつか》が二つ。蓬《よもぎ》が一面に生えはじめた石積の神社跡には灯籠が一つ、施主木地師小椋宮吉天保十二年とありました。そこから上方へ三〇メートル離れた山腹に木地屋敷があったそうですが、今は杉が植林してあり何も原形をとどめておりませんでした。

三年から五年であたりの欅《けやき》、桜、ハンの木などを伐り尽して移動したといわれますと、この中屋に残された寛文から明治初年までの墓の人々は、このあたり原木が茂るともどって来て、木を伐り、伐り尽しては出て行ったのか、そして残された墓なのか、またはここを根拠地として、少し遠くの山の木を伐り運んではロクロを使用したのか。あるいは寂しかろうと墓だけ寄せ集めたのだろうか。墓石にきざまれた年月の最後は明治。明治といえば山林の所有権や利用率が激変した時期と聞きます。それに戸籍登録の問題が加わり、かつて自由に踏破した山民達の自在な動きを押しとどめたのでしょう。そして問屋の廃業が追い打ちをかけた。


墓石から少し離れた下の農家の庭先で、仕事をしている女の人に竹内さんは尋ねました。

「この墓にお参りにきよるかねェ」

「おらんね」

「お彼岸にも誰も来んかねェ」

「ずーと来んねェ」

塗師が漆掻きを！

半田川の上流へとさらに走りました。日開野《ひかの》、下喜来《しもきらい》、中熊《なかくま》、そして土々呂滝《とどろのたき》へ。ここまで来る道みち、漆が問屋になくなって、竹内さん父子が自転車にのり漆掻きに来た谷すじです、と知らされました。盛夏に道はゆるやかでも登り道、ここまで来るだけでも大層なことです。

竹内久雄父子が使用していた漆掻きの道具

滝は三十メートルの崖から落下し、あたりは霧と新緑で冷々と暗い。その滝の対岸の崖の中腹にも漆の木があって掻いた、と聞いてさらに驚きました。

竹内さんはその当時の漆掻きの様子を、

「私ら親子は、東西南北十二キロ四方の中に点在する野性の漆の木を掻きました。四日間（四日にひとまわり）掻くだけの木を確保するのに、持主に品物をあげたり現金で買ったりします。植林されたものではないので、ここに二、三本、次の山の向うに二、三本、また下って何百メートル下の谷間でと拾い木をして樹液を採ってゆくのです。その頃は田舎のことでオートバイが手に入らず、目的地まで自転車か、バスに乗ったりします。行きはコザッパリとした姿で出かけ、民家を借りて着替える。漆を持ったままではバスに乗せてもらえず、その苦労は並大抵ではありません。道で人と出逢いそうだと、側によって通り過ぎるのを待つ、四、五日してその人の顔が漆かぶれではれ上ってしまったのを見た時は、「やってしまったァ」と気の毒でならなかった。山にはマムシも出る、靴下を二枚はき地下足袋の上にゲートル二枚を巻き、下は物々しく、上はランニング一枚で仕事します。木から木への移動でまいってしまう。大きい木には足場を作り、上下で掻きます。山野を四日間かき、五日目には始めに掻いた木にもどります。一日採集量は一七〇匁（六三八グラム）でした。漆一滴は血の一滴の想いでした。このような経験で漆への愛情はまた深まりました。私の掻いた時は、輸入漆がとだえていたことから一貫目（三・七五キロ）三万円もしました。かりに一七〇匁を売った場合は、五〇〇〇円にもなりました。二年間山をかけずりまわりました」

滝つぼから帰り道、野性のミツマタの花が咲いていました。象牙色の枝に黄色のボンボン玉をつけた愛らしい花です。強い香りを持ち紙幣の原料になります。花好きな奥さんの所望で竹内さんはよじ登りはじめました。崩れやすい土で登りはよいが、横の移動はむずかしい。次の足は何処に固定したらよいか、体重を支える小枝も脆い。やっと手折れて道まで降りる四、五メートルはさらに足さばきがむずかしかった。採集した漆つぼを持ちながらの山の斜面の移動はなんと困難な仕事であったでしょう。

小野の浜と大久保家

吉野川に半田川が流れこむ河原は、ハマと呼ばれて、川船がとまる港でした。河原に降りるかたわらに常夜燈がありました。足元を照らす灯であり、また大川を通行する船の目じるしになったのでしょう。河原へと下る石垣の道は、幾多の裸足《すあし》が、草履が、そして地下足袋がふみしめ、そして今私がそれらの人達を想い訪れてふみしめていました。第一級河川である吉野川にそそぐ半田川は、しなやかに身を、くねりながらすべり込んで合流します。河原の石が白く広々として美しい眺めです。川岸に樹齢二百年と思われる榎《えのき》と椋《むく》の大樹がならび、芽をふこうとしています。この樹の下で、馬方が敷地屋から運んだこも包みの漆器の大箱や、山と積んだ八寸膳、石垣のように重ねたといわれる漆塗の箱枕、汁椀の荷が、船

半田の町を貫き吉野川に注ぐ半田川。かつての小野の浜

に積み込まれるのです。船に渡した二枚の板の上を荷を背おった男達が行き来する姿が私には見えて来るのです。

半田が背にしている山々の富がここに集められて、川船に乗って積み出される。いったい何処で川船が瀬戸内の海へ、また大洋を越えてはるかな江戸へとゆく船に荷を積みかえるのでしょうか。逢坂で作られた漆器は、陸路を通らずにすぐに水路へと運ばれた。恵まれた川の道、それが吉野川なのです。

私は小学生の五年間、東京の下町隅田川から引き込まれる運河べりで暮しました。敷地屋の支店を出した深川霊岸島の名をここ徳島の半田で聞くと、このハマと隅田川の下流霊岸島が一艘の船でつながっているように思えるのです。丸窓に寄って船から米屋の倉庫へと荷揚げする人夫をあかず眺め、そしていまも、二枚の板を行き来する荷の数え歌が、聴こえてくるのです。

この小野に大久保家の屋敷がありました。

「代々半田村小野に在り、農を業とす、炯眼《けいがん》あり、拮据《けっきょ》吉野川南岸、氾濫荒蕪の地を拓き、敷地屋の基礎を築く、七男悉く俊英、勤にして、倹、男は独立して七家を成し協力永く半田一郷を圧す」（大久保家の沿革史）

敷地屋の漆器業初代利兵衛の父、弥三右衛門のことです。一寒村に後世まで影響を与えた一つの産業のうぶ声をこの抜粋の一文で出逢い、その後限りなく想像が拡がってゆきます。現在、白壁の塀と重く閉ざした門構えを前にして、屋敷内は伺い知ることが出来ません。はじめ農家としての形であったものから次第に改造され、十九

右手の建物は小野の浜に残る旧倉庫。半田漆器は小野の浜から諸国へ積み出された

世紀初期には、藩主蜂須賀公を迎えるために造築され、御成りの間のある別棟屋敷も、国道の道から眺められます。当主甚吉氏は八十四歳の高齢と察しられます。家の中は静かで古い格式を誇る感じが汲みとれました。

半田の特産物

四国の大動脈であった吉野川は、流すだけでなく、さまざまなお返しを運んで来ました。その一つに手延《てのべ》ソーメンの技法があります。古くからの半田の特産物です。淡路島の福良《ふくら》附近から鳴門に入り、坂西市場を経て半田にその製法が渡ったように伝えられています。気象条件、良質の井戸水、そして家族労力の三条件をそなえて、農閑期を利用して作られ農家の副業に適していたのです。

漆器もそうです。気象条件、良材、良質の漆の産出に恵まれ、そして家族労力と同じでした。漆師屋は問屋廃業宣言でこのソーメン作りに転業していったというのです。ソーメン作りの方が手取早く、きれいなためではないかと竹内さんは言われました。人間ってそんなに今までの技術をすてて変われるのでしょうか。まして漆工の技術は十年しても、一人前になれない。漆工は高い文化と智恵の集積であると思う私には、惜しまれてなりません。とにかく食べる道にこの手延ソーメン製造業があったのでした。

条件が似ていると云っても気象は違っていました。冬の日、風もなくポカッと暖かく雨模様の日を、このあたりは大南《おおみなみ》というそうです。そのような天候を「塗師屋は喜び、ソーメン泣く」と。塗師屋は漆がよく乾き反対にソーメンは乾かないのです。厳密に言えば、盆地内は漆器、盆地外はソーメン作りの条件に恵まれているのです。漆という性質は不思議なもので、水分をふくみながら漆質を硬化させてゆくというのです。乾燥室の室は私の思っていたことと反対に、戸棚に霧を吹いたり、濡れた布を置いたりして、空気の乾燥をふせぐと言うのです。そして室を風呂ともいっていました。私もはじめて知った時はびっくりして、漆は水の芸術だという意味がやっとのみこめたのです。

かつての漆器問屋敷地屋こと大久保家のなまこ塀のある長屋門

そして同じ盆地内でも、竹内さんの通りに面した家より、山裾の奥の家の方が漆の方が漆の乾きが早いとおっしゃった時は、風呂の中だけでなくそこにも微妙な湿度の変化を漆が感じているのかと、またびっくりしました。

私にとってのソーメンは、「漆工と変りうるや」という意味とは違った確かめ方がありました。陽当りのよい農家の庭に、よくこねてひきのばされたソーメンがチラチラ風にそよいでいるのを見ると、その想いは飛んで、ものを創り出すほうに心をうばわれました。

御主人と奥さんはコップほどの太さから、うどんほどの細さになるまで、幾度も機械の手を借りてひきのばしていました。小柄で上品なおばあさんは座敷に上り、乾し上り切断されたソーメンをハカリにかけて束ねておりました。

「ハイ、八十二になります。こんな年まで元気に働けてとても幸せです」

手を休めず語る御主人は、

「需要は多くて生産が間に合わないのです。若い人は家内工業的な仕事を嫌って、後継者がいないからです」

漆器をやめてソーメンに転業した逢坂の人々もすでに消えて、この適地の小野で十五、六軒しか見ることが出来ませんでした。

職人の文化

三月三十一日、半田を去る最後の夜でした。竹内家にお客様が見えられ、酒宴になりました。酔うほどに酒杯

半田名産のソーメンつくり　撮影・竹内久雄

の交換も早まり、半田の文化についておふたりは熱烈に語られました。その内二十数年ぶりといって、倉から竹内さんの初節句の幟《のぼり》がひろげられました。八畳一ぱいの大漁旗を思わす染で、金太郎の鯉の滝のぼりでした。漆器の代金が支払えぬとかで、伊予の川之江の人が千三百円にも余る代金の代りとして、長男の初節句の祝いにと送られた幟でした。昭和三年の千三百円とは、なんと驚いた代金であったでしょう。

　もう一つの幟は、奥の間の八畳と庭先の四畳を通して拡げられた二本の長い幟でした。白布地に直接絵具で描かれた武者絵で、賤ヶ岳七本槍の面々。はかってみると四間（八メートル二十センチ）の長さでした。絵を描いたのは紺屋の小三郎翁といいました。この逢坂に素人歌舞伎芝居が盛んであった頃の、重要なスタッフの一員ということです。役者の顔づくりから、衣裳、背景にいたる美術監督であったのです。有楽座と名付けられた地芝居も、本格的であったことが偲ばれました。それから芝居で使われた小道具も出て来ました。舞扇よりも大きい軍扇。朱の漆に金箔の日の丸、裏はその逆でした。実戦用とおもわれる鎧《よろい》の一部、籠手《こて》、脛当《すねあて》などの具足、くさりかたびらには黒漆が塗られていました。これらのものは、役者たちが贔屓《ひいき》の旧家や豪商から、借りたり贈られたりしたものだ、ということでした。

　私は、半田の職人、商人の文化の高さに驚き、漆器産業によってもたらされた豊かさだったのではないでしょうかと聞きますと、竹内さんは、

「職人の生活は決して豊かではなかった。労働時間の長い日常の生活の苦しさから逃れ、気分を休めるために、それらの楽しみを生み出したものだ」

と当然の如くおっしゃるのでした。

　翌朝、七十代になる元職人の老夫妻を、畑にかこまれた農家風の家に訪れました。おふたりだけで住んでいました。おじいさんはとつとつと、

「技術を身につけることに七年、やっと給金をもらえる頃になると兵隊検査だった。親方の家から離れて独立、結婚しました」

　おばあさんは、

「おじいさんと二人で注文に間に合せようと、毎夜一時前には寝たことはなかった。朝は早かった。いそがしかったよ、つらかったよ、子供が多かったが決して仕事場には入れさせなかった」

と話して下さいました。

　親方の家が漆器をやめると、関東にも、中部、関西、

●漆器業から他産業への転換

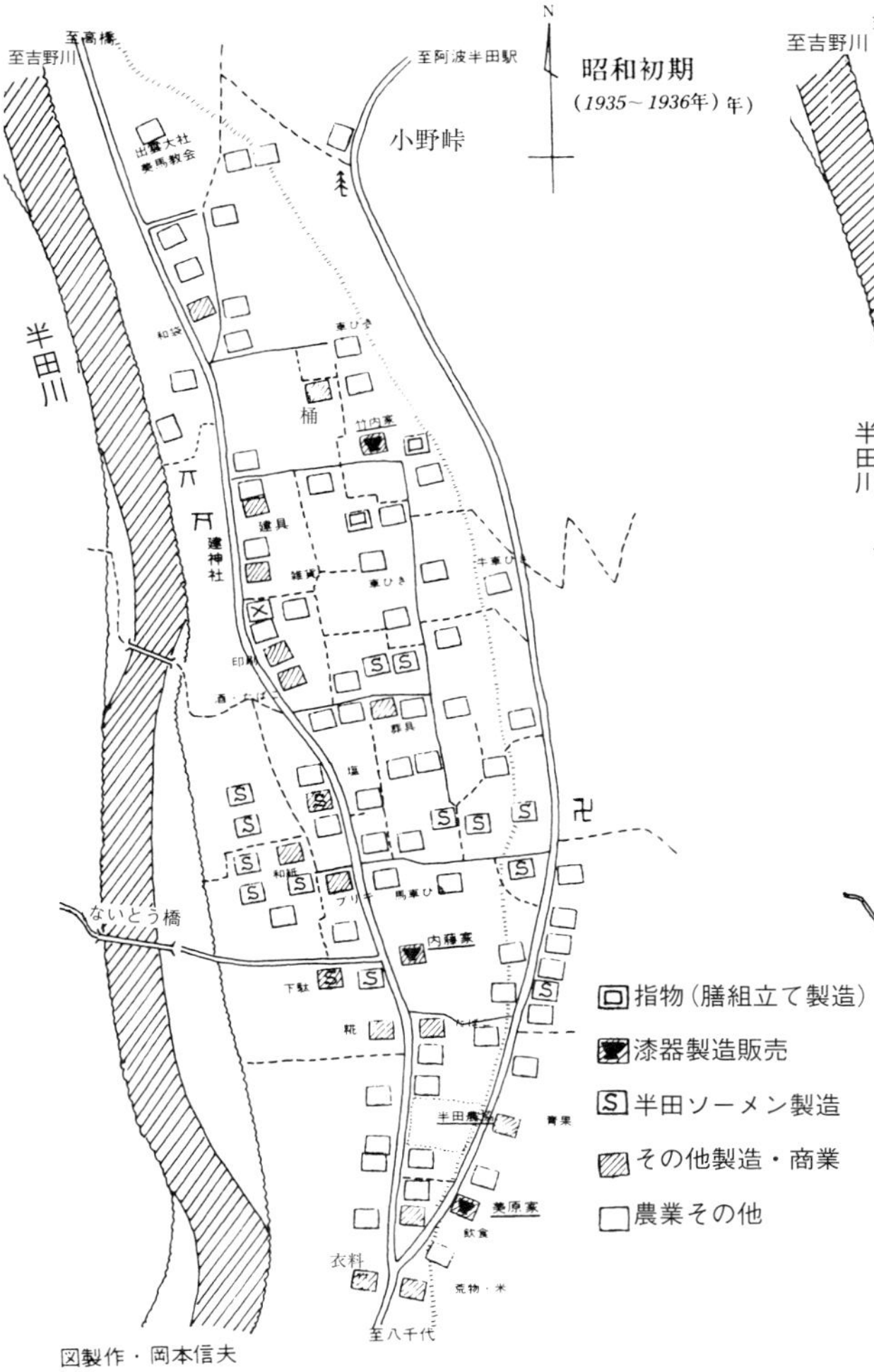

図製作・岡本信夫

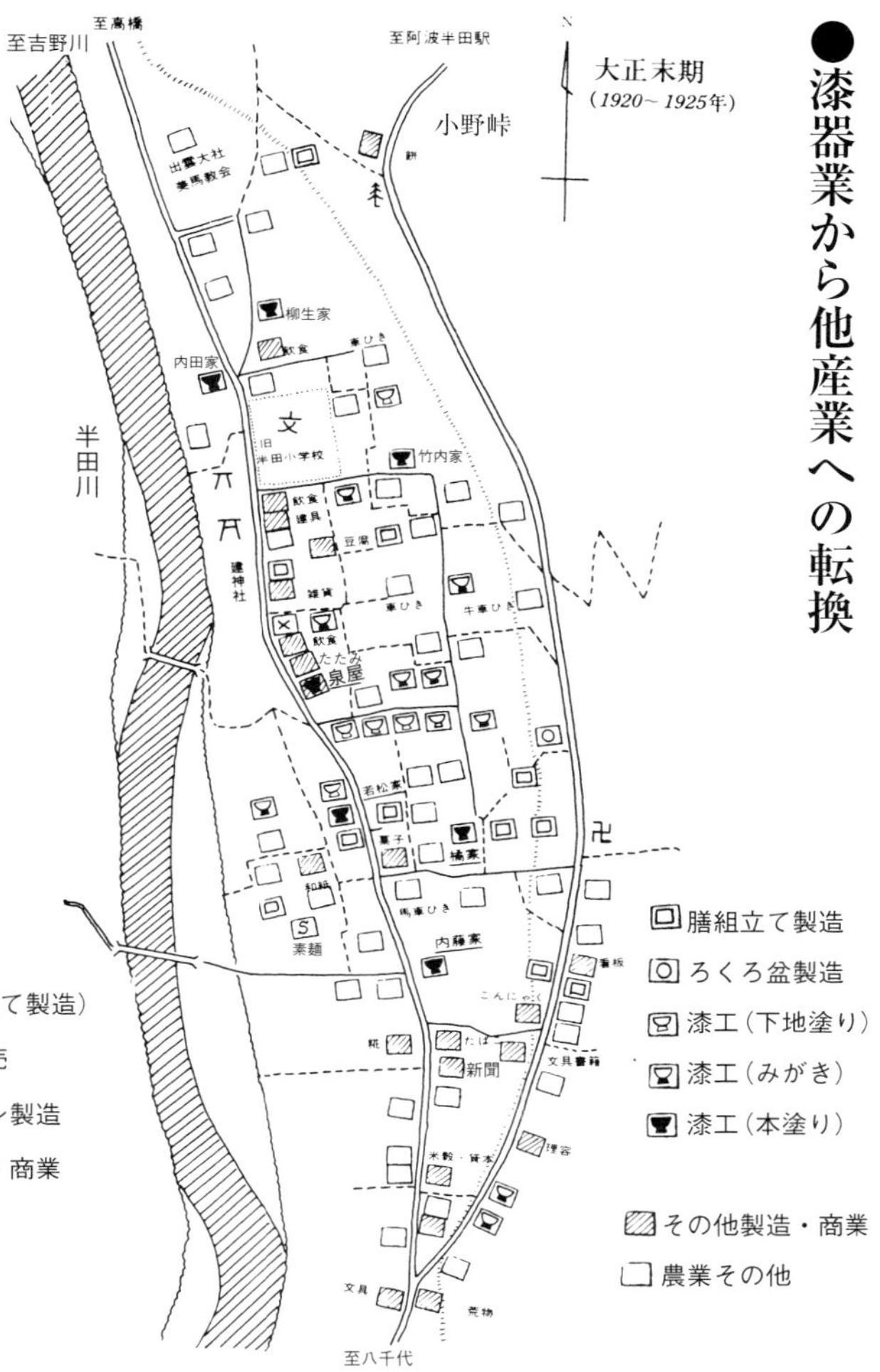

中国地方へも道路工事で出て、ながく家を留守にしたということでした。

旅のおわり

竹内さんの奥さん倶子《ともこ》さんには、すっかりお世話になってしまいました。町のすみずみまで、牛乳と化粧品類と新聞を、自ら車を運転して配達する仕事を持っておられる方です。「私は人と逢うのが好き。この仕事を大切と思っている」とおっしゃるのです。吉野川の下流、鴨島からお嫁に来られました。半田人の自己の職業に対する信念を、身をもって示しておられます。同じ主婦でありながら私をあげ膳すえ膳にして、私のやりたいことに没頭させて下さいました。女学生時代バスケットの主将をやられたとうかがいました。明るく活力にあふれた方で、結婚なさった頃三ヶ月の身重で、竹内さんといっしょに吉野川を泳ぎ渡って、半田の人をアッといわせたというエピソードもうかがいました。

うず高い竹内さんの資料の間から、黄ばんだ新聞の切り抜きが出てきました。見出しに「さびれた伝統に息吹を！倶子さんの嫁入りに千人力を得ん！」とありました。塗りの仕事をしておられる新婚早々のお二人の姿の写真もありました。もともと倶子さんは、漆器とは全く無縁の家庭で育たれた方です。その倶子さんが塗師という未知なる世界へ、飛びこまれたのです。とまどい、嘆き、苦しみ……、どれほどの御体験をなさったことでしょう。

「最新式の機械も入れて、膳椀にとどまらず、テーブルなんかの製造もやって、この漆器を再び盛大にしよう」

「先進地の視察なんか私も助手にして連れてってね」などと語り合ったお二人でした。が……。

七年後、竹内家も、遂に家業を閉じました。産地でなくなった場所で弧塁を守ってゆくことのむずかしさ。

＊

竹内さんの家に大切に保存されている漆器の山。その山に埋もれながら、竹内さん御夫婦と話しているうちに、こういう話が出ました。仕事途中のままになっている惣盆を、誰かに上塗をして仕上げて頂こう、何処へ持っていったらよいか、会津か、木曾か、河和田か、高山か、輪島か、鳴子か、高松か。

「ねぇ口惜しいではありませんか」

と、つい私は言ってしまった。後一息の仕上げを他人にゆだねることが、という意味をこめての言葉でした。すると竹内さんは、無言のまま笑って深くうなずかれました。まだ山には野生の漆の木があり生漆を掻くことができる。道具も二階にそろってある。木地師の家の近くに漆の木が幾本かある。多聞寺のそばにも、切らないで下さいと約束した漆の木もある。竹内さんなら、私の山も貸すから漆の木を植えなさい、と言う校長先生もおられる。ささやかながらも仕残した器を仕上げれば、食器として蘇生さすことができる。

いまとなっては、これはとても難しいことでしょう。実現することの難しい夢でしょう。竹内さん御夫婦の体内には、その夢を現実のものにし得る技術はあるはずです。その技術がこのまま永遠に眠らされてしまうのは、何とも言えず残念でもったいない気がしてなりませんでした。たとえ惣盆一枚でも、それが実現できればなあ、と私は思いました。

私はまた人家の密集する東京の新宿の家にいました。半田から持ちかえった美味しい手延ソーメンを家族と食べながら、こもごも自分たちの旅の話を披露し合いました。夫は仕事で北海道。高校一年になった長男は、音楽好きな先輩に逢いに神戸から奥能登へ、小学生六年になる歴史好きな次男は、神戸から姫路城へ、それぞれがたどったひとり旅でした。

逢坂の鯉のぼり。吉野川中流域一帯でこの上げ方をみた

塗師《ぬし》屋の父と子

文・竹内久雄

自分の家が塗師屋であると知ったのは七歳の晩秋、昭和九年母が出産後の出血が原因で死亡した日であった。八寸膳の渋下地の折に使用する掛台の側で、訃報を知らされ急いで学校から帰った父の妹達（私の叔母等）に慰められ励まされたあの時の印象は、今になっても鮮明に焼き付いて脳裏から消えない。家先の道路で近くの友人と二人で、石飛ばし（二股の枝の先にゴムひもを結び、これを引っ張って挟んだ小石を飛ばす子供の遊び道具）で遊んでいたら、お産の部屋でざわめいていた多勢の人達が、突然大声で泣き叫び始めた理由が解らなかった。

すぐ呼ばれて部屋に入ると親類の人々が、母の名を声かぎりに呼び叫び死境に這《はい》らんとする二十八歳になったばかりの母の体を、ゆさぶりながら殆んど狂乱したように泣きわめいていた。誰かに「母さんは死んだんぞ！」と言われても、その場の異様な雰囲気にのまれて、幼い心には左程悲憤感は湧いて来なかった。次第に死出の旅路へ急ぐ母とはうらはらに、枕元で正座してうつむいた姿勢で、瞼ににじむ涙を必死でこらえていた父の姿が、何かしら強烈に私の眼に映った。泣いている人達にさそわれて泣顔になった私が、泣きじゃくり始めたのは、叔母達に抱え込まれて慰められ元気づけられた時で、共に大声で泣き出したのであった。

高々と積み重ねた膳類の隅で、三人の叔母達に囲まれた私が、ふと目を向けると弁柄《べんがら》で渋下地され、掛台に沢山乗せられた紅色の八寸膳を見た折、こんな物を我が家で作っていたのかと思った。こんな悲しい思い出がもとで、自家の生業が漆器を作る塗師屋と悟らされた。その運命に、何とも表現出来ない複雑な気持になったのは生涯忘れられない。

母の生前、悪さをして板の間に座らされ、飯台を高い棚の上に置かれて、断食を強いられたが、自分の家で製造された飯台のことを判別する智恵よりも、空腹で困っている私としては、中に納められている食べ物のことが気がかりであった。

素直に謝れば許してくれるものを、強情を張っていたら祖母が隙を見て、そっと飯台を降してくれたことも度々であった。そして孫可愛さにした祖母がかえって母からなじられたものであった。

小学生になってから、父の末弟（私の叔父）とは年齢も三つしか違わなかったから、よく喧嘩したが、年の割に大柄だった私と、小柄で母の無い私に遠慮していた叔父とでは、力の強かった私が何時も勝っていた。騒ぎが激しくなると塗り場の二階から駆け降りて来て、二人を折檻《せっかん》した父のよく肥えた身体は、たいていがパンツ一枚の姿であった。後年自分が塗り物をしてから解ったことであるが、上物の上塗りは漆の面に落ちるゴミを防ぐために、冬期を除いては何時も上半身裸であった。そして父は堅地塗を扱う職人として最右翼の人と評価されていた。

私が小学校に入学した昭和十年前後の我が家の春から初秋までの期間は、

毎年定まったように上物の製造をすることが通例となっていた。神経を集中して刷毛《はけ》さばきをしている最中に、叔父甥が勘気にさわる喧嘩を始めれば、両成敗として二人の尻に加える父の拳に力がこもっていた。

冬場は袖なしの綿入れデンチを着込み、漆で汚れた前掛を腰に巻いた父は、食事の時その上から地織木綿の厚手の着物を羽織って、急ぎながら箸を進めていた姿を想い出す。上物の会席膳の側《がわ》塗りは、返しが正確に分刻みでなされるから、用便以外は来客があっても決して、二階から降りて来ようとはしなかった。

青年時代を大正初期から過した父は、二度の兵役（九年現役入隊と引続きシベリヤ出兵、昭和十二年七月の日支事変出征）に従軍した以外は、衰運に赴きかけた伝統ある漆器業の挽回に、その心魂を傾注し、画策したものである。そしてその仕事は明治生まれの職人根性そのものであり、妥協を許さない脊骨の筋が通った作品を遺している。

祖父と父とは何回となく、近郷の旦那衆が栄耀普請で新築した日本間の床《とこ》塗りに指名されて出掛けたが、技術は父が優れていたらしく、晩年には研出《とぎだし》梨子地《なしじ》漆を使った上塗りは父の役目であった。私も戦後の二十四年から県内外の新築家屋の床塗りに数回同行したが、年期足らずで雑役の錆落《さびおと》しや、炭研ぎ、胴摺《どうず》りの下手伝いの明け暮れであった。半田町の良家の床の間は、その家主が何時も誇らしく文化財的価値があると、父が仕上げた職人芸を称讃してくれる声を他人から聞く度に、父と共に泊り込み苦心して塗り上げた昔が偲ばれる。

父が親子ぐらい年齢差のある若者にまじって日支事変に出征した後の我が家の生計は、すぐ前の家から父の弟子として塗師屋になっていた竹本照一氏（後に町役場に勤務、助役就任、任期満了で勇退）が、不在中一切の重責を遂行され、翌十三年四月父が無事帰還した八ヶ月余の留守役の大役を護り通して下さった。当時小学校三年の私が徳島の連隊へ入営する召集兵を見送る人波に加って半田駅へ向ったのは十二年八月中旬と記憶する。この町から三十二名、八千代村を合すると五十名に余る兵士の代表として出陣挨拶した父、また翌年四月二日帰還の挨拶を所も同じ駅前で行った時のことよりも、戦地へ向う夜間の軍用列車の窓から上半身を乗り出して、家族への心配を案じつつ見送りの群衆の頭上を声を張り上げて応えながらホームを通過した父の顔。提灯《ちょうちん》の明りに一瞬照らされた強張った表情を忘れることが無かった。

戦争の拡大、戦局の激化に伴い、漆器製造にも色々な支障が起ったが、昭和十五年十月阿波半田漆器工業小組合設備計画書を商工大臣宛送付し、補助申請が受理されれば十六年度に発足する運びとなったが、第二次世界大戦が勃発したため組合運営も正常化するに至らなかった。この頃、紀州から職人が一人来て、祖母が渋下地した木製二つ重ね弁当箱に春慶塗を加えて、相当量出荷していた。隣町から通勤していた生真面目な職人であったその人も、こと塗りに関しては父に頭が上らなかったのか、よく注意されていた。

塗師屋仲間は、広い狭いによらずそれぞれ庭先に築山を造って、仕事の合間を見つけては手入れをしていた。くわえ煙管《たばこ》の灰を「ポーン」と叩き剪定《せんてい》鋏《ばさみ》に持ち替えた手で、梅の老木の枝に

塗師屋竹内家の人々。左端が筆者の竹内久雄氏。昭和22年撮影

鋏を入れていた父は、生花《いけばな》のたしなみも持っていたから、四季それぞれの草花を活けていた。

父は長男の私に対して躾《しつけ》が非常に厳格であった。反抗期に入った私の態度が悪かったのかも知れない。父の末弟は大事にされながら青年学校を卒業すると渡満して奉天へ行ってしまった。私の妹、弟、特に一人娘の妹は、何不自由なしと言えば時節柄変に聞えるが、無理なことでも聞き入れていたようであった。側に居て私は妹達に比較して損をしているような気持を持ち続けた。この厳しさは私が成年になっても変わりはなく、酒のさかなにしばしば小言を聞かされた。

終戦の前年、中学生も勉学を投げ打って、人夫に早変わりをした。阿讃山脈の南麓、吉野川北岸軍用道路開削工事現場へ駆り出された。現場は吉野川をはさんだ池田町の対岸であったから、家から毎日通勤する日が続いた。翌年の四年生になった四月、正式に軍部の指揮下に包括され勤労学徒として出陣した。池田町と高知県東部地方の大杉、本山が仕事先で、半月単位で交替して作業に従事した。満州国から本土決戦の防衛のため、高知県へ転進した関東軍錦兵団の兵糧弾薬類を民家に分散、貯蔵する運搬作業が主体であった。半月仕事をすれば家から池田町の作業場へ通勤できるから、その日の来るのを楽しみに高知県で頑張った。さて交替日になり帰宅して色々と苦労話を持ち掛けても、父は当然の事として頼り無い合槌を打つだけで、反って親元を離れた経験が皆無な私を見て、「そんな苦労は苦労とは言えない」と言った眼差しで、聞いたり聞かなんだりの有様であった。戦場で弾丸飛び交う死闘を体験した父にすれば、私の話など幼稚すぎて、聞き役に廻れなかったに違いない。

終戦になるといちはやく、家族の女達を剣山山系の奥地へ移住さす交渉に、弟に当る叔父の家を尋ねた父の頭には、支那出兵中、現地の悲惨な光景が去来したことであろう。敵兵が上陸すれば、戦争中に目撃した痛ましくも悲しい敗残の女性の苦しみを、この町で肉親に味あわしたくなかったのであろう。現役と召集の両度の兵隊生活を模範兵で通した父の真面目な考えを今となっても笑うことが出来ない。その折の父は真剣そのものであったことであろう。混乱した世相の波に押されて、塗り仕事もそこそこに食糧増産のため、親しんだ塗り刷毛をしまった父は、家近くの畑と吉野川辺りの砂地の畑で、野良道具の鍬を握って汗を流す毎日が続いた。

私も旧制中学四年で卒業した友達とわかれて、学制改正で復帰した五年生過程の道を取ることを父は気持よく許してくれたので、戦争で遅れた勉学を取りもどすべく更に一年通学した。卒業した二十二年四月頃から、戦災で焼失した物資を補うかのように、荒物漆器が日を追って売れ始め、インフレの波に煽られて材料高になりながらも、製造が追い付かないくらい品物が出荷されたり、小売が盛んとなって来た。

空襲で焼け出され、郷里の我が家へ疎開して来た父の妹達の家族を併せて、私の家は一挙に大家族に膨れあがった。この時以後の父の仕事上の働きは、格段の稼ぎ人《びと》と変わり、妹達も父の下働きで力を合して毎夜遅くまで残業することが日課のようになった。好物の里芋を焙《あぶ》って、味噌を塗り夜食の代用として、美味しそうに食べていた。

製品は売行が大変よく、食糧難の苦しい時期は物々交換によってやみの米麦を手に入れた。買い出しに香川県の金刀比羅辺りまで出向いたこともあったが、大抵の食糧運びは私が受け持った。

剣山の麓より下宿していた従兄弟の家から、その両親が集めた工面尽の食物を、二人して決まって毎日曜日の夕刻持ち帰って学校通いの私達三人の弁当米に充てた。あれやこれやの苦心の才覚によって、家族十一人の中、死んだ祖母と父を除いた外は、皆達者で今ではそれぞれ一家の柱として頑張っている。あの時勢の苦しい中にも楽しい思い出として浮かんでくる。

当時の心境として、給料取りとなって都会へ行こうと考えていた。とにかく塗師屋家業とは別な道を取ろうとしていた私を察して、父は何とか理由を付けて、漆器屋の後継ぎに仕立てようとした心を思えば、思い切りが付かず、手伝うとはなしに下地の仕事を祖母と共にしている中に数ヵ月が過ぎた。心中の動揺を見抜いた父は、或る日、父が尊敬していた疎開者で年上の親戚の人に相談して、私を説得するよう依頼したらしい。すこし離れた私の敷地へ急造して建てた家の二階の部屋で、夕食後私はその人と対座した。市内有数の鏡台製造業者であったこの人は、郷里がこの逢坂であるため、空襲は必至と思い、トラックに何台もの家財道具一切を疎開し終えたその晩市内は焼け野原と化し、自分の居宅も全焼したという不幸中にも幸運な人である。勿論トラック便通行許可やら、荷物の分散のため民家の借り入れ交渉や小運搬、その上建築許可まで父のほん走によって解決されたと聞いている。

出された茶は、初めて口にする玉露の上茶であった。渋甘い冷えた茶をすすりながら、順々と家庭の事情、父の苦労話、世間の話を巧みに入り交えて説諭されるに従い、次第と家業を継ぐ気に変わり始め、夜更けた時間になって、遂に私の決心は固まった。夜の涼気は気持よく肌に感じ、深夜の天空には仲秋の月が高く昇りそして煌々と輝いていた夜景であった。塗師屋で送った十七ヶ年、父の期待とは反対に、何することもなかった田舎職人の過去を振り返ってみる。色々な出来事が浮かぶ。漆と別れて、もはや十年余りにもなる。今となっては、善きに付け悪しきにつけ、偉かった父の面影を思い、親子の縁の浅かった母をしたい、母代りの優しかった祖母の顔を追憶する。想い出の一コマ一コマが、古臭い表現ではあるが、走馬燈の明かりに写った影絵のように思われる。この文章を今は無き肉親へ、けいけんな気持で捧げたい。

漆器入門

澤口　滋

漆の椀

　こけしで知られる東北の温泉町鳴子《なるこ》で、私は父祖の業をついで漆の仕事にたずさわっております。私の小さな工房から鉢・盆・盞《さら》・椀・櫃《ひつ》などの数々のぬりものが誕生しますが、なかでも毎日の糧を盛り掌にのせて使う椀を作るのが好きです。

　石を打って狩猟や農耕の道具を作った私達の祖先が、土を練って最初に作ったのは飲食器でした。殊に米作民族であった日本人にとって、椀は欠くことのできない食器となりました。平和の「和」、和《なご》やかの「和」は禾《か》で、つまり穀物を口に頬張るという意味からきたと聞きますが、掌に包むように椀を持つことには、自然の恵みに対する感謝の心があったのかもしれません。椀は、私達の祖先の掌の中で毎度の食事に使われて千余年、そして今、私の前にあります。

　宮城県の北部から岩手県の南部にかけて伝世された椀に、一般に秀衡椀《ひでひらわん》といわれるものがあります。製作時代は室町末期から桃山にかけてのものと思われますが、確かな製作技術といい、ふっくりとした豊かな形、自由闊達な朱漆描きの文様といい、時代椀の白眉というべきすばらしい椀です。何よりも私の心をとらえるのは、その作意のない自然な美しさです。たくまずして生まれてきたというよりほかに言いようのない美しさなのです。畢竟《ひっきょう》、人は物を作れるものではなく、自分の内側から発酵し生れ出るのを、日々の研鑽の中で静かに待っていなければならないのだと思われます。

　日本の各地には、古くから漆器の産地があり、その周辺の人々に日常の什器《じゅうき》を供給してまいりました。椀もそれぞれの産地の特色を、塗（下地法）と形とに持っています。輪島では、豊富なけやき材と下地に使う特産の地ノ粉があり、桃山期に根来《ねごろ》塗で有名な根来の僧によって伝承されたという高い技術によって堅牢無比な椀を。会津若松は、藩の積極的な保護政策によって、松煙《まつぼこり》を柿渋でといた下地法によって低廉で大量の椀を。木曾平沢では、豪雨で流し出される風化した沢の表土を水簸《すいひ》したきめが細かで生漆《きうるし》によくなじむ錆土《さびつち》を下地に使い、秋田川連《かわつら》は、渋下地に松煙の代りに炭を砕いて使い更にその上に生漆をすり込んだ、粗野ではあっても強くて安価なぬりものを東北の農民達に提供してきました。かつては、作る者と使う者がばらばらではなく、同じ心で苦しみ生きた社会風土の中で、ものは生まれてきたのだと思います。

　他のぬりものと同じように椀も木地に下地をほどこし中塗上塗を重ねて仕上げられるのですが、使用の頻度が高い上、熱い汁を盛るため嘘のない仕事が要求されます。使う人には見えない下地の強さが生命であり、上塗に使う漆も良質なものでないと高い熱のため白く焼けてしまいます。

　漆は、春から秋にかけて成育期にある漆樹の膚に傷をつけて採ります。私達人間が怪我をすると血が出て固まって皮膚を守るように、漆樹が傷つけられた時に、生成され分泌し酸素を吸い温湿度に助けられて乾き膚を護る漆の血液なのです。ですから漆液は、長い期間かかって幾度も幾度も傷をつけて採取され、そして漆樹は枯れてしまうのです。こうして採取された生漆《きうるし》は水分が多く下地や拭漆《ふきうるし》に使われ、黒や朱に塗る漆はなやしをかけながら静かに水分を蒸発させたくろめ漆なのです。漆は文字通り生き物で温さと湿めりがなければ乾かず、しかし乾きが早すぎると刷毛目が残り艶が消え、遅すぎると作業に手間どり大敵の埃がつきます。塗りの技術もさることながら、夏の夕立の後や風の吹く冬の夜、思い通り、漆を乾かすには、長い修練の時を重ねるほかはないのです。

　こうして人々に生活の什器を供してきた漆の仕事は、父から子へ師から徒弟へと伝承されて来ましたが、戦後の生活様式の変貌と共に迎えた大量消費時代の中で、企業採算の低さ、市場の不安定、技術の低下、後継者の不足に苦しみながら、斜陽の一途を歩んでいます。しかし私達には美しい器を創造する喜びと、また使い下さる方達との心の交流があります。更に恵まれない条件の下で漆の仕事を支えて来てくれた木地作り、漆掻き、刷毛作り、濾紙《こしがみ》漉き等に従事する沢山の人々は何を心の支えに子供達に業を受継がせることができるでしょうか。小石川丸山町に明暦年代から漆刷毛作りをしている家がありますが、全国合せても五指をもって数えられるこの家業も、今の御主人一代で終ろうとしています。欠くことのできない漆も同じことが言えます。古謡にさえ次のような歌があります。

　乞食してでも漆掻きァ嫌よ
　知らぬ他国の谷めぐり
　可愛い子もおき妻をもおいて
　ゆくは河和田の漆掻き

漆の椀に較べると、プラスチックの椀は価格も十分の一以下だし、扱いも簡単で合理的だという人がいます。器《うつわ》には、用と美の調和が要求されねばなりません。プラスチックの椀は、美においては論外ですし、機能においても完全とは言えません。漆椀は熱い汁を入れて熱くならず、また冷め難く、唇にあたる感触も優れています。安くて扱い易いという程度の低い合理性のために、日常の生活を大切にし物をいつくしんで使う心と、他の人の労働と技術への敬意や共感を失う事にはならないでしょうか。この、ものを通しての対話こそ、人類の文明を育んできた土壌だったのだと思います。それはもう漆だけのことではなく文明の課題になります。

　三十五年前のチャップリン（モダンタイムス）やルネ・クレール（自由を我等に）のおののきは、今は現実の問題になりました。自動制御方式は人間から機械に対する主体性を奪い、使うために作るのではなく、消費させるために生産するようになりました。王様呼ばわりされながら、浪費を作り出す人々によって、消費は最高の美徳となりました。技術革新によって流れ出る新商品は、すべてマスコミを動員して宣伝させ、王様の渇きは癒される時がありません。生産流通の巨大なサークルの中に、商品化され埋没した人々は、どんなに消費生活の豊かさを誇っても、自由な人間の魂との対話を失ったことになります。

　人は自ら構成する社会をより良く発展させ、次の世代に伝えるための発言を、仕事を通じてしなければならないと考えます。

　椀を作ることが私の言葉であり、良い椀を、これからも私は作り続けたいと念願しております。（一九六八年）

漆かき見聞記

文　姫田道子

写真　池田達郎・澤口　滋

漆掻き職人砂森栄三男さんの漆掻き作業。漆の木に掻き鎌で疵をつけ、滲み出る漆の液をヘラですくいとる（秋田県・川連）　撮影・澤口　滋

●漆かき（漆掻き）さんとの出会い

昨年は暑いながい夏でした。漆木《うるしのき》から漆液を掻《か》きとる「漆掻《うるしか》き」の仕事を、私は六月上旬の掻きとりの準備から、漆樹を伐採した十一月の上旬まで見聞しました。月に一回、二泊三日のペースで宮城県玉造郡鳴子《なるこ》町の山村を訪れていました。

ところが今年の天候は、冬は雪が少なく水不足が心配され、そうかと思うと梅雨はながく居坐って、日中でも長袖を着るほどでした。私は東京にいて、東北の天気図ばかり気にしていました。八月に入っても天候は不順で、集中豪雨による北上川の氾濫がニュースで報じられたりしました。

昨年と打って変った冷害型でしたから、漆掻きの仕事にどのように影響しているのか、それが知りたくて、九月に、漆かきさんの今年の採取地になった岩手県下閉伊《しもへい》郡上宮守《かみみやもり》を訪ねてみました。やはり天候の不順をそのまま反映して、昨年と極端な違いを見せて漆かきさんを嘆かせていました。

幹につけられた掻き疵《きず》は、昨年なら黒々としかも漆が流れ出た跡が見えたのに、布で拭きとったように乾いていました。そのうえ虫害が追い打ちをかけているのです。梢を見ると漆樹の葉は小さく、しかもまばらです。食べ

宮城県鳴子の漆樹群（手前の樹林）。漆樹は里村近くの山の中腹に植えるのが良いとされていた
撮影・薗部　澄

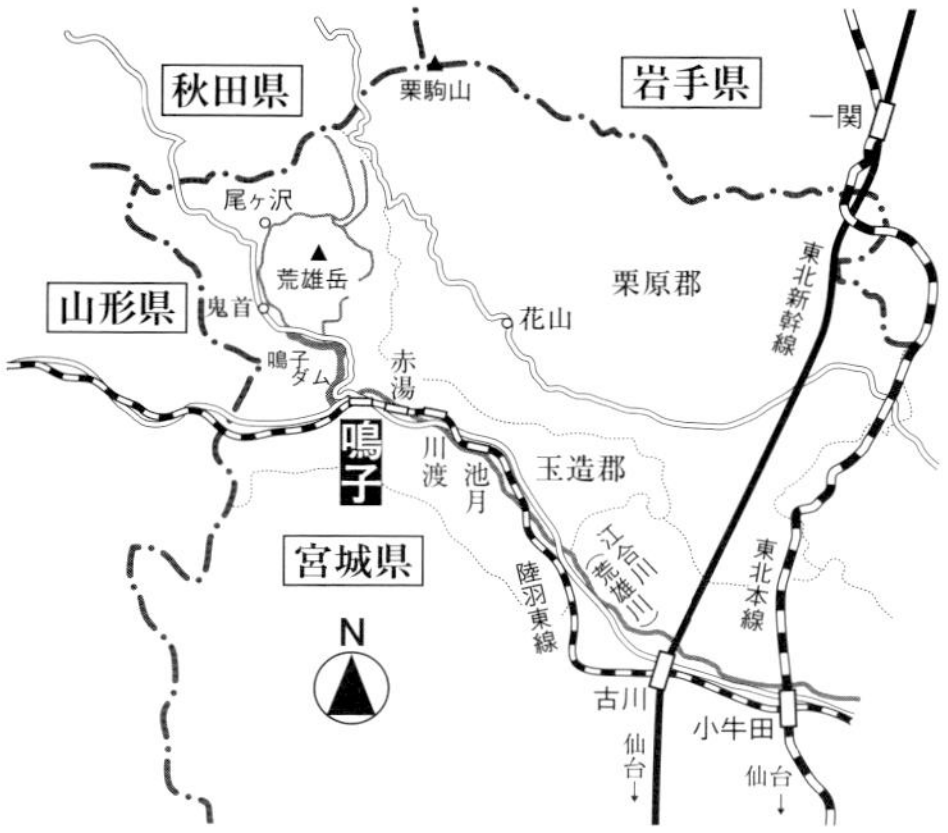

尽されて、二度目の葉だといいました。

　話は一昨年、昭和五十二年の晩秋にさかのぼります。宮城県玉造郡川渡《かわたび》にある東北大学附属農場演習林のセミナーハウスの施設を借りて、漆器《しっき》を作る職人の集まりである明漆会《めいしつ》が研究会を開きました。私は部外者ですが、縁あってこの会に数年前から参加させていただいているのでした。

　全国十ヵ所あまりの産地の職人さんたちの他に、この演習林で植物の研究をしておられる酒井博教授、森林動物学の西口親雄《ちかお》助教授、それに漆問屋の小林忠兵衛氏、小林さんのところに漆をおさめており漆掻き職の砂森栄三男《いさお》氏を交えて、主に漆樹の植栽と樹液についての勉強会でした。

　セミナーの中休みに、みんなで演習林の門を出て、荒《あら》雄《お》川にかかる橋を渡って、鳴目《もずめ》といわれるところの漆樹を見に行きました。藪に入る道にそって、樹齢五十年以上と思われる漆樹が十二本も立ち並んでいました。その見事さに私たちは思わず賛嘆の声を上げました。漆掻き職人の砂森さんも、幹を抱きかかえて手のひらで叩いて、

「これはすごい。漆がたくさん出るに違いない。掻いてみたい」

とつぶやいていました。

　研究会での漆樹についての話が細かくなればなるほど、私は漆樹に対して興が湧いてきました。日本の代表的な工芸品である漆器にとって欠かすことのできない漆を出す漆樹が、今日ひじょうに少なくなってきていること。またそれにたずさわる漆掻き職人も全国で九十人を割り、しかも平均年齢が五十六歳ほどに高齢化していることなども話題になりました。

　会では以前にも越前の元漆掻きの親方、土田新造老の話を聞く機会がありましたが、漆掻きの職人さんが、どのような環境の中で、どんなふうに仕事をしているのか、じつは漆工者のみなさんもほとんど知らないということでした。

　そしてその翌春（昭和五十三年四月）、砂森さんがあの十二本の巨木をふくめて荒雄川周辺で仕事をすることになったと知りました。その報らせを受けた会の人々は、その年の集まりを急遽現場近くの鬼首《おにこうべ》温泉で行なうことにきめました。そして砂森さんは夏の一時期の見学だけでなく初めから終りまでの作業を記録してもよいといってくれました。またとない機会です。そこで鳴子町在住の澤口滋《しげる》氏は漆の未解明部分に必要な基礎資料の収集と、八ミリ映画で漆掻きの作業を記録することになりました。さらに十六ミリの記録映画製作の申し出もあり、私は漆かきさんの生活を中心に見聞することになりました。

●二戸漆の歴史

　漆掻き職人の砂森さんは岩手県二戸《にのへ》郡一戸《いちのへ》町の人です。五十二歳（大正十四年生）、この道三十八年の経験

者です。

小繋《こつなぎ》事件で有名な小繋の隣の駅、小鳥谷《こずや》に砂森さんの家があります。祖父も父も兄弟四人もみな漆掻き職をしており、自分はなんの疑いもなくこの道に入ったといいます。

二戸郡はいま日本で漆掻き職が多いところで漆の産出量も多く、五十一年の県別表を見ても、岩手三千三百十キログラム、茨城千三百四十三キログラムで、ほかは新潟二百二十、鳥取百二十、栃木百二。全国一を占めている土地柄です。そしてその背景には、南部藩時代からの伝統があるようです。

田中庄一氏の『近世二戸漆の研究』によると、藩政時代は漆液の漆と漆樹の実からとる燈明用の蠟《ろう》が重要な産物で、南部藩の財源として漆樹の植栽が強制されていました。山村農民は漆樹の植栽の適地であれば、山や沢の閑地はもとより空地など、願い出ればどこへ植えてもよく、藩の役職の者も持石一石につき漆樹三本ずつ植立てるよう義務づけられて、屋敷廻り、寺社の境内にも漆樹が植えさせられたようです。正徳三年（一七一三）の文書にそのことが記されてありました。

また宝永七年（一七一〇）の文書にも、植立奉行というのがあって、街道筋の並木にまで漆樹を植えさせたと書かれています。そして漆の並木の両側の畑の所有者に管理を義務づけているのです。そのありさまは、享保年間に出た紀行文『隋鑾紀程《ずいらんきてい》』（川田甕江《おうこう》著）に「街道筋のウルシの並木が成木して偉観を呈していた」と記されてあり、田中氏はこのことを「交通に伴う被害も多く、気候の荒い東北の荒野の街道であったので、並木の活着生育は非常に困難であった。また並木を折損した者は訴えさせて一本の代りに十本を植えさせ、牛馬が折損したものは飼主が同様に弁償するよう規定されていた」といった管理方法もとられていたと書いています。漆樹の植栽はかなり強制的なものであったことがうかがえます。

『隋鑾紀程』にまた、小鳥谷はいたるところ茅と茨で、男は漆樹を植えて蠟をつくり、女は蚕を飼い織をするとあり、享保の税の冊を見ると「漆樹およそ二十万株あって、ひと株は銅銭七文の税を納める」とあります。課税対象となった漆樹の調査をその時代は細見《さいけん》といい、しばしば南部領内で細見が行なわれています。その記録を見ると、天和元年（一六八一）は三十万千五百四十六本、このうち福岡代官所管轄は約半数を保っていたとあります。そして安永年間の細見で、十七万八千三百四本。くだって嘉永二年（一八四九）には十四万四千三百四十九本。砂森さんの二戸郡は、いかに漆樹が多かったかわかります。

そして耕地の少ない積雪単作地帯の山村農民に度重なる冷害が襲って来ます。『南部藩の凶作年表』によると、慶長五年（一六〇〇）から明治三年（一八七〇）までの二百七十年間に不作以上の減作は実に八十五回におよび、うち凶作以上は三十六回、大凶作、大飢饉は十六回が数えられます。天明、天保は前後十年も続いて凶作になり、天明の大飢饉には南部藩だけで総人口の四分の一に当たる七万数千人が一挙に死んだとあります。

藩の財源としての漆樹の増殖のやりかたは、会津藩も米沢藩も同様でした。安永四年（一七七五）米沢藩は百万本の植付けを計画しています。小さな藩で百万本とはそんな無体な、とあきれます。しかしその内訳は具体的で（一）六十四万本は郡中百姓持地へ一戸三十本宛（二）二十六万本は郡中の空地へ（三）八万本は家中諸士屋敷へ十五本宛、並びに町屋敷へ五本宛（四）一万五千本は郡中諸寺院境内一ヵ年に十本宛、神社仏閣地二十本宛と、澤口悟一の『日本漆工の研究』に紹介されています。

藩の厳しい漆樹の管理は幕末まで続きました。しかし明治の世になり藩政が解かれると、漆樹栽培は保護奨励を失うことになりました。漆採取業者の木の買いたたきなどもあり、また一方に明治二十年頃から安い中国産漆が大量に輸入されて、山村農民の漆樹を植える意欲が急速に失われていきました。

●鳴子入り

六月十一日の朝、私は東北本線の小牛田《こごた》駅から陸羽東線に乗り換え、鳴子へと向かいました。仙台平野の水田地帯が尽き、山と野が一緒になるあたりが岩出山《いわでやま》の山ふところです。梅雨の前ぶれの雲がしのび寄り、遠く山脈《やまなみ》の間に重く雲がはさみ込まれていました。

芭蕉は、『奥の細道』でこの道をゆき、鳴子温泉から尿前《しとまえ》の関へと歩いていています。山際の農家や遠く近くの杉木立、田植がすんだばかりの田んぼ、そして畦の緑のみどりが、都会生活の私の目にしみます。山脈の重なりの変化を眺めるだけでも心がはずみます。写真家の薗部澄《そのべきよし》さんが「私が日本でもっとも好きなところ」とおっしゃられたことが想い出されました。

前年の研究会で訪れた川渡川をすぎて荒雄川（江合《えあい》川、玉造《たまつくり》川とも呼ばれている）を渡ると列車は鳴子駅へと入っていきます。いま走って来た田園や荒雄川をさかのぼる川ぞいに、あるいは鳶《とび》色にけむる山あいに漆樹があります。ここ十数年の間、土地の人も他国の人も手をつけなかった漆樹。その漆の体内で養われる貴重な恵みの漆液が、砂森さんの手によって採り出されようとしているのです

鳴子駅に降りると、とたんに硫黄のにおいがただよって来ます。鳴子は豊かな温泉に恵まれて訪れる人も多い町です。そうした客に向けてのみやげものとして、こけしと木地玩具が盛んにつくられています。駅より五分ほど歩いた町役場の前に、古風な切妻造りの屋根の漆器店があります。ここが竜文堂《りゅうもんどう》という店で、椀、鉢、重箱、茶托、箸、片口などの漆器が並べてあります。文様がなく実用品としての型と塗りを追求しているこの店の漆器は、健康的で品よく落ちついています。店につづいて住まいがあり、さらに奥まった所に当主、澤口滋氏の工房があります。ここが私たちの漆掻き見聞の拠点です。

工房の壁には、宮城県北部の大きな地図が張られ、荒雄川流域に点在する漆樹の所在が、青色のピンで明らかにされていました。上流の鬼首温泉の軍沢《いくさざわ》、若神子原《わかみこがはら》、川東原台《かわひがしばらだい》、鳴子温泉郷の沼井《ぬまい》、川渡《かわたび》温泉郷の新田《しんでん》、鵙目《もずめ》。ピンはさらに栗原《くりはら》郡花山《はなやま》村などにも拡がっていま

した。それらは澤口さんが自身で歩いて調べられたものもありました。澤口さんは二年ほど前からオートバイに乗るようになりました。御自分の身のまわりに意外に多くの漆樹があることに気付かれ、それをさらに捜し求めるためのオートバイです。可能な限り山に入り沢に入って漆樹を見て廻り、さらに工房の休日には職人さんの自動車で走りまわるようになりました。

栗駒《くりこま》山を中心にしたこの辺りは国定公園に指定されています。さまざまな漆種に恵まれ、広いブナの原生林も広がっています。昔は漆樹も盛んに植えられた山村だったようです。そしてその豊かな原材料のお蔭でしょう、この辺りはかつては鳴子漆器とよばれる東北地方で指折りの漆器産地でした。小宮山昌秀の『浴陸奥温泉記』（文政十年）や保田光則の『撫子日記』（文久二年）には、当時の鳴子には木地挽きと漆器店が多いと書かれています。

砂森さんはこの春から掻く漆樹の買付けをすでに盛岡の近郊にしていましたが、それを他の漆掻きにゆずり、鳴子で仕事をする気持になりました。秋のあの研究会が大きなきっかけになったのでした。温泉に入れる楽しみも、心を動かすひとつの理由になったようです。

砂森さんを受け入れる役目を引受けた澤口さんが、まず主だった樹の持主をたずねて下交渉をしておき、砂森さんは五月下旬に鳴子に来て漆樹の持主を訪れました。農家の人たちの情報によってさらに多くの木を見つけだし、それらの買付けを進めました。一週間にわたって持主たちを訪ね歩き漆樹と漆の現状を話して交渉し、太さによって値段をきめて支払いをすませたのです。砂森さんにとっては、慣れない土地で旅館住まいをして、これから半年間に行なう仕事を確保できるかどうか不安な毎日だったようです。

漆を掻きとるには十二、三年の成育した漆樹が適当といわれます。漆かきさんが一年にこなせる漆の量を一人《ひとり》山《やま》と呼んでいます。細い木でまとまってあれば、六百本

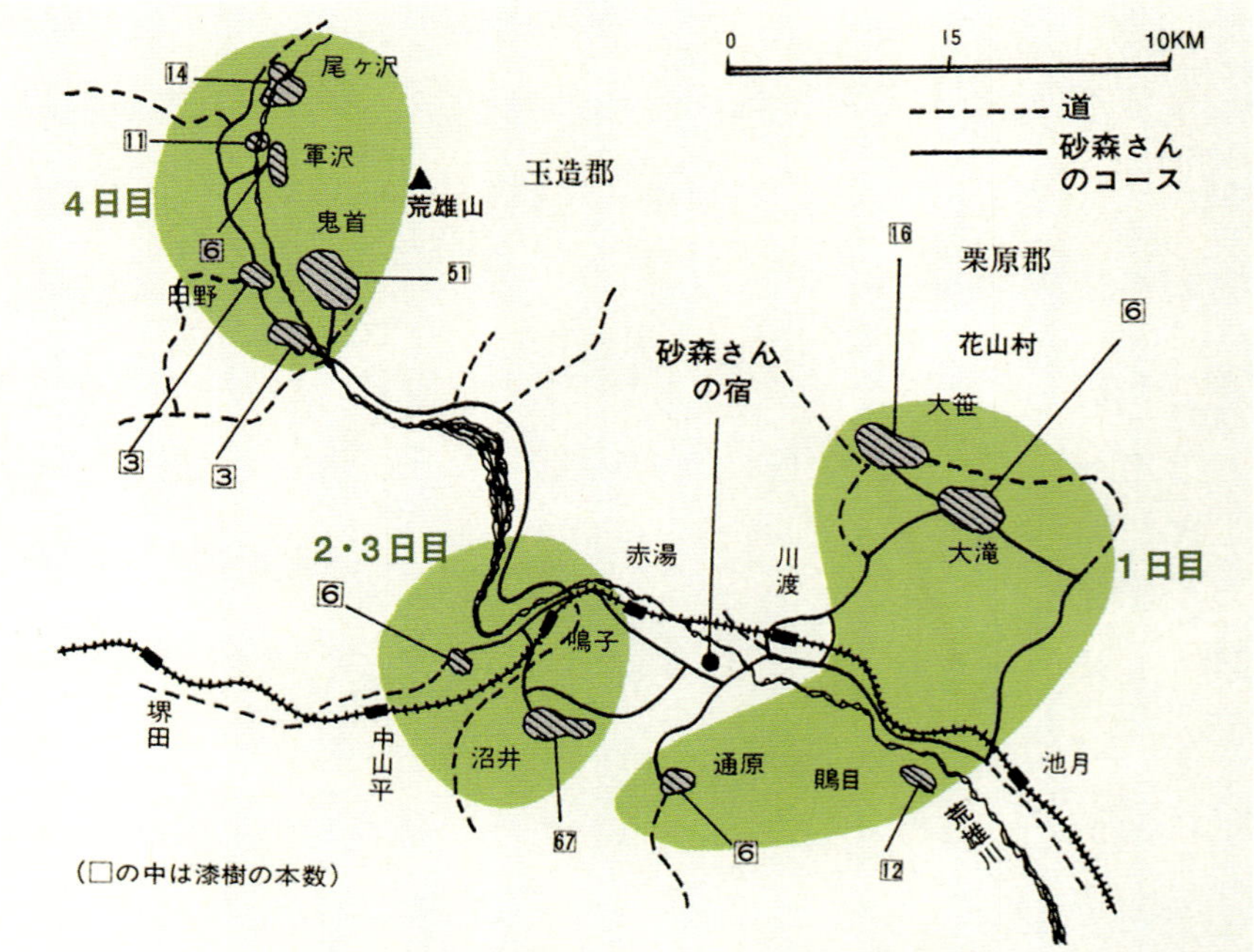

漆樹の分布……漆かきは持ち木を4地区に分け、それぞれを5日目ごとに訪れる。
この年（昭和53年）の砂森さんの持ち木は鬼首、沼井（上、下）、花山の4地区だった。

から四百本、あの太さでは三百本から三百五十本が適当だといったぐあいに、一人分の本数が経験の上から決められます。今回砂森さんの一人山になった持木《もちぎ》は二百十一本となりました。そこまでの手配を終えてから、十月までの鳴子での住まいの契約をし、近くの共同温泉風呂の入浴権も買いました。そして生活必需品をとりにいったん故郷へと帰りました。

　砂森さんの鳴子での住まいは、川渡の荒雄川にそそぐ支流のほとりに見つかりました。小さな河原の牧草地に乳牛が遊ぶのどかな風景に囲まれていますが、小屋の上の方には羽後街道、国道四十七号線が走っています。聞こえて来るはずの小川のせせらぎも、激しい車の音で絶えがちです。六畳と四畳半、台所、それにトイレで、ひとり住まいにはまずまずの広さです。ただトタン屋根のため、真夏の暑さが心配です。この家は冬になると雪で車が入れない谷奥に住む人で、町へ通勤している人のものなのです。冬の間だけ住むために用意されている家でした。

　漆かきの人たちは、仕事がしやすい場所に宿舎を求めます。四方に散在している漆樹の中心点、あるいはそれらに近い位置を、まず探します。砂森さんが選んだ家もそういう位置にありました。かつて漆樹の多かった昔は、仲間と共同炊事をして、ひとつ釜の飯を食べて、それぞれの漆樹へと出かけて行ったといいます。今は、ひとり自炊しながらの仕事です。

　けっきょく砂森さんは、自分のライトバンで二往復して五ヵ月間の仕事の道具と生活用品を運び込んできました。腰をすえての仕事となると次のようなモノ（次頁の表）が必要でした。

● 漆掻きの下準備

　午前十時頃、私たちは澤口さんの店を後にして、砂森さんのおられる現場へ向かいました。砂森さんが作業を

漆の木。漆の木は中国原産だが、日本では九州から東北までに分布する。漆かきさんは漆の突端の葉が開かない6月初旬から漆掻きの下準備にはいる

＊本稿のカラー・モノクロ写真で撮影者名のない写真は、池田達郎氏が制作した16ミリカラー記録映画「漆かき—そのしごとと人」をコピーしたDVDから電子データとしてダウンロードしたものです

はじめたのは七日前の六月五日で、掻き採りの下準備の作業が四分の一ほど済んだところということでした。

鬼首《おにこうべ》カルデラの外輪である禿山の山稜を左に見て荒雄川の河原の方へとくだると、森を背にした陽だまりの中に萱葺きの農家が一軒ありました。ここは軍沢《いくさざわ》と呼ばれる地です。遠方の山はまだ残雪を頂き、遠くにカッコウ、近くにウグイスの鳴き声が聴かれます。陽当りのよい牧草地の周りと、栗林のきわに漆齢十年から三十年ほどの漆樹が十四本植わっています。

濃淡の緑の中に目をひいたのは、漆樹に立てかけた真新しい梯子《はしご》の白さでした。梯子は杉の間伐材《かんばつざい》（すかしぎり）の皮をはぎ、横に割木を渡して組んであります。高さは使う人の手を一ぱいにさしのべたほどで、一段の間隔は脛《すね》の長さで五段。最上段はハリガネを渡し、それに縄を密にまきつけて、幹の丸さになじむようにしてあります。梯子の足は鉛筆をけずるようにそぎ、土にしっかりと突きささるようになっていました。砂森さんはこのような梯子を二日間かけて十五本作り、すでに適当な場所に配って置いてあるのです。

砂森さんはそこの農家に入って仕事のはじまる挨拶をして出て来たところでした。

そして、軽自動車の荷台から、道具を出して身につけはじめました。砂森さんの服装は、白の半袖シャツに黒の筒っぽカバーを腕にはめ、手には綿の軍手をはめています。綿は汗を取り、漆をにじませないのだそうです。黒のツバ付の作業帽子にグレーの綿のズボン、足は脚半に地下足袋です。腰には、皮製のサックに入れた小型ノコギリと桐の木で細工した自作のナタ入れを太い皮バンドにつり下げています。それに布製の大工道具入れの袋。エグリ掻き鎌とペンチと釘が入っています。そしてさらに柄の短い草刈鎌を背中の中央に差し込んでいます。手には一メートル半ほどの柄の付いたなぎ鎌を持って漆樹にむかっていきました。

いよいよ下刈りの開始。新しい土地にやって来て農家

漆掻き採り道具＝　五貫目樽五本、三貫目樽二本、掻き鎌三丁　掻き壺四個、
渋紙七枚、皮剥ぎ鎌二丁、エグリ一丁、箆《へら》二枚、ノコギリ、ナタ、
ゴクリ一丁、草刈鎌大小各一丁、荒砥、仕上砥、スレート各一丁、
秤一丁、荒縄二把、針金十キログラム、ペンチ一丁、道具袋一、
バンド一揃、　梯子十五丁、ヤスリ一丁、軍手二ダース。

記録用品　＝ 鉛筆、万年筆、消しゴム、ボールペン黒赤、ハサミ、モノサシ、
インク、糊、電卓各一、手帳大一冊、小二冊、
以前記入した手帳一冊、東北各県地図各一冊、知人控手帳一。

はきもの類＝ 皮靴一足、サンダル一足、ゴム長一足、地下足袋三足。

寝具類　＝ シーツ二枚、寝巻一枚、布団二枚、毛布一枚、まくら、カバー、
タオル二枚。

衣類　＝ 下着ランニング五枚、パンツ五枚、ズボン二本、Ｙシャツ三枚、
帽子二、作業用シャツ三枚、作業用ズボン三本、ジャンパー三枚、
手拭五本、タオル二枚、クツ下七足、秋物シャツ上下各二枚。

日用品雑貨＝ 石鹸、歯ブラシ、みがき粉、桶、櫛、シャンプー、リンス、
裁縫用具、軽石、タオル、手拭、粉石鹸。

医療品　＝ バンソコウ、包帯、カゼ薬、トクホンチール、胃腸薬。

炊事用具　＝ 鍋、釜、フライパン、ヤカン、魚焼、茶碗、椀、箸、皿、包丁、
マナ板、オロシ板、コップ、ドンブリ、ヘラ、シャクシ、
冷蔵庫、アルミホイル、サランラップ、缶切、弁当箱、塩、
味噌、砂糖、コショウ、梅干、ソース。

家具用品　＝ 机、スタンド、コード、テレビ。
自動車は軽自動車のダイハツクオーレバン。

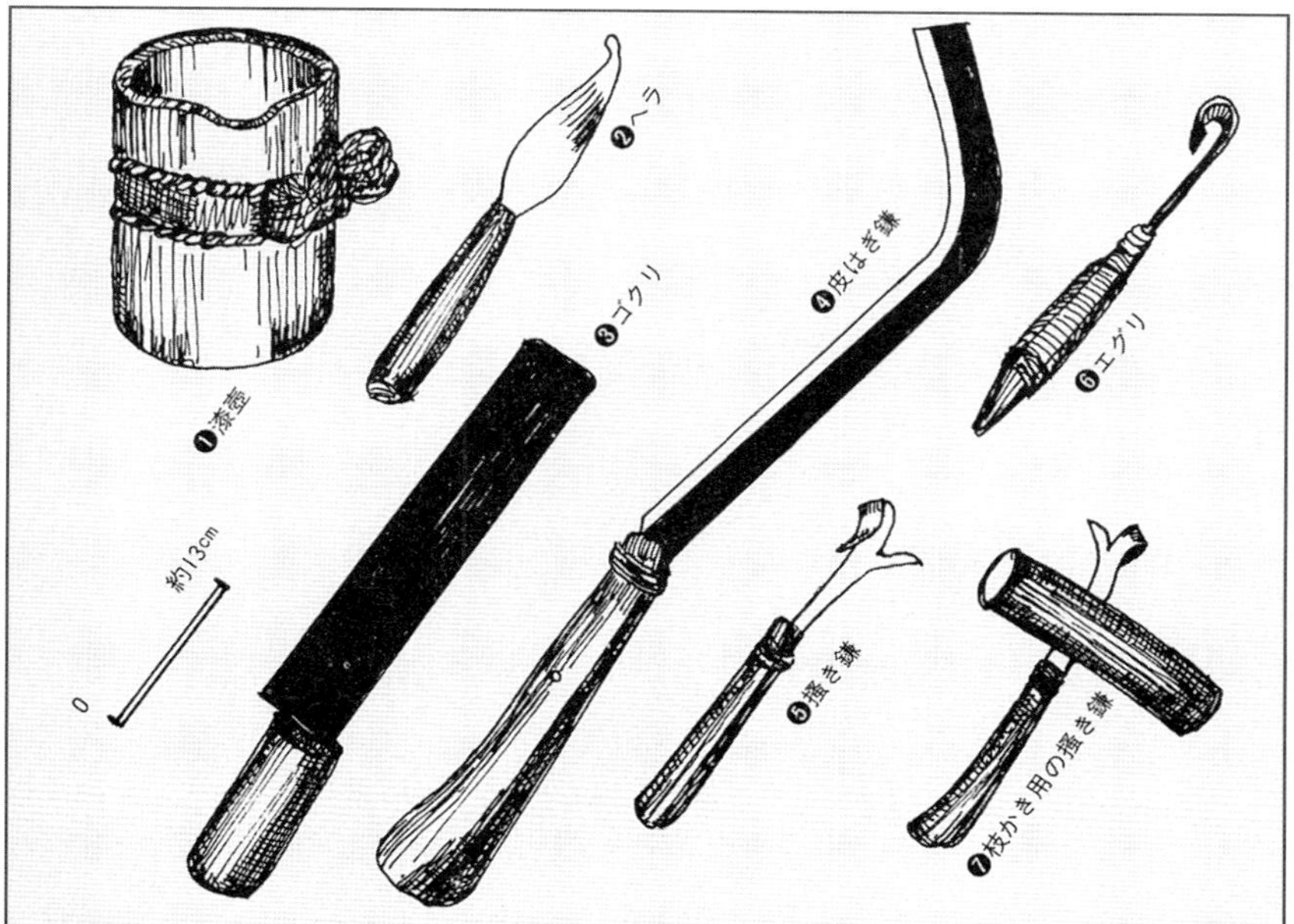

① 漆壺（揺樽）＝漆樹から採取した樹液をいれておく壺、木製　②ヘラ＝滲み出る樹液を掻きとり、漆壺へ移す　③ゴクリ＝採取した樹液を漆壺から保存用の漆桶に移しかえる時に用いるヘラ　④皮はぎ鎌（曲鎌）＝樹液採取のため、疵付けする箇所の表皮をはぐ　⑤掻き鎌＝樹皮に横疵を付け、背に付いた尖刃でその中に切込みを入れて樹液の滲出を促す　⑥エグリ＝一般の掻き鎌より大きい。背に尖刃はなく、留がきや樹皮が厚い樹に使用する　⑦枝かき用の掻き鎌＝一般の掻き鎌より小さく、枝漆の際に用いる。　②〜⑦はいずれもヘラと刃の部分は金属製、柄は木製

の庭まわりを歩き、藪に入って下草を刈ってみてはじめて、ああ、ここでほんとうに仕事ができるんだという実感が湧き、自分の心が定まると砂森さんはいいます。それまでは、たとえ木の代金を払った後でも、どこかまだ不安があるそうです。

砂森さんは下草を刈りながら、虫の巣は落ちていないかと特に注意するといいます。虫は栗毛虫とか栗虫（クスサンの幼虫）で、地方によってはシラガタロウ、ガイダカと呼ばれています。まず漆樹と胡桃の木の葉を食べ尽し、それからカツラ、サクラ、クリの木へと移動するそうです。漆かきさんの話によると、大型の青い蚕のような虫が、漆で口を真黒にして大挙して道路を横切るさまは、思わず車を止めて、先へ進むことが出来ないほどだといいます。もし巣を沢山見かけたら、できるだけ早く薬剤散布の手を打たなければならないのです。

しかし、それよりなによりこの樹は漆が出るか出ないか、そのことばかり考えながら下準備をしているといいます。

漆樹は落葉喬木です。そして春の落葉樹というのは、ほんとうに美しいものです。漆樹はいま白い細かい地味な花のつぼみを沢山つけています。そして枝々には若々しい青葉がいっぱい繁っています。ただ、梢の尖端の幼い葉だけはまだ開かないで、陽の光に透けて薄緑色に光っています。

砂森さんは梢を仰いでは、ときおり幹を両手でバタバタと叩きます。木の内部はどうか、買い取っただけの値うちはあるかと判断しているらしいのです。

木々のふところには小鳥が五、六羽、さえずり、から み合っています。

砂森さんの話では尖端の葉が開いたときが漆を掻きはじめるのによいときだということです。下準備にはまだ八日ぐらいかかります。その間には梢の葉も全部開いて掻きごろになることでしょう。

漆は葉の光合成によって作られるといいます。早まって幼い葉をつけている漆樹を疵つけると、漆の勢いはす

ぐさま弱まるといいます。ですから漆かきさんは青葉が繁って光合成が盛んになるのを待ちかまえているのです。

この一区画に、古疵を持った漆樹が六本もありました。葉はよく繁り姿も美しい漆樹です。それに根元から一メートルの高さまで、あまり上手だとは思えない掻き疵がありました。漆齢三十年ほどの木です。疵はいったい、いつごろのものかしら。こんな深い疵を持ちながらよく生きつづけられたものです。砂森さんの計算では十数年前の疵つけと思われるといいます。すると昭和三十七年頃です。それから荒雄川周辺の漆樹は忘れられたのでしょうか。砂森さんも意外な古疵の現われように驚きをかくしません。古疵の部分は漆を掻きとることが出来ないからです。

このあたりの落葉樹林の野草は、どれもたけだけしいほどの勢いで伸びています。とくに林縁部をおおっている草むらなどは、ちょっと入って行けないと思われるほどです。ミヤマシシウド、ウツギ、フキ、セリ、イタドリ、シダ類などが自由奔放に伸びています。

そういえば数年前に、鳴子から秋田へ抜ける道で私は雷雨に遇いました。その時の雨の降り方は、数メートル先さえも見えなくて、滝の下にでもいるような激しさでした。そうして晴れ上がった陽の明るさと暑さは、東北の暗いイメージなど吹き飛ぶほどの輝かしさでした。漆樹はアジアモンスーン地帯特有の樹木だといいます。まさにこの辺りは漆樹の生育にも絶好の土地なのでしょう。

砂森さんは大なぎ鎌を左右に振って、漆樹への半間ほどの幅の道を開いていきます。倒された野草を踏みながら砂森さんの後をついて行くと、草々のむせるような芳香がひろがります。

漆樹の根まわりの草刈りを、砂森さんはとくに念入りにしています。草の根株まで掘りおこす徹底ぶりです。土壌の養分がすべて漆樹へ行きわたるようにとの配慮でしょう。これを根払いといいます。歩みをさまたげるツタ類は必ず断ち切り、遠くに投げ捨てます。樹間をつなぐ道は根払いにくらべると粗雑とも思われるほどの刈りようですが、しかし漆の掻き採り作業がはじまり、砂森さんが往来する間に踏み固められるといいます。それほど漆かきの人々にとって、足元の準備はひじょうに大切です。採取が始まれば、目は木ばかりにそそがれて、もし根株やツタに足をとられて横転したら、せっかく掻きとった漆をひっくり返してしまうことになるからです。

砂森さんは梯子を使って、枝や幹にまといつくカヅラをはがしていきます。花をつけた藤蔓《フジヅル》もとりはずします。枝や幹に深く喰い込んだ螺線《らせん》状のしめ跡の痛々しさ。藤蔓の食い込んだ部分の幹には採取の疵をつけることができないといいます。まわりから漆樹へ枝を伸ばしている木々もあります。その枝もナタやノコギリを使って伐り払います。みるみる辺りが明るくなり、スッと伸び上がった漆樹全体があらわれてきます。周囲を整理してこれからの仕事をしやすくするためと、漆樹全体を陽に当てて、漆液の分泌を活発にするための作業です。

漆樹が大きい場合は、梯子をかけて上部にも疵つけを行ないます。そうした漆は幹も太く幹の表と裏に、交互に、上から下へ二列、三列と疵つけをすることができます。それらを一腹《ひとはら》掻き、二腹《ふたはら》掻き、三腹《みはら》掻きと呼んでいます。鳴子周辺では、長い間漆掻き職の人が入らなかったので、巨木が残りました。五腹掻きにもなる木が二本もあると砂森さんはいいました。三十八年にわたる漆掻きでも、これほど大きな漆樹群を相手にしたことはなかったといっていました。

このような大きな木は足場作りをします。基本的な足場の作り方を見ました。樹周七十センチの木で高さは九メートルぐらい、木は二メートル半の高さからふた股に分かれています。まず梯子を幹に掛け、四段目にのぼると、胸の高さにふた股ができます。Y字形の幹から脛の高さに、伐り落した枝を真一文字に渡しました。そして両端をまず釘で打ちつけて固定して、ハリガネで結びつけました。それから砂森さんはふた股に上り、さらに今作った足場に立って、腰をふた振りして安全を確かめます。腰からノコギリを出し、手のとどく限りの小枝を切ってととのえました。この漆樹の太さに見合わせて、辺《へん》掻きが可能なかぎりの準備をととのえてゆくのです。からみ合う藤蔓を引き払って下りて来て、梯子をはずしました。そこに残されたのは、手のとどかぬほどの高さに小枝が一文字に結びつけられた漆の木の不思議な姿でした。その形はまるで判じものです。

足場を組む材があたりになければ、車に用意された竹を渡します。そして足が滑らぬように竹に縄を螺旋状にまきつけることもしていました。木の姿によって、あるいは木の立っている地形によって、さまざまな形の足場が作られました。

足場は幹をめぐりながら漆を掻く仕事の「手順」を決定するもので、正確にいえば「足順」の準備というべきでしょう。足場は、一度作ってしまうと、後になって使いづらいことが解っても、作り直すことは決してないといいました。

大なぎ鎌を手に下刈りに行く。漆を掻く準備として漆かきさんは、漆の木までの道をつける。
特に下草や漆の木の根元付近の下草やツルをナタでよく払う。
また漆の木に竹や棒を組み合わせて枝の高い箇所で漆を掻くための足場をつくりつつ、木に巻きついたツルを払う

大きな木では漆を掻くための「足順」を考えて足場を組む

午後からは、軍沢から少し下流の若神子原《わかみこがはら》という地名の現場に行きました。荒雄川にそそぐ支流の流れにそって河原か道かわからぬところを車で走り、藪の中をくぐり抜けると、森に囲まれた隠し田のような美しい水田がひろびろと開けていました。運の悪いことに小雨が降りはじめました。もちろん下準備の仕事は続行です。あとで、この日、東北地方は梅雨に入ったと新聞で知りました。草木が濡れていると草刈鎌はよく切れるのだそうです。雨で体は濡れますが、暑さからはまぬがれるのです。車を農道に残して畦道を歩いてゆきます。足早の砂森さんの後を私は小走りでついて行きました。砂森さんは目ざす雑木林の木々の梢の辺りから目を離さないようです。漆樹の姿を見つけ、同時にその漆樹への道をどうつけるか考えているようです。私の方は、水をたっぷりふくんだ弾力のある畦道から足を踏みはずすまいと必死です。それに水々しく生えている畦の野草に気をとられています。いまどき珍しいと思ったのは、帰化植物らしい草がまったく見あたらなかったことです。

雑木林の入口をおおっている野草を、なぎ鎌で刈り払い、林の中に入りました。まるで部厚い緑の扉を切り開いて薄暗い別世界に入るようでした。三十分ほど前の昼食時の会話を思い出します。

「この仕事をしていて、一番恐ろしいと思うことはなんですか」

「熊だね。こっちは幹ばかりに目がとりついているから、近寄られても気がつかない。だからラジオを木にかけて仕事をする場合もある」

蝮《まむし》の害を恐れていて、予測もしなかった熊の話。そういえばここは熊地帯でした。私はおずおずと林のなかに入っていきました。

林内は小雨も落ちず、時たま高い梢から落ちてくる雫が下草を打つていどです。目がなれると林内は明るく、顔も腕も緑に染まりました。木々はたっぷりと水を含んで幹に苔をつけているので、漆樹か松か栗かも私には、ちょっと見分けがつきません。高い梢の葉を追って、いちいち判別しなければなりません。

ここにも古疵を持つ漆樹がありました。また掻きとったまま放置された漆の枯木もあり、蹴るとポロリと崩れました。こうした蔭地や湿地に生育する漆樹は、ぬれた幹の肌は黒っぽくて、枝下が大きく、葉のつけ方もまばらでした。傘のように広げた梢の葉だけが頼りですが、これで漆が出るのでしょうか。けれど木の少ない今は、ぜいたくはいっていられません。(後日のことですが採取成果は良とのことでした。)

砂森さんは目の高さの小枝を払って道を作りました。林内の下草は刈るほどもない細くて弱々しい草花ばかりです。オドリコ草、一人静《ひとりしずか》、ミズブキ、ワサビの葉、マムシ草と思いがけない草花に出会いました。

雑木林を出て、今度は雑木林のまわりの漆樹にかかります。畦の土手から雑木林の林套《りんとう》を作っている野草や灌木の中に飛び込み、泳ぐように木に近づいて漆樹を診断します。それから下刈り、根払いをして、帰りに道を作りながら戻って来るのです。その動きにはまったく無駄がありません。

「さあって！何本かな」

砂森さんにそう聞かれて、私は先生に指された小学生のように直立してしまいました。漆樹の本数をかぞえることすら、手伝えていないのです。ただうかうかと林内を一周して、もとの畦道に帰っていました。

それにひきかえ砂森さんは、太い蔓や枝を切り降ろすときも荒い息ひとつ立てません。ひとつのリズムをもって鎌を振っています。静かに切られる植物には、無残さを感じないのが不思議でした。

若神子原の作業が終った後、私が来る前にすべて足場組みが終っていた沼井という現場を見に行きました。鳴子温泉から東南に一・五キロほどの標高三百メートルの山地に胡桃《くるみ》岳と尾ヶ《おが》岳が並んでいて、その懐に強酸性湖として世界的にも有名な潟沼《かたぬま》があります。カルデラの外輪にゴルフ場があり、そのうしろの森をくぐりぬけると沼井です。水田と萱葺きの農家が一軒ありました。

沢に下ってゆく南斜面には、樹齢五十年以上と思われる漆樹が立ち並んでいるのです。三十数本を数えました。高さも高く、横にのびきる枝も長く、葉は細く、健康に恵まれ、この環境にあった体形を創り上げていました。植生の条件に「陽が当り、乾燥せず、水は停滞せず」と聞いていましたが、まさしくここはそうでした。背後に田の疎水の音が聴かれ、斜面を下りると沢水が流れていました。樹周が一メートルを越す漆も何本かあって、木の肌も荒々しく松の皮のようです。

こういうみごとな漆を目前にすると、塗師さんたちの庭先にあって、かぶれるからと人様に嫌われながらも、大切に、品よく育てられている漆樹と想い較べずにはいられません。ここにあるのは、どれもこれものびのびと生きてきた漆樹です。私はひとり心の中でバンザイを叫びました。

現代の漆樹しか知らない者にとっては、この沼井の漆樹の姿は、まさに奇跡です。

沼井の漆樹に組まれた足場は、木々の複雑な体型のわりには簡素で単純に見えました。まるで子供が遊んだ跡のようです。ここも打ち払った枝と運んで来た木片と竹を組み合わせて幹の周りに足場をめぐらしてありました。木が大きいだけに、ここでは持ち運びの梯子もひんぱんに架けられることでしょう。

そこから二百メートルほど離れた沢にも、十五本の漆樹が杉と交り合って生きていました。かつては漆樹ばかりの沢だったそうです。それが漆樹を間引きして杉に植え替えたのだと農家の人は話していました。

まるでフィールドアスレチックのような足場が組まれ、幹まわりだけでなく、地表の凹凸をも直す橋がかけられていました。遊びではありません。これから何度となく通ってくる労働の場なのです。ここにも、白い梯子が一つ残されていました。

また一ヵ所、急斜面の窪地に漆樹を三十本ほど数えました。風はそよとも吹かず、漆のつぶやきが聴こえそうな奥まったところでした。土壌は黒い腐食土で、ふみしめると水が湧き上がってきます。こんなところにも、砂森さんは通ってくるのです。

●目《め》立《た》て

六月十二日、快晴。三十度を越す真夏の暑さで、入梅宣言も忘れるほどです。下刈りと根払いがすんだ木に、いよいよ目立てがつけられます。目立てとは、漆を掻きとるにあたっての第一番目の疵つけです。さあこれから漆掻きの作業をはじめさせてもらいますよ、どうぞよろしくねと呼《よ》び道《みち》をつける。漆樹に刺激を与えてこれからの作業のはじまりを知らせるひと掻きです。秩父では呼び出し、福井で逢った漆かきさんは目さしと呼んでいました。

鬼首温泉の間欠泉が吹き上げる湯煙近くの集落にある漆樹群です。三、四年からせいぜい十五年までのもので畑まわりにありました。ここでは足場も梯子も必要ではなく、幼い木は残して、樹周二十センチぐらいの木だけを選んでありました。

まず皮剥ぎ鎌という曲《まが》り鎌を使います。幹の粗皮を、左手を刃の先にそえて拳《こぶし》ほどの面積に剥ぎます。地上二十五センチの所から上方に向かって約三十七センチ間隔ぐらいに、とびとびに剥ぎとってゆきます。次の疵つけをし易くするための表皮削りです。手のとどく限りのところまでゆくとそれが一腹目。裏にまわって今度は下に向かって削り下って行きます。これが二腹目です。何腹掻きにするかは木の大きさによって違います。

次に、掻き鎌を持ちます。そしてまず根元の皮剥ぎしたところに、掻き鎌で長さ七ミリ、深さ四ミリほどの横疵を一つ付けました。白い木部が見えて、ポチッと漆液が出てきました。その疵を基点にして、手のひらで上へ一つ、二つ（三十七センチぐらい）と測りました。その辺りはすでに目測で表皮を削ってあります。そこへ正確に手の平二つ測って掻き疵をつけて行くのです。次の漆に移ってまた同じようにして、次々と移ってゆきました。砂森さんは長年の経験者でありながら、いまもって目立ての間隔は目測せずに手のひらで測るということです。砂森さんは漆樹を四つの地区に分けて五日目ごとに訪れます。

二回目に行って疵つけたのを二辺目《にへんめ》といいます。はじめての疵の上に倍の長さを平行に疵つけて帰ります。三辺目はもう少し長くつけます。その間隔は六〜八ミリおきということです。こうして何辺か逆三角形に疵をふやしていき、滲み出る漆を掻きとってゆくのです。この樹の太さと樹そのも

目立ての位置を手のひらではかって決める

のの漆の出具合によって、天候と気温をみながら幹につける疵の長さ、深さをきめているといいます。

南部地方の漆掻きも、越前の人も、二辺目まで、人によっては三辺目まで、漆液を掻き採らないといいます。何故かと聞きますと、最初の頃に出るのは漆（樹脂）ではなく木水《きみず》（樹液）で、それを掻き採ると木が弱まるというのです。

よく解らないので砂森さんに聞くと、

「木が弱って、その後の漆の出方に必ず悪い影響がある。漆は自分の傷を癒すために、そこに漆を送って来る。最初から採られてしまったら癒す意欲を失うんではないのか！」

「癒す意欲」といったのがおかしくて、次の質問ができなかったのですが、いろいろな準備をふくめてやっと始まった漆採取の作業を、三辺目までもがまんして見送るというこの話は、私にはひどく感銘深いものでした。

漆掻きの誰もが、そのがまんができなくて木を殺してしまった失敗の経験があるといいます。こういう苦い想いをかみしめながら知った漆の木の生理。そしてそれへの共感。体験者ならではの話でした。

掻き採り作業をはじめたばかりの頃は、掻き疵の中をヘラで幾度もさらってはいけないともいいます。そのことも木を弱めてしまうといいます。疵はまさに傷なのです。

こうして採れる初めの五、六辺までの漆は水分が多く初鎌漆《はつかまうるし》として樽をべつにします。この漆は乾きが早いので漆液の調合に使ったり、また拭き漆用によいとされています。

持ち運びの梯子

目たては漆の液の分泌を呼び起こすためにおこなう最初の疵つけ作業。漆かきさんは皮剥ぎ鎌で目をたてる位置の木の皮を剥ぎ、そこに掻き鎌で長さ7mm、深さ4mmほどの目（疵）をつける

●採漆法のいろいろ

漆の掻き方にもいろいろあります。六月上旬の目立てから初鎌漆、初辺《はつへん》、盛辺《さかりへん》、遅辺《おそへん》と順次質も量も異なる漆を採っていきます。さらに裏目《うらめ》掻き、留《とめ》掻きと漆樹が弱まり、蘇生できなくなるまで漆を採り尽し、最後に伐採してしまいます。この方法を殺し掻き法といいます。この伐採が次代の漆を育てるのに、ひじょうに大事な作業なのです。

また一種の殺《ころ》し掻き法で鼓《つづみ》掻き法と呼ばれる方法もあります。目立てを起点にして、毎回上下に二本疵つけをします。すると鼓の型になるところからそう呼ばれているのです。この方法は採取時期が節約でき、漆勢の盛んな真夏のみ行うといいます。ただ一本の採取量からすると量が少なく不利といわれています。砂森さんはこの鼓掻き法を根元や二股に分れた幹の部分に用いて表面積を最大限に利用していました。

上下に鼓型に掻き疵をいれる鼓掻き法。漆の木の勢いの盛んな夏に行う

それに対して養生掻き法というのがあります。七月上旬から八月下旬の盛漆だけを隔年に採取するものです。隔年にするのは漆勢の回復のためで、つまり養生させさせ漆をとるのです。

灯用の蝋を採るために漆の実が必要であった明治期以前は、養生掻き法が多くとられていましたが、栽培と採取が分業化するようになった明治期以後は漆かきさんが遠方から来て住み込み、漆樹（漆液のみ）を買いとって、その期間内に仕事を終わらなければならないので、経済面から殺し掻き法がとられています。

●なぜ五日目ごとに掻くのか

漆（液）は葉の光合成によってつくられるといいます。漆樹は根より水を吸い上げ、葉に陽光を受けて漆を作っているということです。ですから、日照の少ない夏は漆も採れないそうです。

ところが漆樹は四日間を費やして、ようやく漆を再生産しているらしいのです。試みに疵を付けた翌日にまたその上に一本疵つけをしてみます。すると漆脂状の液は出ますが、それは漆ではないといいます。翌々日に疵を付けても樹は傷むばかりで漆は出てきません。そして五日目になってはじめて香りと味がする乳白色の液が出てきます。

砂森さんの話では、掻きとる日の間隔を六日目とか七日目に離してみると、同じ場所で同じ木でありながら、漆の質は見違えるほどよい漆になっている。間隔をあけるほど木は回復しているということです。

一度に二辺（すじ）ずつ疵をつけても、漆が貯えている分はきまっていて、疵をかばおうとする樹の努力、つまり消耗が大きく木は目に見えて弱まるといいます。五日目ごとに採るということば、そのような漆かきさんたちのさまざまな年々の経験から得た採取サイクルなのです。

昔から漆掻きは持木を四ブロックにして、一日山、二日山、三日山、四日山と呼んで巡っています。砂森さんも今回は二百十一本の漆樹を鬼首、沼井（上、下）、花山の四つの地区に分けて、それぞれの地区を五日目ごとに巡っているのです。

「天候の関係で六、七日と離れてしまうことはよくあります。しかし間をあけすぎると漆の質はよいが量は少なくて採りづらくなる。漆掻きは貫数（量）を少しでも多く採らなければ稼ぎになりません。漆掻きの修業は、はじめ親方に方法を習うが、山に入っては一人です。三年目から一応の量は採れるが、仕事の丁寧さや粗雑さで漆の良し悪しは違います。自分流に掻き鎌やヘラの当り具合を見つけて量と質とを追うようになる。そして土用めがけて一番出るように疵をつけて量と質とをねらっています」

●盛《さか》り漆

七月二十二日、四十日後に再び鳴子にやって来ました。梅雨はなかったにもひとしく、七月初めから盛夏の暑さが休みなく続いたということです。さあ、盛り漆です。また土用漆ともいわれて、漆液の昇降の最も旺盛な

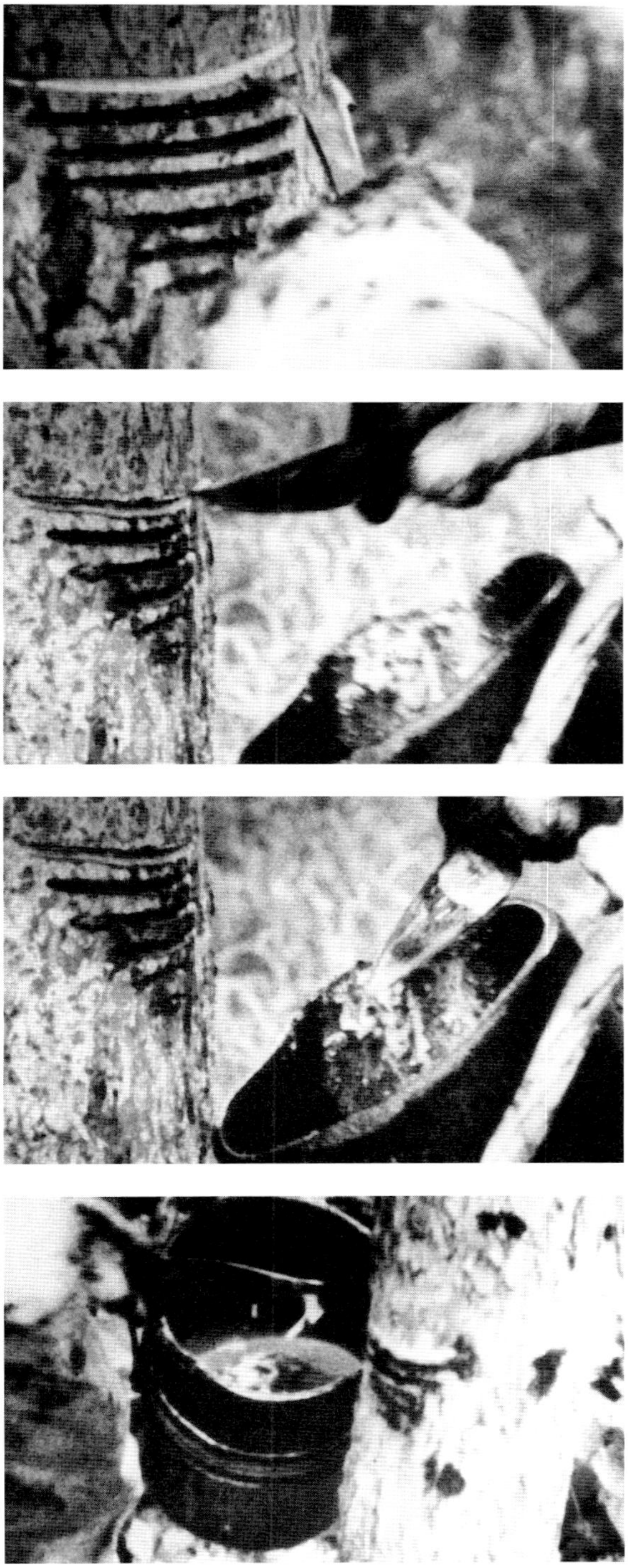

目立て、3、4辺後の疵付けから採漆を始めるという（初辺）。掻き鎌で横に疵を付け、滲み出る樹液（生漆）をヘラですくい採る。その力加減が難しく、量や質が違ってくるという

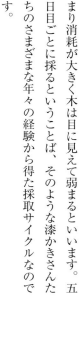

掻き疵から滲出する漆の液　撮影・澤口　滋

ときです。塗師たちはこの時期に採った漆を最高のものとします。何故かと聞くと、カチッと乾き艶もでて、美しく仕上がるといいます。

竜文堂に着くと、すぐさまお弁当をいただいて、澤口さんに自動車で現場まで送ってもらいました。花山村は、池月《いけづき》駅より山あいの風景をぬって入ります。雑木林の間にところどころ水田が開かれて、小山を回ると、杉の防風林《いぐね》を背にした勾配の急な萱葺き屋根があらわれて来ます。山里の花はすっかり夏草に入れ替り、車を降りると蝉しぐれでした。山道に入って二十分も走っているのに、誰ひとり逢うことがありません。道端に停めてある砂森さんの車を見つけると、澤口さんはとてつもない大声で呼ばわりました。山から返事が聞こえて、私たちは農家の裏山に入っていきました。

杉林の急な傾斜地に水路が作られて、豊かな水を田へ流していました。下刈りの時は稲はまだ小さくて、田の土に働いた人の足跡も見えましたが、いまは青々と畦道もおおうほどに稲は成長しているのです。林内は打って変って、すずしい別天地。水路の縁に点々と立つ漆樹は、八辺の疵をつけられていました。

盛りの漆を掻く。漆の木は一旦、辺（掻き疵）から漆を滲出するとその後およそ４日間は漆液がでない。そこで漆かきさんは一本の漆の木を５日目ごとに掻いていく

違う！、そこにある漆の木々は夏の盛りを謳歌する他の木と違ってしまっています。いまは両手を上げて無抵抗になった半裸の人のように見えるのです。表皮を剥がされて甘茶色になった幹に、黒々とした掻き疵が整然とつけられています。生漆は空気にふれると酸化して黒くなるからです。

今日は九辺目を掻いています。四の九倍で三十六日目の作業のはずですから、ほとんど休みなしに働いていた勘定です。

傾斜地の樹蔭の奥につづく細い帯ほどの道から、砂森さんが疾風のように現われました。私たちは山側の杉にすがって走り来る砂森さんをまず通させたほどです。そして息せき切って追ったのです。木の根や下草を幾度もふみ通って作られた道を私も走りました。

一度疵をつけて掻き採り次の木に移ったあとに、再び漆がにじみ出る。それを再びヘラで採るために前の木にもどる。こうして木と木の間を何回か往復しながら作業は進んでゆくのです。

「漆かきはかかとをつけて歩いてはいかん。のんきな歩き方ではあかん。傾斜面も茨の道も同じ速度で歩けるようでなくては漆かきとはいえん」

そういった越前の漆かきさんの声を思い出しました。砂森さんも忍者のように軽やかに、まるですべってゆくように樹蔭に消えていきました。残された漆樹の疵を見

ると、またも疵に漆がにじんできています。澤口さんは八ミリ撮影機に漆の具合をおさめると帰って行きました。

すずしい林内から、小高い畑の真中に六、七本まとまって立っている漆樹に移りました。根を共にして幹が分かれ、左右から梯子を架けて上下して掻く太い漆樹でした。

八辺になった疵の上段の表皮を曲り鎌で削りとりました。掻き鎌に持ち替えて九辺目の疵をグイと引き、その溝状の疵の中を鎌の背面にある鋭い尖刃で切り込んでいきます。これが目さしです。すると透明な汁が一度にサッと溢れ、わずかに傾斜した疵のフチからしたたり落ちる漆は、みるみる乳白色になっていきました。

「砂森さん早く早く……」

と私は心のなかで叫びます。下から上へ疵をつけていった砂森さんは、一番上まで行くと素早く戻ります。掻きヘラで溢れ出た漆をサッとすくい採り、左手に持つ壺に落し入れる。それを見ていると、疵から離れる漆が、スローモションの映像のようにマブタに焼きついてしまうのです。まるで蛙の舌が獲物を口へ運び込むようにです。スポーン、スポーンと、シナノキの皮で作られた壺のフチに当るヘラの音も快くあたりに響きます。それはすべて手首の仕事で、力を入れすぎたヘラ扱いをすれば漆はねばっこく、木も弱ってしまうというのです。ヘラは金属でできていて先が丸く耳掻きのようになっています。その丸みは溝を掘るかんなの部分と同じでした。横に流れる漆を受けとったり、曲った部分ですくいとったりしています。

大きい漆樹からは幾分ドロリとした漆が、若い木からはサラッとした漆が採れるといいます。塗師さんはこの二通りの漆の感じを「シュルイ」、「ネバイ」といいます。

幹分かれをして寄りそっている立木では、私たちは走ることはまぬがれましたが、照りつける陽をさえぎるものがありません。私は畑の縁に足を投げ出して見物でした。流れる汗を拭きながら、じわっと溢れる漆を見ていると、まるでパイナップルの果肉から出る果液のように見えて喉の渇きをさそいます。梯子から枝へと上ったり下りたりの砂森さんは汗を見せません。時おり私が退屈しないかと、樹の上から話しかけます。記憶の良い方で、昨年の勉強会で会った職人さんの産地と名前をおおかた覚えていて、

「あの人の子供は何人かね」

「嫁さんはどうしてまだなの」

「いまあんたの旦那さんは何処でお仕事か」

とか、

「私の末の娘は遠くには嫁に出さん。すぐそばに住まわせたい」

などと話しますが、仕事の速さは一向に変りません。漆樹がまるで熟練した床屋に顔を剃ってもらっているように見えます。

砂森さんは、まとまってある漆樹には心の余裕があるせいか口笛を吹いていることがあります。なんの節《メロディ》かと先を待っていると、小鳥のさえずりの口うつしだったりしました。

漆は早朝と夕刻に滲出量が多い。そこで漆かきさんは朝早く起き、夜が明けるころには採取現場に着いているように家を出る

●漆かきさんの朝

私は翌朝午前三時半にひとり川渡の宿を抜け出て夜明けの靄《もや》の中を砂森さんの小屋へと歩いてゆきました。砂森さんは毎朝三時に起きて前夜に炊いた御飯を弁当につめ、菜を作ります。朝食はみそ汁と香のもので、御飯に湯をかけて流し込むようにして、しっかりと腹ごしらえをするといいます。私は砂森さんの小型ライトバンに便乗して、沼井の現場に向かいました。

昔の漆掻きの仕事は、すべて徒歩でした。早朝三時に起きて夜が明ける前に目的地に着くようにするのは今も変りがありません。ただ昔は暗い山道を灯ももたずに歩いて行ったと聞きました。砂森さんの世代になると、自転車で乗り入れられるところまで乗ってゆき、それから道具を持って山へ入ってゆく、そういう期間が長く続いたということです。

オートバイに変ったのは昭和四十五年で、四十九年から小型ライトバンを使うようになりました。車ですと後の荷台には漆掻き道具、以前には持物にできなかったポットや缶ジュースなども積み込むことができます。一日の行動範囲も格段にひろがりました。

砂森さんの宿から栗原郡の花山村まで二十キロ、荒雄川上流地区までは二十数キロ、しかもゆるやかではあるけれど登り勾配の連続です。徒歩のころはもちろん自転車の時代でも一日の行動範囲には入り得なかったでしょう。

自動車のライトをつけ、ゴルフ場の背の森を抜けて現場に着きました。仕事の身仕度が整うと、沢へと下る縁に腰を下ろして煙草をゆっくり楽しみました。薄明りの中へ煙が静かに流れました。それから、

「気休めのようだが、果物一つの方が効果があるかも知れんが」

と強壮剤と書いた小瓶《びん》の「赤まむし」を取り出して、私

にも一本すすめて、飲みました。さあ、これから密度の高い夏の盛り仕事がはじまるぞという気構えを感じました。

早朝の林内はとても蚊が多いのです。今年の砂森さんの腰には、ブリキの容器に入ったうず巻形の蚊取線香がさげられました。竜文堂の職人さんが新庄の町で見つけたという新兵器でした。腰が少々熱くなってくるが、威力は抜群で虫はほとんど寄りつかないそうです。

見物の私は長袖にズボン。素手にはスキンガードの薬を塗ります。麦藁帽子に黒のチュール布でネットを作り、胸まで被りました。白い網目だと風景が白くなり、黒であれば自然に近いからです。昔の女人の被衣《かつぎ》のようでもあり、また蜂蜜取りの人のようでもあります。私の吐く息に細かい虫が顔の前に群がってきます。やぶ蚊の高い羽音。アブは猛烈にうなり、狂ったように旋回しています。

漆は早朝と夕刻がもっとも沢山出る時刻で、水分も多いそうです。掻く人の早起きの理由はここにもあったのです。なぜ早朝と夕刻なのでしょうか。前年の川渡での勉強会で、同じような樹脂を出す松の例をとって、西口先生はこう説明して下さいました。

「疵を付けるとヤニが出て来るでしょう。ヤニ袋の周りにある細胞が、膨張して押し出す力を持っている。押し出す力は水分なのです。細胞の中に水分がはち切れそうになっている。そして、その膨張圧は陽が出る直前が最高で、だんだん減っていって昼すぎに最低になり、夕方になってまた上がって来る。そして翌朝が最高になる。朝、漆の樹液が沢山出るというのは、細胞の圧力が高いと同時に、樹液の中の水分が多くなっているという気がする」

その時砂森さんも同意されて、堅い漆の出る昼とは極端に違うことを認めておりました。

陽が山の背からのぼりはじめて、斜めから砂森さんと漆樹の幹をあかく照らしはじめました。いよいよ作業開始です。ここ沼井は足場をかけた木が多く、梯子の登り降りは何処よりも激しいのです。

「若者むきの場所だな。木の皮も堅いしねえ」

と砂森さんは少しうらめしげにいっていました。

作っていた時には単純と思われていた足場ですが、ひとたびそこに人が立って、しかも左手に漆壺、右手に二丁の鎌を持った作業がはじまると、足場の働きが明瞭にあらわれて来ました。しだいに上へと登り枝上になると、両手を作業に使うためには、片足で体を支えて片足を漆樹にまきつけて、体を反り身にします。掻く幹との距離ができて、砂森さんは満身の力を手首に集めて、疵つけが行なえるのです。梯子から上は反り身の姿勢が多かったのです。また体を支えるのがたった一本の、切り残した短い枝の足がかりであったり、足の踏み替えのために壺をかける枝であったり、計画された枝払いだったことは驚きです。そしてすべて身体が覚えてしまって、無駄な動きがひとつもないのです。しかも一本一本で動作が違うので、私は見あきるということがありません。

「千里の道も一歩から」なら、漆掻きは「一桶の漆は一滴から」といえましょう。この一滴の労働をなんといい表わしたらよいのでしょうか。阿波半田の塗師であった竹内久雄さんは、輸入漆途絶（昭和三十三年五月、長崎の中国の国旗引き降し事件のため）で困り果て、漆の掻き方を急ぎ習って山野を駆け巡ったときの経験で「漆の一滴は血の一滴の思い」と語っておられました。

●弧を描く漆壺

午前九時になりました。小休止の時間です。漆壺を慎重に土の上に置いて、まず煙草を一服。すでに朝食から五時間が過ぎています。この日はゆで卵と缶ジュースを持って来ておられました。菓子パンとバナナという組合せのときもありました。きっちり三十分たつと立ち上り、再び木に向かいました。

この小休止のあいだに、梯子の踏みはずしや、漆壺をこぼすことはありますかと聞いてみました。一シーズンに必ず一度はあるということです。事故は午後に起りやすく、もし足場や梯子からの転落で捻挫や骨折をしたら、漆樹の現場は放棄しなければなりません。

「あの日も夕刻近かった」

とバランスを失って梯子を踏みはずした数年前のことを話して下さいました。左手に持った漆壺が頭上で大きく弧を描いて飛んでいったそうです。かたわらの道に漆をふりまいてしまいましたが、もし漆を頭からあびたら、それは命にかかわることでした。

実は、この話をうかがった次の日、沢の窪地の作業場で砂森さんはこのシーズンはじめて梯子から転落してしまったのです。その直後に、澤口さんと私は現場についたのですが、梯子の下に黒々と漆が飛び散っていました。幸い怪我もなく散った漆も少量でしたが、散った漆を小枝でつつきながら話をしている砂森さんを見て、はじめて孤独な仕事の実感を味わいました。

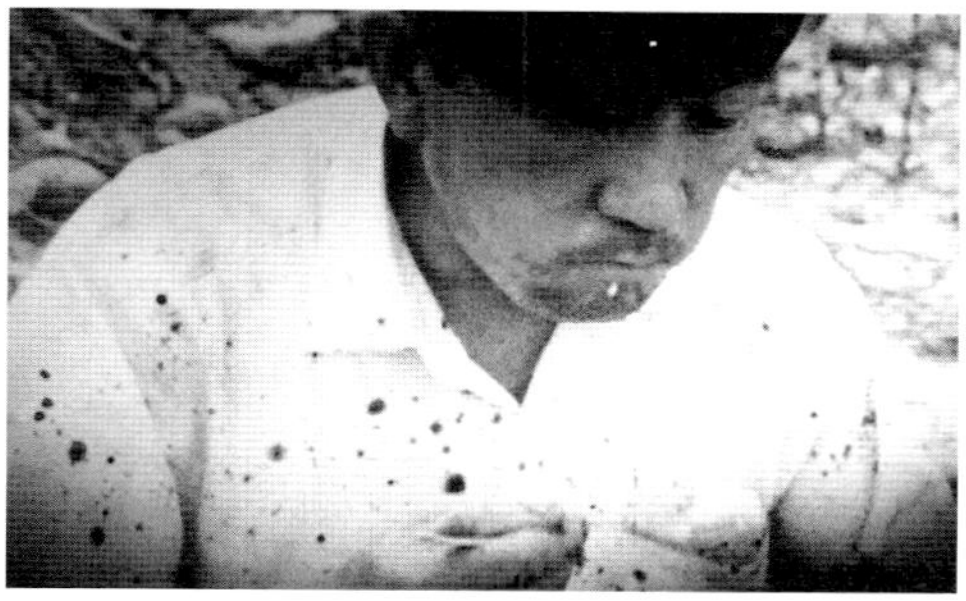

漆の木を巡って働く漆かきさんの昼食は弁当持参で野外。昼食後は午睡をとるが、漆の液の滲出がもっとも多い盛辺の頃（７月下旬～８月下旬）には、ゆっくりと休みをとる暇はない

●昼食と午睡

昼食と午睡は漆かきさんにとって大切な時間でした。ゆったりとくつろいで食事できる場所を念入りにさがします。

砂森さんの漆掻きの道具。右から掻き鎌、ヘラ、エグリ、腰ベルト

第一日目は午後から行う現場に近い荒雄川のほとりにしました。芭蕉の「奥の細道」にある美豆《みず》の小島はわずか下流にあります。風通しがよく、虫も少ない河原なのはよいのですが、太陽が真上に輝いて、数本のポプラの木が幾分すずしさを見せてくれるだけです。河原にあった段ボール紙を砂森さんは二つ拾って来て、ひとつを私にくれました。それを小砂利の上に敷き、弁当を開きました。砂森さんのお弁当は、いまはやりの筒形のジャー式のもので、フォークを使って召し上ります。はしたなさをもかえり見ずのぞいてみると、幕の内弁当のように色どりよく作られています。食事の場を念入りに選ぶのと一脈相通じるような印象でした。

茨城の久慈郡へ出稼ぎした越前の漆かきの土田さんは昼食の様子を、

「盛り漆のときは、ゆっくりして居られませんでェ。おかずを見て食べらんしねェ。漆が出るのを見ていなくちゃ。腰にさげた御飯はすえてしまうて、沢の水でゴーッと洗って、白い水を流しては、かきこんだもんです」

といっておられました。

食事を済ませると午睡です。お互いに段ボール紙をひきずって木蔭をさがして午睡の場にしました。

「漆かきの昼寝は短いもんで、耳の脇に小石をはさんでおくんです」

なんという知恵なんでしょうか。一回の寝返りだけで起きなければなりません。

採取は午前中に七十パーセントまで行ってしまうといいます。そうでないと炎天下の労働はつづきません。盛り漆をより多く採るのがプロの正念場といわれています。

砂森さんの昼休みはなかなか優雅に見えましたが、ぎりぎりの仕事の中で心身の回復をはかるための心くばりでしょう。

二日目の昼食と午睡は、杉林の中の幅広い林道でした。先は行き止まりになっているのか、人も車も入ってゆきません。雑木林とちがって杉林は虫も少なく、小暗くてすずしいところでした。壮齢木の林床には大きなシダ類が密生していました。砂森さんは草刈鎌を手にして道の端に流れる水をたどって林内に入っていきました。左右からのなだらかな起伏が合わさるところに、水が細く流れていました。辺りのシダを払い、手で穴を掘ると沢水が寄って貯えられました。水が澄んだら、口をゆすぎ顔を洗うのです。そしてまた、砂森さんは沢山のシダを刈り出しました。腕に一ぱい抱えて道にもどると、昼食の草の敷物にしました。

食事の後、二時間の午睡です。木もれ陽のない、しかも乾いた道に草を運んで、思い思いの形で横になりました。足をちぢめて草の上に寝ている私たち二人は、無心な幼虫二つという感じだったでしょう。

この朝から漆の出が悪くて仕事に嫌けがさしてくると砂森さんは嘆いていました。資料用の漆採取にオートバ

イで来られた澤口さんにもこぼしておられました。澤口さんは、

「ひでりが続いて働き通しだ。漆の出ない時は仕事をやめて酒でも飲もうや」

としきりに誘いました。が、そうなると砂森さんは、

「いんにゃあ」

といって少しも速度をゆるめずに働きはじめるのです。

　なにぶんにも自然が相手の仕事ですから無理は禁物です。それでたっぷりと午睡の時間をとることにしたのです。草まくらで仰ぎ見ると、杉は天に向かって真直ぐに伸びています。山風がゴゥーと渡っていくと根元からゆれ動く木もありました。風が強いのか杉の根が浅いのか、風が白く見えるような気がします。風の強い日は漆が出ないといいました。人間も風にさらされると体感温度が下がって、皮膚がちぢこまってしまいます。私は漆樹も人も同じだなと思いました。

　シダ草のしとねは臭覚と触覚に遠い幼い日の記憶を呼ぶような快いものでした。かっきり二時間で砂森さんは起き上がりました。

●一日の収穫

　午後二時からの作業は沼井地区の急斜面の漆樹でした。後を追う私はあたりの草にすがって、急な沢へと降りてゆきました。砂森さんの足は斜面に対しての着き方が違い、体はいつも直立です。持木の中でここが一番に地勢が険しいところでした。沢水が滲み出し、小川の生まれるところです。見物席は斜面を削り、穴に草を敷いてそこへ腰を入れ、さらにかかとを入れる穴も掘りました。

　午後四時二十分、作業終了です。ようやく沢から這い

集めた漆は採取の時期や質ごとに分けて、３貫目又は５貫目の樽に詰めて保管しておく

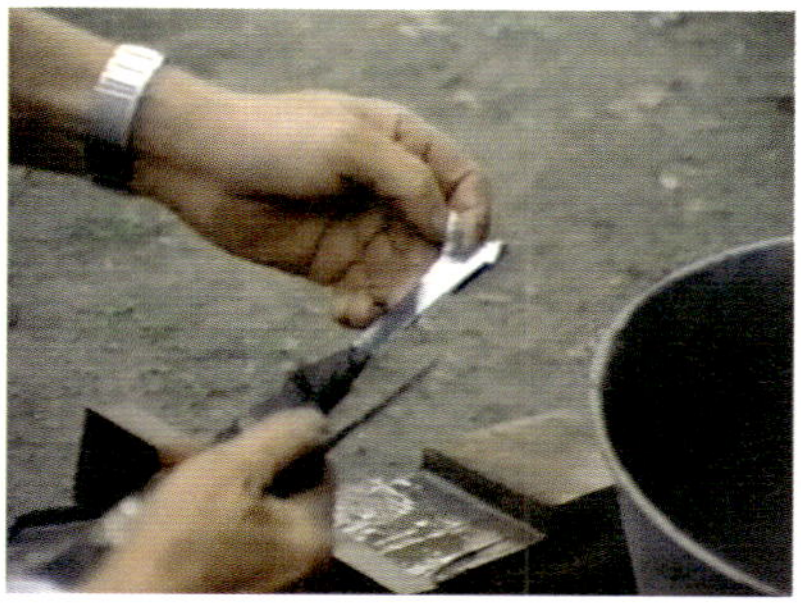

小屋に戻るとまず明日の作業のための鎌研ぎを欠かさない。集めた漆はその日のうちに目方を計り、漆桶に移しためておく。漆を一滴も残さぬようにヘラで漆壺の内側をこそぎとる。夕食が済むと、その日の採取量や漆液の状態をノートに記帳する。

出ました。砂森さんは運転席の助手席に作られた漆桶の固定場所へ、今日採取した桶をはめこみます。私は後の席に乗りました。舗装された観光道路を、ひと仕事終えて走るのは、ほんとうにすばらしい。美しい胡桃岳を眺めて、砂森さんもつい口笛を吹きはじめます。

「この仕事のよいことは自由にやれること。自分で計画を立てて、やりたい時はトコトンまでやり切り、気の向かぬ時は好きなようにする」

その日の天候の変化によって、同じ漆でありながら滲み出る漆が違って来るということを知ったのは驚きでした。その風土や土質、さらに漆樹の立地条件によっても違いがあると聞いていました。そのことを越前の土田さんは、こんなふうにいっていました。

「関東の漆は油漆といって種油みたいに「シュルイ」。疵つけをしたらすぐに採らなければならない。南部地方はわしら「ノッポ」といってポトポトして漆のはしり（ヘラを入れて落ちるさま）が少し重い。疵つけたら盛り上がってドボドボという感じで量が多く出る」

するとこの宮城県北はその中間となるのでしょうか。

「誰もいない小屋に帰るのは侘びしいもんです。これだけはいつまでたっても慣れない」

といいながら、砂森さんは小屋の戸を開けました。バケツに水をなみなみと汲み、ほてついた顔と足を洗いました。まず乾き切った喉にビールを一杯。砂森さんが手早く切って出された冷たいたくわんの塩気の美味しいこと。庭からすぐの部屋の片隅には、ビニールの敷物の上に真新しい漆樽（五貫入り）が三本、三貫目樽が二本、そしてシナの皮で作った新しい採取壺が一つ、そして使いこなされたヘラ類がその壺の中に入れてありました。隣の六畳には小机と小型テレビ、そして寝具が見えました。

まず明日の作業のための鎌研ぎを庭で行ないます。独特の掻き鎌は、切出しの小刃のように切断したスレートの砥石で湾曲したタガネの部分が研がれました。砂森さんの使う掻き鎌は、福井県今立郡粟田部《あわたべ》で作られたものでした。古い歴史を持つ粟田部の掻き鎌つくりは今ではたった一軒となってしまったと聞いています。前夜に研いだ鎌類は一日中持ちこたえねばなりません。そうした曲鎌や草刈鎌などは福井県武生市で作られ、越前鎌行商人たちの手によって運び込まれたものです。

普通なら、それから入浴、食事の仕度となるのですが、特別に、一日の収穫物を樽に移し入れるという砂森さんにとって一番の楽しみである作業を先にやって見せてもらいました。

父ゆずりの秤で掻き壺を測り、漆樽をおおってある渋紙をはぐと、なんと漆はグツグツと煮えたぎっているように沸いているではありませんか。生あるもののようで恐ろしくもありました。漆の神秘さは私には測り知れません。砂森さんはヘラを扱いながら、その中に静かに注意深く、今日採った漆を一滴も残さず移し入れました。そしてその空になった採取壺の内側に荏《え》の油（えごまの果実から採取した油）が薄く塗られました。

さて今日の採取量は百二十匁（約四五〇グラム）でした。昨日の鬼首《おにこうべ》での採取量は四百匁（約一五〇〇グラム）で最高成績だったと砂森さんはいいました。一回に出る漆の量は一本の漆樹から三匁（七・五八グラム）というわずかなものです。そして十年生の漆で直径十センチほどの一本の漆樹から四ヵ月かかって掻き採る量は三十六匁（一三五グラム）前後といわれています。

砂森さんの家の中で思いがけなかったのは、小机とその上のノート類とか巻かれた紙類と筆記道具でした。砂森さんに、これからの時間をどのように過ごすのかと聞きますと、食事後もお酒を飲みながら一日の収穫量や作業日記をつけるといいます。五万分の一の地図を使って、その裏面にも毎日かかさず作業メモを記入します。そして昨年のこの日は、二年前は、三年前はとさかのぼり、その日の天候、温度、場所、採取量、質となんとなく見比べながら、床につく九時まで過ごしてしまうというのです。作業記録を見ると、その時々のことが想い出されて一人で居ても退屈したことがないそうです。

●漆かぶれ

砂森さんの小屋を出て、私は宿に帰りました。陽は沈み、川渡の温泉町のネオンと空とが同じ明度の美しい時刻でした。開かれた窓の前山の峰から、カラスの群が次から次へと切れ目なく手品のように連なって出てくるのです。ヒバリのように小さく見えるのに鳴き声ばかりにぎやかです。

今ごろ砂森さんも温泉につかって体をやすめていることでしょう。砂森さんは飛び散った漆で肩や腕に火傷のようになった漆かぶれを、とても気にしておられました。

「知らぬ人には、これが腫れ物と思われるんで嫌になる。不潔に見えるでしょ」

と私に聞くのです。

「私は知っているから、なんとも思いませんが、温泉に入ったときは早いところ漆ですといった方がいいんじゃないですか」

と励ますのですが、そこは混浴場なので砂森さんの気持も無理はありません。私の泊ったところは自炊湯治客も泊める宿で、近郊の農家の婦人たちが仲間で来ておりました。私の中途半端な山行の服装に不審がって聞くので、漆掻きの見物と答えますと、「掻いたあとの漆は昔は見たことがあったが、掻いてる姿は見たことがないす」とめずらしがっていました。

砂森さんは漆かきの意識をこんなふうにいっていました。

「漆かきは、どうしても衣服がよごれる。その上、飛び散る漆は布を通して皮膚を瘡《かさ》にしてしまう。自分から汚れ者と卑下して人の目にふれないように裏に回り、木から木へと移ることになる。話をするのも避けてしまう。立ち話をする時間はもちろんないが、そのために村里の人から変人とか特別の目で見られるようになってしまった。私ら漆かきも悪かったですよ。村里の人の切り返しの目は、どこの土地でも強い。それは無理からぬことです。私がどんな人間か向こうも知りたがっているんだから。私は自分から先に挨拶をして天候を聞いたり作物の出来を尋ねたりする。するとみんな快く話をしてくれる。

高い樹上の足場で漆の滲出が多い頃の漆掻き作業の「盛り辺掻き」をする砂森さん　撮影・澤口　滋

だから今は努めてそうしている。若い時はいろいろ気にするもので、漆で汚れた白いシャツは自分で黒に染め直して、かっこうつけたもんです」

漆にはかぶれないと強がっていた私も、この夏の真っ盛りでは顔がむくみ体がほてってだるかったりしました。でも温泉がよかったのか、翌朝はさっぱりとよみがえっていました。

漆のかぶれ方はさまざまです。明治四十年に書かれた『実用漆工術』の中では漆の性質をこのように書いています。

「そもそも生漆は……（中略）日光にさらすも容易に乾かず、普通熱を与ふればかへりて乾かざる性に変じ、寒ければ乾かず、暑ければ乾かず、唯々多量の湿気を含める温暖の空気中には、よく速かに乾固するのみ、斯く一種の奇なる性質あるにより、取扱困難にして之を用ふる仕事も容易にあらず……」

砂森さんがまだ若かった頃、上半身裸で掻いていて、さて仕事が終わって上衣を着ると上半身がかぶれだし、そのかゆさにひどい目にあったというのです。皮膚からの呼吸が湿りとなってシャツの下は、ちょうど室《むろ》の状態になって漆の成分が活動しはじめたのです。

漆樹にとっての漆は、我が身を守る自然の一現象にすぎません。幹に住む小さな虫が樹皮を喰い破って外へ出ると、漆樹はその穴を補おうと漆脂を滲み出します。そこへ来た足長蜂は漆の一滴を頂戴して、あの重い巣の釣り下がる根元を補強してしまいます。黒光りした釣り元は漆らしいのです。漆樹の小枝の中の小さな住人を澤口さんから見せられたときは「蓼喰《たでく》う虫も好き好き」という言葉を思い出しました。この小動物と蜂が人間に漆の存在を教えたのではないでしょうか。漆樹こそ災難です。蜂の場合はささやかな一滴ですが、人間は巧妙に騙《だま》して大量の漆を採ってきたのです。だが漆は盗られっぱなしではなく、執拗に抵抗してみせるのです。

漆は苗木に葉が出た段階からかぶれます。免疫性があるといわれますが、そうでない人もいます。私は指の腹に少しつけてみましたが、漆が付いた部分だけ火傷のように赤く盛り上りました。これが皮膚の弱いところでは重い火傷のように皮はむけ肉が露出するまで深くかぶれます。そして黒い瘡《かさぶた》となってしまいます。

不思議なかぶれの話です。この春に私は東京国立文化財研究所を訪れる機会がありました。保存料学部の研究室で漆の分析をしている見城《けんじょう》敏子先生にお会いしましたが、そのおり先生は白衣の袖から出る腕や襟もとを気にされながらおっしゃいました。

「見苦しくて恥かしいのです。恐ろしいものですね、数百年たった昔の漆の皮膜を分析のために細かい粉状にしましたら、その粉が皮膚についただけでこのようにかぶれました」

また、鳴子のある塗師さんが私にいいました。

「手の甲はかぶれるが、手のひらは大丈夫でしょう。口の中は鍋の底といわれるほど強いからいい。胃の中も無事通過、けれど肛門はいけない」

「まさかァ」

「イヤホント」

からかわれたと思いましたが、思い当るふしがあります。私は生漆を幹からそっと指にとって舌先にのせてみました。漆は甘いと聞いていましたが胡麻をすりつぶしたような香りと渋味の後に、ヒリリッとした辛さが走りました。吐き出すこともできず、そのままツバとともに飲みこんでしまいましたが、舌の一部に違和感が残り、その後二日間、風邪をひいた時の舌のような感触が残っていました。それだけではなかったのです。塗師さんの言っていた部分にも、ある感触があらわれました。そのときは気がつかず何日も後になってから、ああ、あれが露ほどの少なさの漆の出口の症状だったのかと思いあたり、ひとり苦笑したことでした。

　ところが乾いた漆樹の実は、さわっても、あるいは煎ってひいてコーヒーのようにして飲んでみてもかぶれはしません。漆の実は牛馬の強壮剤によいと好まれているそうです。漆の新芽は山菜の中でも王者だという人がおります。そして春にはよく摘まれているそうです。料理はゴマ和え、白和え、天ぷら、おひたしとなんでも美味しいそうです。けれど葉を茹でると、その湯気が危ない。焚火をすれば、その煙にあたるとかぶれるといいます。

　かぶれたら塩の湯に浴するのが一番いいということを聞きます。杉菜を揉んでその汁を患部に数回塗ればよいとも、沢蟹《さわがに》をすりつぶした汁、栗の粗皮、栗の実の皮、葉でも煎じた汁を塗れば三日目には癒るとも聞きました。弱い者があやまって漆の芽を食べてしまったら断食が一番ということでした。水も飲まず、つまり胃腸を干すことですから。

●遅辺《おそへん》

またひと月が過ぎて暦では処暑《しょしょ》といわれる八月二十三日の朝、鳴子に来ました。処暑とは暑さが弱まる折目のことをいいます。けれどこの年は暑さが衰えるどころか、なお続いて記録ずくめの炎暑でした。稲は結実して黄金色に移りつつあります。

　水と陽光に恵まれた年は漆採取には良い年で、量に恵まれるといいます。砂森さんは雨が降らないために少しも休まず八月十三日まで掻き続けたということです。そして盆の三日間だけ小鳥谷の家へ帰って行きました。そして初鎌から盛り漆までに掻きとった分の漆樽を車の荷台に積み、一戸町の元締（漆問屋）の小林忠兵衛氏の店に届けました。

　昔は掻いている途中で帰郷するということはほとんどなかったようです。漆かきは、子や親の死に目にも会えなかったとも聞きました。

　この旧盆までに漆掻きの仕事は全体の五分の三を終え、その後は遅辺になるということでした。初めから五回までを初辺《はつへん》として、六回目から旧盆までが盛辺《さかりへん》、そしていまは遅辺に入っています。この三期に区別して掻いたのを辺掻《へんか》き、辺漆《へんうるし》と呼んでいました。採取時期によって乾きの速い遅い、艶やのびなどそれぞれの特性をもっているので、漆桶は別々に保存され、塗師は天候や湿度をみながら塗る品にあわせて、さまざまな特性の漆をとり出して混ぜて塗る漆を作るというのです。

遅辺の漆掻きは盆過ぎの頃から

遅辺の作業を夏の明漆会のセミナーとして漆工の職人さんたちと一緒に見にゆきました。沼井の漆樹は私にとってはひと月ぶりの対面です。まわりの野草はさすがに長い夏の疲れを見せていました。その中に立っている漆樹には黒々と、しかも整然とした掻き疵が幹をおおっていました。根元には、白くて細長い掻き屑の散らばりが妙に目立ちました。疵は十五辺をかぞえ、その幹の疵の長さは十九センチでした。漆壺をのぞくと、そば粉を練ったような色でした。かたわらにいた木曾の青年が、一年ぶりに見た漆樹の変りように驚き「可哀そうだね」といいます。彼自身も家まわりに、わずかばかりの漆の幼木を植えています。南部地方でも茨城地方でも、植栽する者と掻く者との多くは分業であったことは、生産を上げるためには合理的だったのかもしれないと、その時ふと思いました。

　見物する者の間から突然「赤ゴマだ」という声が上がりました。その漆樹に寄って見ると、掻いた疵の中にゴマ粒を散らしたような茶っぽい斑点が見えていました。掻き疵をつけた瞬間に雨水が入るとできるといわれ、これが現われるとその漆全体が漆を出さなくなるともいいます。漆掻きにとっては妙な現象です。黒ゴマになるのもあるといいます。以前に越前の土田さんは次のようにいっていました。

「赤ゴマを見たら辺掻きの間隔を一寸ほど思い切って上げて、ヘラで掻きとらずに回復を待ってみます。だが黒ゴマになるとその漆全体、幹のずうっと上まで上がってしまって漆は出ず、水分が出るばかりで回復できないのです」

　恐ろしい話です。雨が降りはじめると、ただちに漆掻きを中止するのも、こうした理由によるのでした。

　その日の夕刻、作業を終えた砂森さんは、さっぱりした姿で私たちの宿舎になっている鬼首の吹上温泉の大新館にやってきました。砂森さんを囲んで漆掻きの話を中心にしていつしか酒宴に入りこみ、夜の更けるまで語り合いました。

●裏目留《うらめとめ》掻き

十月二日、作業は裏目留掻きに入り、仕事は終りになるという知らせで奥羽本線の新庄から鳴子入りをしてみました。

　午前四時に鳴子橋のたもとに立って川下から来る砂森さんの車を待ちました。川霧で体が冷えきるような季節になってしまったのです。私たちは鬼首へと走りました。通いなれた道なのに朝霧にとざされて、まったく違う表情です。時たまあらわれる霧の切れ目から山峡の川面を

これまで掻いた10数本の辺（掻き疵）の上と下に辺をいれる「裏目留掻き」
疵をつけてこなかった枝にも辺をいれ、漆を掻く

見下ろすと水面からも霧が生まれて、それが奔流のように川下に向かって流れてゆくのです。厚みのある霧は、森も山をも動かしているように見えます。

車内はヒーターで暖められて、夏の仕度と変らぬ砂森さんは現場についてもなかなか外に出ません。上衣をすすめると、

「上衣をはおると仕事にならん。だから寒くなるとおしまいなのですよ」

といいました。霧が霜にかわる季節になると漆の出もにぶくなり、この作業も終りとなります。

午前五時、薄れてきた霧の中から刈り取られて束ねられた稲はせが現われてきました。それは寒さに耐える人のように見えました。

杉林の上に乳白色の太陽が見えはじめました。作業開始です。漆樹の葉は、辺《あた》りの木よりも先がけて黄色みはじめるので遠目にもそれと見分けることができます。老木は紅葉が早く、若木は緑をまだ残していました。暑さが遠のき、漆が出にくくなったこの時期の作業は裏目掻きと呼びます。裏目掻きは、それぞれ逆三角形になった辺掻きの間に、表皮を削らずにエグリ鎌で幹を半周する疵をつける作業です。秋の彼岸かあるいは九月いっぱいまで行なわれた遅辺の漆よりも裏目掻きの漆はさらに乾きが遅くなり値も安くなります。そして裏目掻きはたいてい一回で終り、さらに丁寧な人は留掻きということをします。

次第に気温も上がり、掻き疵にたまる漆は朝日にきらめきながらポトンポトンとしたたり落ちました。砂森さんは自分の故郷より暖かい鳴子に驚いて、まだまだ辺掻きが出来るほどだといいました。南部地方で裏目掻きをする頃は、もう葉がはらはらと散ってゆくそうです。

壺をのぞいてみると働いた時間は盛辺の頃と同じなのに量は半分もありません。それほど漆樹の状態が違ってきているのです。しかも砂森さんの動きは、細い枝にまで上り可能な限り腕をのばして掻き疵をつけるというふうに辺掻きの頃には見られなかったほどの激しさです。枝はしなり葉はゆさゆさと揺れます。砂森さんの姿は、まるで木にとりついた蛇です。

そして最後が留掻きです。留掻きはエグリ鎌で枝や幹を一周する疵の輪をつけます。幹を一周した疵が漆樹が水を吸い上げる道を閉じるのです。漆樹にとどめをさす

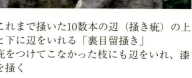

のです。

翌朝、もう一度現場にゆき、寒さのために膜になって流れ落ちない漆を採取しました。この作業を「みだれを採る」といいました。み（漆）がたれるということなのでしょうか。越前では朝めだれといい、漆をめ（疵）より流れる涙にたとえていました。

それから花山地区の森に囲まれた美しい水田へ行ってみますと男女三組の影が、ちょうど稲刈りの真最中でした。その上に陽がふりそそぎ、赤とんぼが藁ぼこりのように舞っていました。畦は堅く乾き、いなごが跳び交っています。林套《りんとう》部の草も冬眠を前に安らいでおり、草の間に蛇のゆききを見るようになりました。熟れたあけびが鳥をさそい、甘くなった漆の掻き疵に足長蜂が飛び交っています。なんとなくにぎやかであわただしい晩秋の気配でした。

私と砂森さんは山栗を拾いながら林内の漆樹から漆樹へと移ります。幹に照る陽が急にオレンジ色に映えたので、砂森さんも木に当てる手を一瞬止めて、オヤッという顔になりました。

あかあかと　日はつれなくも　秋の風

と芭蕉が詠んだのは、このような一刻だったのではないかと思いました。しかしあとで宿に帰ってから、それが日蝕だったと知りました。

●萌芽再生

なじみになった道に、野花は春から夏へそして秋と入れ替りに咲いて見せてくれました。そのいとしい気持をこめて、野花を両手にはさんでは離し、別れをして歩きまわりました。ミゾソバのやさしいピンク、トリカブトの青、アザミも。シシウドやシダ類をなぎ払って上がった斜面にも、秋の花々がひっそりと咲いていました。ヌルヌルとした枯倒木に足をとられて横転すると、その木は昨年の晩秋に伐採した漆樹だと知らされました。みる

裏目掻きの間に木を一周する掻き疵をいれる「留掻き」をいれる。これで樹液の通路がたたれることになるので、この「留掻き」の辺掻きを最後にその漆の木からの漆の採取は終わる。翌朝「みだれを採る」。下は漆桶にたまった漆

漆樽には漆と桶の重さを記した紙をはり、厳重に梱包される。

とあたりには柔らかく明るい緑の葉をつけた幼木が伸びはじめています。倒木の根から生えた漆の二代目だと教えられ私は飛び上がりました。よし！、腹をすえて数えてみよう。

三十坪ばかりの面積に私の胸高までの幼木が五十一本。根くばりが出来ているのか実生苗《みしょう》（種子から生えた苗）よりもはるかに成長が早いようです。そして危なげなく立っています。

砂森さんは各ブロックの留掻きを一巡して足場を払いました。鳴子での仕事は二十数貫の採取量という好成績でした。採取時期ごとに樽は分けられ、桶の重さ、漆の重さが桶の胴に書かれてあります。五貫樽の渋紙をはずして見ると、旧盆以後の漆でしたが濃くいれたコーヒーに生ミルクを入れて少し混ぜ合わせたような透明度のある色でした。ヘラを入れて持ち上げると、シャリシャリと連なって流れ落ちました。裏目漆はそれよりも幾分色濃く、ねばっこい輝きを見せていました。漆樽はわら縄でくくり梱包して国鉄便で小林忠兵衛氏の元締へ送り出されました。

砂森さんは持木の農家への挨拶をすませ、半年にわたる鳴子での仕事は終りました。そして親しくなった人々とで酒宴を開いて、ともども終了を祝いました。

記録的な暑さと旱魃《かんばつ》にもめげず休まずに働き通した砂森さんですが、やはり彼岸すぎて涼しさを感じると急に疲れを覚えたと打ち明けました。十月九日、末娘さんの迎えで車を二台連ねて故郷へ帰っていきました。後には殺し掻きされた漆樹が取り残されました。例年よりいち早く紅葉が進み、裸木になるのは月の半ばになると鳴子の人は言っていました。

●枝漆

裸木になった漆樹の梢を下ろして、その小枝からも漆を掻き採る最後の作業があります。それは枝漆あるいは瀬〆《せしめ》漆といわれます。現在この作業は、ほとんど行なわなくなったのですが、特別にやっていただくことになりました。しかし裸木になる時期まで鳴子の里に砂森さんをとどめることができないので、記録撮影もあわせて砂森さんの故郷でその作業を見せていただくことになりました。

十一月八日、二戸郡ではもう細雪が降っていました。山はうっすらと雪化粧しています。姉帯《あねたい》という村までいくと北は切り立つ崖、その下に馬淵川が流れ、その川縁に十四、五年生の掻き終った漆樹が立ち並んでいました。この木を掻いた漆かきさんと砂森さんは枝漆の作業をはじめました。梯子を木にかけて上り、掻き疵のない小枝を鉈で切り下ろし、三尺（九十センチ）の長さに切り揃えて束ねます。それから葦の茂る水辺に下りて流れに束ねた小枝を突きさし、半分ほど水に浸して流されぬよう川石ではさみました。七日間ほどそのままにしておいて、引き上げて家に持ち帰るのだそうです。

枝々に至るまでの採取が終わった漆の木を伐採する。かつては伐採し枯れた漆の木は漁網用の浮子、味噌桶、湯桶、タンス、お盆などの材として利用されていた

砂森さんの家の敷地の一角に、作業小屋がありました。小屋の中には小枝を立てかける簡単な木組が出来ていて、砂森さんはそこに水辺から引き上げた枝を立てて並べました。暖められた小屋の中で作業を行えば採取量が上がるといわれます。砂森さんは小さい腰かけに坐り、膝の間に漆壺を置きました。まず小枝を一本左手にとり、横に渡して枝を回しながら右手の掻き鎌で枝を一周する疵つけをします。一本一本十センチ間隔の疵つけをして、また立てかけます。それらの疵から漆が滲み出て来たところでヘラに持ちかえ、小枝をまわしながら膝の下に置いてある壺の縁にこすりつけてしぼるようにして漆を落しました。手間のかかるわりには採取量が少なく、しかも値は安いといいます。また今では枝漆を求める人もないからと、その作業をする人はおりません。しかし枝漆の接着力は全採取時期を通してもっとも強く、その用い方は縁の下の力持ちのような地味で目立たないところに役立っていたのです。それに漆を採りきる執念のようなものが昔の人にはありました。

　こうして枝々に至るまでの漆を掻き尽して漆樹は伐採されました。その木口はみずみずしくて黄色の年輪を見せてくれました。汗のような漆液がふき出し、すぐさま黒い昆虫が一匹はいあがって来ました。

　昔の漆かきさんは冬場の仕事として枝漆の作業をしたといいます。また漆を掻きとった後の幹や枝で浜のアバ木作りも行ないました。アバ木とは漁網の浮子《うき》のことです。漆樹は水が浸透しにくく、しかも軽くて腐らぬところが身上です。漆樹も伐採してすぐに乾燥させれば細工をしてもかぶれることがないので以前はアバ木を大量に作り続けたそうです。夏の浜で見る白くねっとりとした感触の浮子が漆樹だったとは。アバ木もプラスチックの

枝漆の採取。漆をとり終った漆の木の枝からも、かつては漆をとった。それを枝漆、瀬〆漆といった。枝漆は漆の木の枝を伐って束ね、7日間ほど川の水につけた後、疵をいれて漆を採った

漆をとり終った後の木は伐り倒しておくと切り口から萌芽更新でまた木の芽がでてくる

浮き玉が出まわりだすとパタッとその需要はなくなって、その後の冬からは漆かきさんたちはさまざまな職種の出稼ぎに出ていくことになったのです。

小鳥谷中村の砂森さんの部落は国道四号線ぞいにありながら、山に囲まれた戸数十六軒の静かな集落でした。西に小繋《こつなぎ》川が蛇行して北へ流れています。建築中の一軒が完成すれば、この部落はすっかり建て替えられたというふうです。それも以前の萱葺きの家の建坪と変らないような大きな新建材の立派な家ばかりでした。山裾にはぶどう畑、わずかばかりの田があります。

岩手県北は出稼ぎ地帯といわれて、農家を支えているのは女ばかりと聞いていました。そうしたところへ、さらに町からマイクロバスが主婦たちを工場へと誘いに来るのを見ました。この集落でも、主婦さえも昼間は働きに出て、ひとりもいないそうです。

砂森さんの家は、職人の家なので農家のたたずまいのない家でした。自動車を四台ほど乗り入れる庭をはさんで、作業小屋と母屋がありました。作業小屋と物置小屋の土台が、すべて掻き採った後の漆樹を使っていると聞いて、なるほどと思いました。また母屋の二階へと上がる階段には、二腹掻きした漆樹の柱が装飾と実用をかねて上手に使ってありました。こんな楽しい利用法もあるものかと驚いていますと、漆樹は以前は味噌樽、湯桶《ゆとう》、タンス、盆などにも使われたそうです。

一階は五間、そして広いダイニングキッチンの部屋。主婦の心くばりが隅々に行きわたった暖かい家でした。それにしても留守家族は侘しいでしょう。長男は勤め人、次男は大工、長女はすでに嫁ぎ、この家に残るのは末娘さんひとりでした。その娘さんは隣の駅、一戸の自動車会社へ勤め、奥さんも同じ町の食品パン工場へ勤めておられました。

奥さんと一緒に台所に立たれた砂森さんの手なれた動きをうらやみますと、

「この家は昔から共稼ぎでなす。先ｻ帰った者が灯《あか》りをつけ、夕食の仕事をするのしゃ」

と笑いながら柔らかくいいます。

「遠くに出稼ぎのときは、心配すてもしかたがねすぺ。近ぐの山ｻのときは仕事だば、日が沈み暗ぐなると、はあ落ちづかねす」

私は小鳥谷に来る前に、東北地方に関する本を読みあさりました。その中にこの小鳥谷、小繋の部落を取材した本多勝一の『わが祖国日本…南部の国…』（すずさわ書店）と、地元の一条ふみさんによって書かれた『永遠の農婦』（未來社）の生活記録と歴史を読んで、その重みに言葉をなくしておりました。

だからでしょうか。半年にも渡る留守を娘さんと二人で守っている話を、いま砂森さんを囲んでいる団らんの席で尋ねる気もなくなりました。そしてなんとか響きの快いこの辺りの言葉を多く聞きたいと思いました。

砂森さんは最近では二人の息子さんの反対もあって、冬場の出稼ぎはやめて、夏のための体力づくりをしているといいます。そして明日はと聞きますと、

「親方から漆が出るかどうか鑑定を頼まれたから木を見にゆく」

といい、そして来春はと聞きますと、

「これから十年前に行った村を尋ねて見るのですよ」

といいます。

「この仕事は、元気ならば八十歳までやれる。が、一番大変なのは漆樹さがしです。車で十日間ほどかけてさがします。もちろん宿に泊る。原木さえあれば漆掻きする人はきっと出て来ますよ。私はそう思っているの」

この話を聞くとつぎのことが想い起こされます。

●漆は今後…

昭和四十七年に日本文化財漆協会が設立されて文化財用の漆生産のために、国が植栽しはじめたこと。昭和四十九年は、伝統工芸産業の振興に関する法律が施行されたこと。通産省では地場産業であるそれらの伝統的な仕事の補助に力を入れたこと。そうした気運に各漆器産地では漆樹の植栽が役所の手ではじめられたのです。

しかしその一方では、荒雄川流域に掻き残してきた漆樹のように、伐採されずにそのままになっているのです。人手不足に加えて、伐採費用がないために、萌芽更新の方法もとられず、立枯れの姿を見せているのです。植栽に援助の法があっても、伐採への助成が行われるのは、まだまだ先のことなのでしょうか。

「わしら十数年も前から漆がなくなることを皆で話し合っていたんだが、宣伝する方法が分からなかった。少し遅いんだよね」

といった漆かきさんたちの言葉を思い出します。

いま若い人達で漆掻きを希望をする人が、まったくないと聞きますと、砂森さんの世代と、いま植栽されつつある漆樹をつなぐ人は、いったい誰なのかと思います。

奥州の南部は、私の日常からは遥かに遠い国でした。遠いからこそ特殊な林業ともいえる漆掻きの仕事への好奇心にかられたのかも知れません。

それにしても、なぜ砂森さんの故郷が今日、日本で漆かきさんが最も多い地域になっているのでしょうか。一年を通じて砂森さんを追いかけながら、私は考えつづけました。

漆かきはまず、あの孤独な作業に耐えられる人でなければならない。自然というものに逆らうことが出来ないのです。天候、地質、虫害という自然にです。そして作業によっての汚れや、瘡《かさぶた》も気にして人の目に対処しなければならない。よそ者ゆえに差別もされるでしょう。妻子と離れての移動性の出稼ぎでもあります。

そうしたことに耐えられる条件とは何であったのでしょうか。砂森さんは、祖父も父も兄弟も漆かきだったのです。土地を持たない人たちは、己の体と技術でしか生きる手だてはありません。山畑を持つ農民すら食べてゆけない県北の地では、人は必死で生きる道を探さなければなりません。

それでもまだ私には解らぬことがあります。漆樹というのは本来は亜熱帯性の植生で、原生地といわれる中国でも漆樹の多い地は湖南、四川、雲南と南中国でした。輸出国のベトナム、タイ、台湾と緯度をたどってゆくと、東北などより、はるかに西日本の方が漆樹には適地とみられます。そしてかつて質のよさとその産出量によって名の知られた漆は、米良《めら》漆（宮崎）、丹波漆（兵庫）、吉野漆（和歌山）、美馬《みま》漆（徳島）と西日本が多いのでした。けれど五十一年の産出地を見ると青森、岩手、秋田、山形、茨城、栃木、千葉、新潟、福井、長野、岐阜、岡山で、名を残した適地からの産出は見ることが出来ません。

漆樹と掻き採りの可能の北限が南部地方になるのです。この雪の深い寒さの厳しい東北地方に、漆を植えつぎ育てて来た人たちの努力があったればこその産地なのです。

漆によって生きようとした東北人の必死の姿、砂森さんを通じて、感じ教えられた漆かきさんの姿を私は忘れることが出来ません。

早春の山を漆の木のようすを見て回る漆かきの砂森さん　撮影・澤口　滋

うるしの仕事

明漆会のパンフレットより

澤口　滋

漆と漆樹　漆樹は、中国長江流域から東シナ海をへて日本列島を被う東アジア梅雨地域特有の落葉の喬木で、古くから、それら各地でひろく植栽されてきました。漆（液）は、その幹の内皮を傷つけて採取する樹液で、漆樹の古字「桼」は幹から漆液が滴下する様子をあらわしています。漆は、葉が開いて活動が盛んになる六月下旬から十月中旬にかけて五日目毎に約二〇回採取します。一本の樹から採取できる漆の量は直径一〇センチメートル（樹齢一四～五年）の樹で一三五グラム前後です。

漆は、他の塗料とは違って酵素の働きで生物化学的に乾く―というより固まるため、乾固させるときには湿った暖かい空気が必要です。乾固した漆膜は、酸やアルカリなどの化学薬品にも侵されず、独特のやわらかい感触と、しっとりとした光沢をもっています。

漆工の起源　漆は、私たちの祖先が石を打ち欠いて作った刃物を持ち、山野を駈けて食物を集めて生活をしていた縄文時代から、塗料として使われてきました。縄文晩期にかつてなかった精巧な土器を作った亀ケ岡文化圏の泥炭層遺跡（青森亀ケ岡、青森是川、宮城山王）から漆で飾った装身具、木器、編組品、土器などが出土しました。さらに土器に入ったまま乾固した漆も発掘されて、これらの遺跡をのこした人々が、漆を採取して使っていたことが知られました。山王遺跡からは、石刃を木の柄に植物繊維で結束したのち漆で固めたものも出土しており、接着剤としても使用したことが確認されています。

漆工業の成立　今から二三〇〇年ほど前、大陸から金属器をともなって水田稲作技術が渡来してきたといわれます。美味で栄養価も高く、貯蔵に適したこの栽培植物が、食糧生産の主流となり、いわゆる弥生時代を迎えます。

米を粒食するための道具―盌《わん》（碗、椀）は欠かすことの出来ない食器となります。はじめ、わんは古い技術で作られる土器でした。生活技術の向上と共に、社会の分業化がすすみ、やがて木工轆轤《ろくろ》が開発されると豊富な森林資源を利用した挽物《ひきもの》の椀が使われるようになりました。皿や鉢、それらの食器をのせるための折敷《おしき》と―食器の種類もふえ、そして清潔さと強さを保つため、漆が塗られるようになりました。

産地の形成　江戸時代になって商品貨幣経済が拡大すると、諸藩の政策も加わって、今日にみられる各地の漆器産地が次第に形成されていきました。産地とは、漆・素地《そじ》材などの原材料の自給と木地師《きじし》・塗師《ぬし》などが有機的に結合した生産組織、および、製品を市場に供給する流通機構を持ったものをいいます。各産地の製品は、その地理的条件―つまり原素材の上からもまた市場の性格からも制約を受けて、それぞれの産地に見合った技法で作られました。市場も、城下町（金沢・弘前）、宿場町（奈良井）、門前町（日光）、湯治場（山中・鳴子）などそれぞれ性格を異にします。辺地の輪島・川連《かわつら》は旅商いをして、また大産地となった会津・黒江・半田などは古くから問屋制度が出来、他領へ積極的に市場を開拓するなど、多様な成り立ち方をしました。

素地《そじ》　ぬりものの素地には、板を指し合せて作る指物《さしもの》（膳・重箱・弁当箱）、板を曲げて作る曲物《まげもの》（櫃《ひつ》・湯桶《ゆとう》）、轆轤にかけて丸く挽く挽物《ひきもの》（椀・皿・鉢・盆）、削り出して作る刳物《くりもの》（杓子）とがあります。板は堅挽《たてび》き鋸《のこ》が出来るまで割材が使われたため、指物、曲物には目が通って割り易い針葉樹材が主に使われました。挽物材には、ケヤキ・ミヅメ・イタヤ・トチ・カツラ・ホオ・ブナ・クリなどの硬《かた》木の広葉樹が用いられました。当時は河川以外に大型の素材を運搬する手段を持たなかったので、産地周辺のものが利用されました。どの樹種が多く使われたかによって、その産地固有の技法、ことに下地《したじ》法が、長い年月の間におのずと出来ていきました。

漆工の諸材料　かつて漆の生産は、産地をとりまく山村の人々の生業として続けられてきました。その後急速な工業化の中で山村経済が衰退すると共に殆ど消えようとしています。現在、岩手二戸・新潟岩船・茨城久慈などに残った百名足らずの漆掻き職人によって年産二千貫に満たない漆が採集されているにすぎません。

それは需要の二～三％といわれますが、漆だけでなく確かな仕事に欠くことの出来ない諸材料も乏しくなりました。極薄《ごくうす》の手漉《てす》き漆濾紙《うるしこしがみ》、毛髪を漆で固めて作る漆刷毛《はけ》、荏桐《あぶらぎり》を石がまで焼いた研炭《とぎずみ》など原料の入手も困難となり、作り手も激減してひとり一人名を挙げられる程になりました。漆の仕事は、孤立した中でなお父祖からの技術に生きるこれら僅かな人々によって辛うじて支えられているのです。

下地《したじ》　漆はまず刻苧《こくそ》からはじめます。素地の細かい割れや板のはぎ目を刃物で彫り、そこへ生漆《きうるし》・糊・細木粉など練り合せた刻苧をつめます。

次に、板目と木口面とがある不均質な木材に、平滑に漆を塗るため下地をします。下地の素材は、輪島地ノ粉《じのこ》＝糊・漆、奈良井錆土《さびつち》＝漆、沖縄クチャ（土）＝豚血など産地によってかなり独特のものがあります。漆は昔から貴重なものでしたので、一般には柳・朴の炭を砕いた炭粉を柿渋《かきしぶ》で溶いたものが用いられました。中世の遺構から出土した実用漆器の殆どがこの下地法で作られていました。数百年水分の多い土中に埋もれながら大方が原形をとどめておりその堅牢さが知られました。しかしこの渋下地は厚みが薄いこともあって上塗面に細かいザラツキが出来、商品性の上から近年行われることが少なくなりました。

椀や盆の縁《ふち》や重箱のような指物素地の組合せ部分を強化するため布を漆で着せることがあります。そのような場合は無論、丈夫でたいらな下地をするために厚みのある地ノ子・錆下地をします。地ノ子下地・錆下地はヘラ付けをしますがそれには習熟した技術が必要です。近年、化学塗料や漆の少ない甘錆《あまさび》を機械を使った吹付けや刷毛付けする安易な下地法が行われるようになりましたが、下地が弱かったり素地とのくいつきが悪いと剥離《はくり》の原因となります。下地は塗りの中で特に長い日時をかけて行う最も大事な仕事で、下地の良否がぬりものの強弱を決定します。どんな上塗《うわぬり》も下地の欠陥を補うことは出来ません。

春慶塗や木地呂《きじろ》塗など木目を生かした透明な塗を行うには、特に丁寧に仕上げをした素地に、豆汁《ごじる》や渋で目止めした後、生漆を摺りこんで下地をします。

漆塗り　漆樹から採取したままの漆は生漆といい、約二〇%の水分を含んでいます。下地には生漆を使いますが、中塗《なかぬり》・上塗《うわぬり》には水分をゆっくりと取除いた黒目《くろめ》漆を使います。くろめた漆はベッコウ色をしており透漆として使います。黒漆は水酸化鉄を入れ、朱漆は朱粉を練り合わせて作ります。

下地は長く時間をかけてよくからした後、砥石で研いでたいらにし不備な処を注意深く手直しして、中塗りをします。中塗は桐炭で研ぎ再び丁寧に手直しした後、通常その上に上塗をします。

黒目塗は水分がきわめて少ないので、乾固させるには外部から適度の湿度を与えねばなりません。しかし、湿度が多すぎると乾くとき、刷毛目が残ったり、艶《つや》が消えたり、極端な場合にはちりめん状のシワが出来るので、高温多湿な夏季は上塗りすることを避けます。漆は産地や採取時期によって、乾《かわ》きの遅速、透《す》きの良否、つや、のびなどそれぞれの特性をもっています。塗師はその時どきの気候や塗る品に合わせて、様々な特性の漆を調合することに腐心します。塵がつかぬよう細心の注意をはらい、清浄にした塗り部屋で濾紙《こしがみ》で幾重にもこした漆で上塗をした後、漆がよらぬよう上下を反転させながらゆっくりと乾かして仕上げます。

木地呂塗などの透《すき》漆は多少濃い色に乾きますが、日がたつにつれてすけて木目が見えるようになります。透漆に重い朱粉を合せた朱漆は乾くときの諸条件によって発色が微妙に左右されますが、一、二年のうちに冴えて朱を合せた時に近い色になります。

私たちは日常の生活の道具としての椀や盆を作り続けたいと思っていました。剥げたり反ったりせず何時までも使える違和感のない、いつか生活の中に溶解していくような皿や鉢を作り続けたいと思ってきました。しかし、そのようなぬりものを作るのに必要な材料が入手しにくくなり質も落ちていることに、ある時期気付いたのです。化学塗料を塗ったプラスチック素地の漆を使わない漆器が大量に生産され、記念品・贈答品を主力とした問屋流通システムが出来、市場が混乱した時期もありました。漆工に様々な形でかかわる人々が、そこからの展望をつかむため、一九六四年の夏、宮城県鳴子町鬼首《おにこうべ》で最初の集まりがもたれ明漆会と名付けられました。

技法も成立の過程も異にするそれぞれの産地の人が、共通の課題としてそれらに対応するのはかなり困難なことでした。毎夏各地で集まり回を重ねて漸くその糸口をつかむことが出来ました。漆をはじめ色々な素材の不足は一時的な現象ではなく工業化してゆく社会の必然的な帰結であることを、私たちの仕事が沢山の人々の多様な技術と労働の上に成り立っていることを理解しました。真実なけなしの技術と材料を使ってなお漆器を作り続けるとしたら、今日における漆器とは何かを、流通にあたる人を含めたすべての関係者と共に、自らに問いつづけたいと思います。あらゆる技術と労働はそれを必要とする人と共に存在します。

これは、漆器について使われる方にもご理解いただくためのメッセージです。

◇この文は明漆会が、多岐にわたる漆工業の理解のために作成したパンフレットより、著者澤口滋氏の了解を得てここに転載しました。

太鼓胴覚書

南会津の胴掘り職人たち

文・写真・図　小林　淳

東京都府中市大国魂神社御本社、太鼓講中の大太鼓
撮影・TEM研究所

一章 南会津の山と木と

刳りぬき太鼓胴の産地

福島県南会津郡、ここではいまも年間五〇〇個前後の太鼓胴《たいこどう》が製造されている。ここでつくられる太鼓胴は、木の内部をヨキなどで刳《く》りぬいた、いわゆる刳りぬき胴である。これが太鼓屋に送られると、皮をはられて、祭りや芸能の場でわれわれになじみのふかい太鼓となる。

太鼓胴はケヤキ、トチ、シオジ、ヤチダモ、セン、クリなどの大木からつくられる。南会津の林相は、これら落葉広葉樹林に富んでいることから、かつて太鼓胴づくりは、山中でさかんにおこなわれた仕事のひとつであった。木地師のように木を求めて山中をわたり歩き、所々に小屋がけする。その小屋に寝泊りしながら、適した木を伐採していく。そして、いくつかの工程をへて、太鼓胴をつくりだし、里に運びおろしていったのである。

では、この仕事がいつごろから南会津でおこなわれるようになったのだろうか。聞きとりのなかでは、だいたい三代前までさかのぼれる。太鼓胴づくりにたずさわってきた職人たちにたずねると、明治二〇年前後にはじまったのではないかという答えがかえってくる。しかし、はっきりした年代やほかの土地との関係など、いまひとつあきらかではない。ただ、鉄道の開通や道路の整備、東京浅草の太鼓屋とのとりひきなど、販路の面で好条件のかさなった明治の末から、だいたい昭和一五、六年ころまでは、この仕事はずいぶん熱っぽくおこなわれたよ

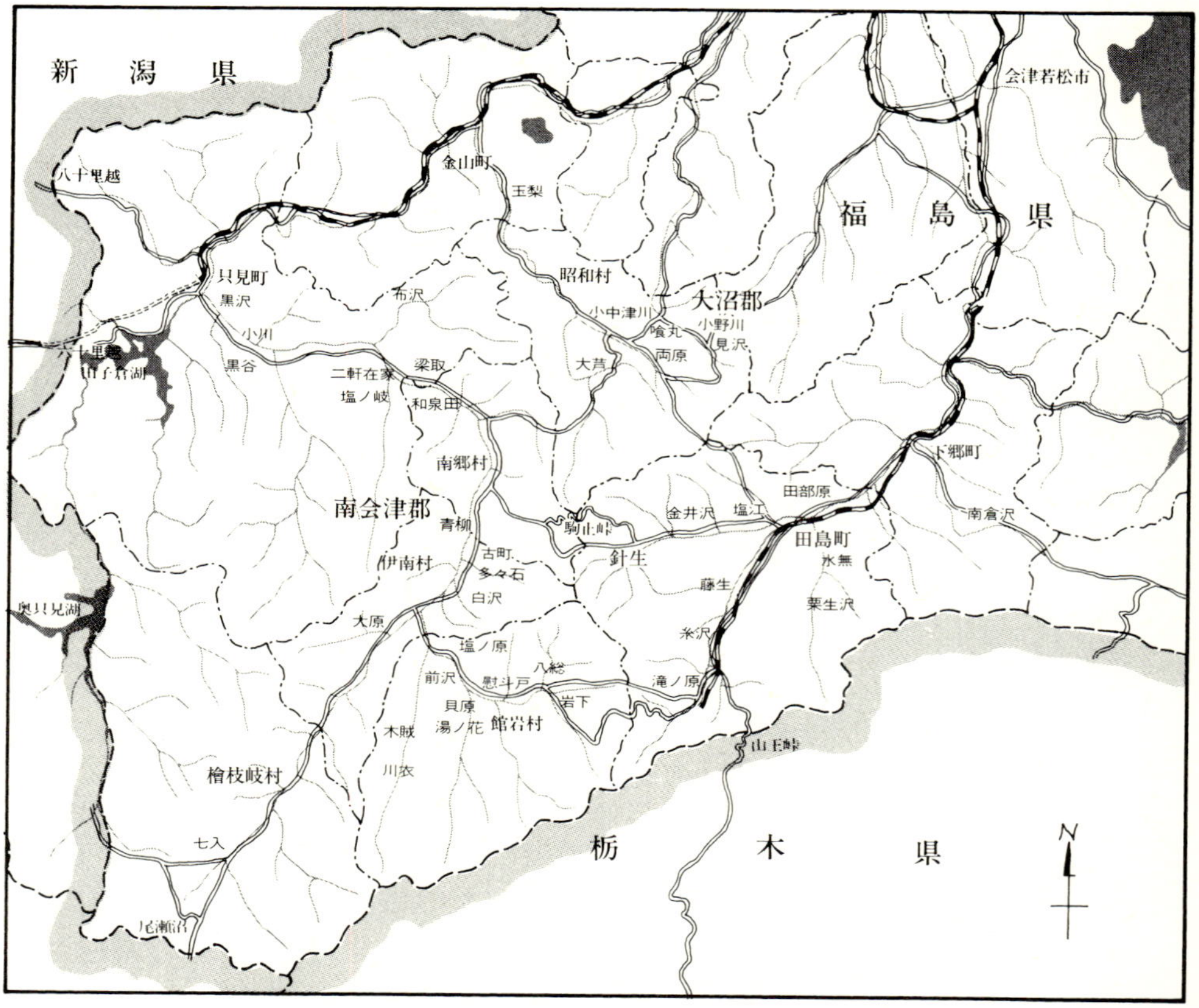

胴の厚みをはかりつつ胴の内側を削る

うである。ことに、大正から昭和のはじめにかけて職人の数がふえ、多いときは四〇人前後がヨキをふるっていたという。

さて、この太鼓胴づくりの隆盛期ともいえる明治の末から昭和一五、六年ころにかけて、その活動ぶりから二人の人物をピックアップすることができる。室井吉蔵と阿久津政八である。

現代の職人の祖・室井吉蔵

室井吉蔵は明治二〇年、現在の田島町金井沢で生まれ、数年前に八四歳で亡くなられた。太鼓胴づくりは一六の歳にはじめている。しかし、だれに習ったかは不明だ。

明治四〇年ころ、田島町近辺でつくられた太鼓胴は、田島町の「角星」という仲買を営む店にあつめられていた。そして、そこから東京浅草の太鼓屋「宮本卯之助商店」に運ばれていたが、明治四四年ころから、「宮本」とのとりひきは吉蔵が一手にひきうけるようになった。

数人の弟子をもつ吉蔵は、南会津の山のなかをたえず歩きまわっては、太鼓胴に適した木を買い求めていた。そして、いい木を何本も手にいれると、弟子とともに山にはいり、太鼓胴づくりにたずさわった、山中でつくられた太鼓胴は、年に五〇〇個から六〇〇個を数え、すべて「宮本」ととりひきされていた。また、ほかの職人たちがつくった太鼓胴は、まず吉蔵が買いあげ、それからあらためて「宮本」とのあいだでとりひきされた。

木で生きる・木を生かす

　自転車にまたがり、木を求めて歩きまわる吉蔵の姿は、いまも何人かの人のおもいで話にあらわれる。木で生きる人の第一人者であり、それゆえに、木をだいじにする人の第一人者でもあったという。太鼓胴材は品物の性格上、できれば無キズが望ましい。そのため、胴材として使うに適しない木がときどきでてくるが、吉蔵はそういう木で茶ダンスやテーブル、茶盆などをつくった。また、スキーづくりでは福島県の草分けだといわれている。まだだれもスキーづくりをおこなわない大正の末に、苦心に苦心をかさねてスキー板をつくりあげた。研究熱心が認められて、昭和のはじめには補助金もおりて、南会津のあらゆる木材を使って試作をつづけたという。

　吉蔵は昭和一五年、五三の歳には台湾にもわたっている。その年、台湾総督府は台北市の台湾神社を平地に遷宮《せんぐう》することになった。その神社に奉納する太鼓を、台湾の山に産する木でつくることになり、その胴づくりに抜擢されたのが吉蔵だった。二人の弟子とともに阿里山《ありさん》などでケヤキを求め、五尺胴、六尺胴の太鼓胴をつくりあげてきたという。

元締め・阿久津政八

　もう一人の人物、阿久津政八は、嘉永六年（一八五三）館岩《たていわ》村に生まれ、昭和一八年、九二歳で亡くなられた。政八は吉蔵とはちがい、自身は太鼓胴の製作にたずさわらず、職人の元締めと仲買を一手にひきうけていた。その活動範囲は館岩村にかぎられたようで、館岩村内の木地関係の職人はほとんど政八の配下にあったという。

　胴材はおもに国有林の払いさげ林を買い、そこに職人を送って仕事をさせた。できあると東京浅草の太鼓屋「南部屋」に送った。「南部屋」は、現在の南部屋五郎右衛門さん（七八歳）が家業を継いだ大正一二年に、政八と太鼓胴のとりひきの契約を結んでいる。

　大正一三、一四年は、阿久津一統の太鼓胴づくりはとくにさかんにおこなわれたようで、館岩村の山のなかで、二〇人ほどの職人がヨキをふるっていたそうである。その勢いはたいへんなもので、たちまち木を伐りつくしてしまうほどであったという。政八はまた木工所も経営し、そこではアメ屋の使う太鼓や玩具用の和太鼓が、ロクロとカンナ棒でつくられていた。

政八の引退後は

　昭和四年、政八は職人を使った太鼓胴づくりから手をひき、その後は職人たちが個人的に製作ととりひきにたずさわった。しかし、出荷の面で煩雑なことから、しばらくして政八のオイの阿久津政吾さん（現・館岩村八総《やそう》・六七歳）がとりひきをひきうけるようになった。

　日支事変がおこってから、政吾さんは太鼓胴のとりひきをやめた。そして、その後は木炭の生産に力をそそぐようになった。南会津山中に六八〇の炭ガマをつくり、木炭組合をつくって効果をあげ、昭和一六年から一八年ころには、一年間に一八万俵の木炭を出荷したことがあるという。

　さて、太鼓胴のほうは、星初四郎という人が政吾さんのあとをつぎ、仕事をつづけていたが、国有林の木の払いさげも価格が高くてひきあわず、太鼓胴の生産は徐々に減っていった。そして、終戦のころには、館岩村では太鼓胴づくりにたずさわる人が、二人だけになってしまった。

二章 職人と太鼓屋

「宮本」と「南部屋」

東京浅草には現在三軒の太鼓屋がある。「宮本卯之助商店」「南部屋」そして「岡田屋」である。このうち「岡田屋」はいまほとんど仏具専門になっているので、実際は「宮本」と「南部屋」がシェアを二分しているといっていいだろう。

「宮本」三代

「宮本卯之助商店」は茨城県土浦の出で、この地で文久二年（一八六二）に太鼓屋をはじめた。そして、先々代がそこから分家して明治三一年に浅草へでて太鼓をつくるようになった。先々代は昭和一五年に八〇歳で亡くなり、先代は昭和四六年に八三歳で亡くなった。いまはその子堅二さんがついでいる。

先々代はまったくの職人気質の人であったが、先代の卯之助は職人気質のうえに事業家肌のところがあり、各地の職人たちと連絡をとりあって、木を求めてひろく山をたずね歩いた人であった。

先代「宮本」の先見

大正一二年ころには営業もずいぶん発展していて、三階建ての店をだしていた。それが関東大震災で焼けてしまった。そして、昭和六年に店を新築することになったとき、卯之助は父（先々代）の反対をおしきって、敷地全体を掘りおこし鉄筋コンクリートの地下室をつくった。さらに、昭和九年には三階建ての鉄筋コンクリートの倉庫を建てた。これも父の反対をおしきっての工事で、当時浅草にはそんな倉庫をもった店はほとんどなかったという。こうして卯之助は、これらの建物のなかに太鼓胴をどんどんおさめていった。

日支事変がおこり、日本軍のあいつぐ勝利に日本中がわきたっているころ、卯之助は倉庫の補強をはじめた。その行動をいぶかしく思った周囲の問いに、卯之助は、「この戦争は日本の思うようにはおさまらないだろう。いま東京が火の海になる日がいつか来るかもしれない。いまからそのための準備をしておかなくてはいけない」と答えたという。そして、戦争がおわれば、長いあいだおさえつけられていた民衆の心が爆発して、みんな大声で歌ったり踊ったりしたくなるだろう。そのとき、きっと太鼓が必要になるはずだという信念のもと、卯之助はせっせと太鼓の管理につとめたのである。

蘇る太鼓の音

昭和二〇年八月一五日、日本は敗戦の日をむかえた。その日から、日本は新たなたちあがりをめざして歩きはじめる。そして、その復興のあゆみにあわせて、太鼓は飛ぶように売れはじめた。いくらつくっても足らないほどだったという。そのうえ、戦前は全国各地に分布していた半工半農の太鼓屋が、農業も太鼓製造もやめて、しだいに仏具屋になっていった。原木の入手がむずかしくなったためである。これによって、「宮本」や「南部屋」の販路は全国にひろがっていった。NHKの「ふるさとの歌まつり」以降、とくに注文がふえたそうである。

創業三〇〇年

「南部屋」は元禄二年（一六八九）の開業で、すでに三〇〇年ちかく営業をつづけている。前述したように、現在の南部屋五郎右衛門さんは、大正一二年、二五歳のときに南会津郡館岩村の阿久津政八と太鼓胴のとりひきの契約を結んでいる。南会津の職人たちとの交流は、おそらくそれ以前からあったのではないかと思うが、くわしいことはわからない。ちょうどその年、父を失い、家業をつぐことになった五郎右衛門さんは、叔父の手助けのもと、事業の発展につとめた。震災後しばらくしておちつきをとりもどすと、阿久津一統と結んでさかんに太鼓をつくるようになる。

三尺三寸の大胴

　大きな太鼓の胴はほとんど南会津でとれたもののようだが、一般に用いる太鼓の胴は、関東平野のケヤキが使われた。大きな木があると世話する人が太鼓屋に知らせ、太鼓屋はたがいに入札によってせりおとすのである。平野のケヤキはすなおにのびたものが多く、一本の木で胴が一〇個もとれるものがあるという。山の木なら六、七個といったところである。入札はいまもたまにあり、周囲一丈の木で五〇〇万円くらいするそうである。「南部屋」がつくった戦後でもっとも大きな太鼓は、増上寺へおさめた三尺三寸のもので、木は茨城県八溝山からでた。桶胴締太鼓なら、それより大きいものはいくつもつくっているという。いっぽう、「宮本」は東京都府中市大国魂《おおくにたま》神社の御霊の宮の太鼓や、成田山新勝寺にある径六尺二寸の太鼓などをつくっている。

原木は入手難

　太鼓のばあいも、原木の入手はしだいにむずかしくなってきている。南会津や神奈川県丹沢、山梨、栃木などは、かつては大きな良質の木の重要な産地であった。それが戦時中の供出や、戦後の原始林の皆伐などによって、大木はほとんど姿を消すようになった。国産の木で四尺以上の太鼓胴をとるということは、これからはもうほとんどないだろう。成田山の太鼓のように、外材を利用したものもあらわれている。

職人群像（その一）

大木の減少から、当然ながら原木の価格は騰貴している。経済的な負担のおだやかでない状態のなかで、それでも現在南会津では一〇数人の職人が、太鼓胴づくりにいそしんでいる。これから少し、そうした職人たちのことをとりあげてみよう。

大竹徳一さん

　大竹徳一さんは現在の田島町塩江の生まれで、七三歳。ムコ養子の幸意さんと二人で、現在年間一五〇個から二〇〇個ちかく太鼓胴をつくっている。

　徳一さんは大正八年、一六の歳に、前述の室井吉蔵のもとに弟子入りした。親方の吉蔵の家に住みこみで、五年間太鼓胴づくりを修業し、一年間の礼奉公をした。足かけ六年間技術修得にはげみ、七年目に親方から道具ひとそろいをもらうと、いよいよ一人前の職人として親方のもとではたらいた。そして、三〇歳で一人立ちするまで、親方とともに各地の山を仕事して歩いた。徳一さんが親方とともに歩いた山をあげると、

南会津郡

館岩村　岩下山、慰斗戸山、マスザワ山（前沢山か?）、塩ノ原山、川衣

伊南村　大原山（戦後）、白沢山、小白沢山、只石山

檜枝岐《ひのえまた》村　部落の山

南郷村　入小屋

只見町　二軒在家という部落の山、塩岐山、布沢山（戦後）、田子倉山（戦後）、黒沢山（戦後）

田島町　藤生山（戦後）、糸沢山、滝ノ原山、砥石沢、平石沢

大沼郡　小野川山

府中の大国魂神社の大太鼓は神社の講中が太鼓講を組み資金をあつめてつくる

ほかに河沼郡、耶麻郡、会津若松市、新潟県津川の山など。

これらの多くは、昭和のはじめに歩いている。ひとり立ちしてからは、栃木県那須岳のふもと、三斗小屋温泉付近や、秋田県鳥海山のふもとなどに行っている。

秋田鳥海山麓へ

一人立ちしたころは、太鼓胴づくりにたいする意気も高らかだったという。人からたのまれてはたらくこともあったが、多くは自分で木を買い求めて仕事をした。鳥海山のふもとへは、三四歳のときにでかけている。それは、秋田から南会津にはたらきにきていた木挽きと知りあったことがきっかけとなった。木挽きから、秋田には大きな木が何本もあるということを聞き、その木挽きと三年間の文通後、紹介をたよってでかけていったのである。昭和一二年、三四歳の三月から、翌年の一〇月まで、いちども家に帰らずに仕事をつづけたという。

このときつくった胴では、三尺胴がいちばん大きかった。できた胴は、山から馬車で駅までおろし、浅草の「宮本」や会津若松の「林亀三郎」という太鼓屋に送った。徳一さんと「宮本」とのとりひきは、親方の吉蔵の代から現在にいたるまでつづいているが、一人立ちしたころは、「林」の専属の職人にもなっていた。

製材所に積まれた大小の材木。山中で玉切りすることはなくなった

一人で小屋かけて

「むかしは、製材所から木を買ってここ（自宅の作業場）で仕事をするなんて考えなかっただ。そのころは町の製材所もなく、ほんとの奥山行って木を伐るもんだと思ってただ。山のなかさ泊ったこともあるし、部落さ泊ったこともあるし。山のなかに泊るときは小屋かけてな。おれは山に泊ったほうが多かった。人の家さ泊るのはきゅうくつでいやだった。

山から山、南会津郡じゅうどこでも歩《ある》っただ。それから大沼郡、河沼郡、耶麻郡、若松市、新潟県津川の山にも行った。那須岳の下や、鳥海山のふもとあたりは、ぜんぶ一人で歩った。そこへ行けばいい木があると聞いて、それで、一人で小屋かけて仕事しただ。

そのころはたいした太鼓胴夢見てな。大望をいだいたもんだ。朝日村の役場さ行って、一〇本ばかり木の払いさげをたのんだくれえだった。たいした意気だっただ。

年間二五〇日の山暮し

いちど家をでると、二ヵ月も三ヵ月も、二人、三人で山をてんてんとした。山で胴掘り（太鼓胴づくりのことを、ふつう胴掘りと呼ぶ。後述）してたころは、一年のうち二五〇日は山にいて、家には一〇〇日もいなかったな。長いときは、一ヵ所に一〇〇日いたこともあった。正月とか田植えとか地神様の祭り（九月二、三日）とか盆とか秋の刈りいれとかには来ななんねえ。それ以外はずっと山だ。

山だって人が生きてんだから、なんだってもっていかなければなんねえ。殿様の生活よ、人間がいるだから。米からミソから食料品はなんでも、それに煮炊きに必要なナベ、カマまで、なんでもカマスにいれて、村から半里も一里もある道をしょっていっただ。ぜんぶで四斗いりのカマスに五つぐれえで、わが一人では山歩きできないから、人夫たのんだのよ。人夫はその土地の人だったな。その土地土地で人に世話になって、そして暮していただ。

家族とは手紙でやりとりしていた。行方不明になっとこまっから。こっちからだすときは、山に泊っていても、ちかくの村のお世話になっている家を住所にしてだした。

むかしは働いたなァ。朝はやくから夜おそくまで、ほんとうの重労働でな。そのころは、金になるのではなくて、金にしたんだ」

体の続く限り

徳一さんが現在のように自宅の横に作業場を設けて仕事をするようになったのは、一二、三年前からである。それ以前は、この徳一さんの話のなかにもでてきたように、すべて山のなかでおこなっていた。山に大木がなくなり、そして製材所から木を買うようになって、徳一さんたちの山の生活もおわった。

徳一さんの家には、現在一ヘクタールほどの田んぼがある。いわば半工半農なのだが、徳一さんはほとんど一年中太鼓胴づくりにいそしんでいる。幸意さんは、冬期間、関東へ屋根葺きや現場仕事などの出稼ぎにでていくが、それ以外は、百姓仕事がいそがしくないかぎり、この仕事にたずさわっている。

木があるかぎり、そして体がいうことをきくかぎり、徳一さんは太鼓胴をつくりつづけていくという。

吉蔵の弟子で現役は

平野忠雄さんも、室井吉蔵の弟子の一人だ。吉蔵の弟子で現在も太鼓胴をつくっているのは、大竹徳一さんと、この平野忠雄さんの二人だけである。忠雄さんは明治四一年に、現在の田島町針生《はりゅう》で生まれた。太鼓胴づくりは、昭和一八年、三五歳のころにはじめている。

この仕事をはじめる以前、忠雄さんはずっと馬車ひき、馬ソリひきをしていた。春から秋は馬車ひき、冬は馬ソリひきで、いずれも荷をつけて、針生、会津若松間を往復するのである。

馬が活躍したころ

そのころ針生には、物資の仲買にたずさわる人が何人かいた。針生の人がつくつた杓子《しゃくし》、ヘラ、炭、木地師がつくった椀、盆などの木工品を買いあげて、会津若松に卸す。そして、若松で米、ミソ、醤油、酒、塩、砂糖、ニシン、茶、菓子、衣類などを買って、針生や南郷村のほうに運びあげるのである。このとき、荷の運搬に使われたのが馬車や馬ソリで、忠雄さんのように仲買人に雇われて運搬にたずさわる人を、馬車ひき、馬ソリひきと呼んだ。

忠雄さんは、木地師がロクロでひいた汁椀や菓子盆の運搬が専門だった。馬車のときは、木地一ヒキ二四〇マルキ（二四〇個）を四〇本、馬ソリのときは、その半分の二〇本を乗せて、若松の漆器屋まで運んだ。途中、小出の小沼崎で一泊することもあれば、若松まで一泊もせずに馬を走らせることもあった。

馬車ひきから転身

さて、こうした馬車ひき、馬ソリひきを十数年つづけたあと、忠雄さんは太鼓づくりをはじめた。吉蔵の弟子の一人となって、そのもとではたらいたわけだが、五年の修業、一年の礼奉公などということはなかったという。吉蔵にはそのころ五、六人弟子がいた。いずれも一人前の職人だった。そして、忠雄さんもそうした職人たちのなかで、さかんに太鼓胴をつくっていった。

忠雄さんが数人の職人仲間と仕事をして歩いたおもな山は、

南会津郡下郷町　桑飛、南倉沢
伊南村　只石
檜枝岐村　船引、七入
只見町　布沢、黒谷、小川
大沼郡大芦村　喰丸山、両原、中向、小中津川、小野川、三沢
河沼郡柳津町　大成沢、琵琶、高森

などで、いずれも戦後、昭和二一、二年あたりからである。大沼郡、河沼郡の山には、二年、三年とでかけている。また、只見町の山へは、昭和四一年から三年間でかけている。だいたい一年に一四〇日から一五〇日は山にいたという。

ヒキバチもつくる

現在、忠雄さんは二年ほど前から針生の自宅で太鼓胴とヒキバチ（コネ鉢）をつくっている。それ以前四年ほど、田島町の二瓶製材所のなかで太鼓胴をつくっていたが、自宅でやるようになって、はじめて単独の仕事になった。もっともこれが専業というわけではなく、百姓仕事や山仕事のあいまにおこなっているようである。木はほとんどセンで、知りあいの人が融通してくれている。太鼓胴は浅草「南部屋」にだし、ヒキバチのほうは知りあいに卸している。

技術の伝わり

檜枝岐村では、三五歳の平野郁文さんが太鼓胴をつくっている。実父の星数三郎（七四歳）からの伝授によるものだ。数三郎さんが戦前さかんにやっていたころは、檜枝岐村には多いときで六人の職人がいたが、現在はこの郁文さん一人である。

この村の人が太鼓胴をつくりはじめたのは、昭和一一年からというから古いことではない。それまで国有林の払いさげで、ヘラ、杓子、曲物《まげもの》などをつくってきたが、太鼓胴のほうがもうかるのではないかということではじ

めたという。といっても、いきなりつくることはできない。そこで、数三郎さんたちは、館岩村塩ノ原の職人、野沢福次郎（故人）の家で寝泊りしながら、習いおぼえることにした。野沢福次郎には、以前から国有林の払いさげの一部を胴材にまわしてやっていた関係で、親交があった。相身互いというあいだがらであったから、ことさら弟子入りというほどのことではなく、お手伝いというかたちで仕事をおぼえていった。

　野沢福次郎のもとで技術を修得すると、数三郎さんたちは村にもどり、共同で太鼓胴づくりをはじめた。原木には不自由しなかったので、秋の彼岸から春の彼岸まで、さかんに木を伐っては仕事にいそしんだ。とりひきは浅草「宮本」とおこなった。野沢福次郎のとりひき相手が「宮本」だったので、それにならったのである。南郷村山口、駒止峠《こまど》を経由して、馬車、大八車で田島町まで運ばれ、そこから汽車で東京に送られた。

里山から奥山へ

「大東亜戦争中は一〇年ばかり仕事を休みました。戦後もしばらくは、食料不足などでなかなかやれなかったです。わたしは昭和四二、三年ころまで胴を掘りましたが、いまは技術指導的なことだけで掘っていません。

　ここはぜんぶ国有林で、終戦後、里山をとめて奥山を伐るようになりましたが、伐採機が発達して、ひじょうにあっけない速度で木が伐られていきました。太鼓のばあいも原木がなくなるというので先細り産業なわけでしょ。わたしどもはかまわないが、太鼓屋さんたちは先がこまるわけでしょ。だから、現在売れる売れないに関係なく、胴を欲しがるわけですよ。といっても、太鼓屋さんからの注文に追いつくほど大量生産できるわけではないですし。まあとにかく原木のない時代になってきました。

　これもすべて時代の流れでしょうか。

吉蔵の孫弟子

　館岩村木賊《とくさ》の芳賀賀子二さん（七八歳）は、おなじ村の管家小一郎（故人）に習って、二九歳から三六年間太鼓胴づくりにたずさわった。太鼓胴づくりをはじめるまえは、百姓仕事や山仕事をおこなっていた。管家小一郎は室井吉蔵に習い、賀子二さんよりも三年ほどはやくはじめていた。館岩村はかつて南会津のなかでももっとも職人の多かったところのようだが、昭和四九年現在、太鼓胴をつくる人はいない。

「おれは弟子六人（うち一人は館岩村川衣《かわぎぬ》の人で、あとはすべて木賊の人）と、それからいっちょうめえの職人二、三人（館岩村湯ノ花の人たちで、別の親方についていた）を使って仕事した。

文化14年現金収入調

品目	金額
小羽板	113両程
細美布（麻布）	50両〃
木挽板・割小板	50両〃
シナ縄	30両〃
曲物	30両〃
蚕	20両〃
計	239両〃

林産物生産額

品名	大正元年	大正12年
シナ縄	1000円	950円
曲輪	2500円	5000円
曲物	300円	5600円
杓子	100円	8000円
木皮箕	15円	100円
下駄	120円	
	計4,200円	計28,300円

（「檜枝岐村史」より）

只見町の黒谷の山を伐ったこともあったが、あとはほとんどこの村の山でやった。おれがさかんにやってるころ、昭和三四、五年ころだったか、木のなかをそっくりひきぬくことのできるヒキマワシノコを、一万八千円で買ってみねえかといわれたが、はァ、使わなかった。おれはずっと掘りヨキ使って刳りぬいた。

メのでる木

木はケヤキ、セン、タモ、キハダ、クリ。戦争中は一時五、六年ほどトチ、カツラ、シナなんかでやったが、これはメがでない（木目がでない）ので、二、三割安かった。ケヤキ、セン、クリ、タモ、これならメがでる。ケヤキはメも音もいいので、まえはセンの倍の値だったが、いまは原木が少なくなってきてるので、センでもケヤキの二、三割安程度になっている。

太鼓屋とのやりとり

大正の末あたりだと、尺五寸の胴で、センとかクリなら三つ一〇円でしたよ。それより五寸大きくなると値が倍になった。だいたい一〇年くれえは値くずれしなかっただろう。それでも太鼓屋にもってくと検査ってのがあって、あれにはずいぶん食わせられただ。コンクリートの上で横にした胴をぐるっとまわすわけだ。そうして形がいいか悪いかを見たり、キズがあるかを調べるわけだ。キズやヒビワレがあると半値におとされ、二尺の木口《こぐち》とて、書いても、計ってから一分でもたんねえと一寸おとされて、尺九寸になっちまう。そして三割値引きされるわけだ。それで、まあ最初のうちはわからねえからむこうのいいなりになっていたが、そのうちこっちも考えて、太鼓屋に買いにきてもらうようにしただ。若松にもっていって倉庫の前におい ちまえば、もう太鼓屋のほうの思うつぼで、うまくかけひきができねえ。それで買いたたかれねえように、こっちに来てもらってとりひきしただ。

東京と直接とりひきを

東京の太鼓屋ととりひきするようになったのは、昭和一五年からだな。おれの弟子が、昼休みに胴のなかに墨で、館岩村木賊製造人芳賀賀子二ってらくがきしたことがあった。どうせ皮はっちまえばわかんねえだろうからってな。そうしたら、それをあとになって東京の太鼓屋が見つけたわけだな。宮本親方（先代卯之助）と「南部屋」と「岡田屋」の旦那方三人が、ある日おれのところにやってきただ。どういうわけでわたしのことがわかったって聞いたら、なかの文字を見てやってきたというわけだ。

若松の太鼓屋「五十嵐」「小野崎」「林」、みんな競争で商売してた。そして、東京や大阪の太鼓屋へ胴を高く売りつけてただが、若松連中にうるさくつきまとわれてしょうがなく高く買っていた東京の太鼓屋が、若松連中にこんなに高く売りつけられんなら、いっそ製造人から直接買ったほうがいいだろうって、若松にだす手数料をあんたにわたすから売ってくれって来たもんだ。それからだな、東京に胴をだすようになったのは。

とりひきは「南部屋」さんと一回したが、あとはずっと「宮本」さんだった。胴は自動車で中山峠越して田島に運び、田島から鉄道だった。いっしょに東京にくっついていったんではだめだ。はア、金がかかって。やっぱ

太鼓の胴掘り用に玉切りされたケヤキ材の大木。右端には掘った胴が置かれている

東京に行けば金使うこと多かったからなあ。金はあとで「宮本」さんから送られてきた。

一つくれえキズがあっても、ザガネ（鉄の輪のついた金具）をくっつければわかんねえだから、「芳賀さん、これはこさえるのに骨おれたでしょう。上でいいですよ」って、東京のテは高く買ってくれたが、若松の太鼓屋は、一つでもキズがあればどんどんたたいて値を安くした。それが常識といえば常識で、一つでもキズがあればやっぱなァ。東京のほうは、その点サービスがよかっただ。

職人同士の情報

檜枝岐の数三郎さんか。いっしょに仕事したことはなかったが、太鼓胴掘ってのは知っていた。おれは若松へなんぼで売ったが、おめえはなんぼで売った、って、やっぱ同じ仕事してればおたがいに聞きてえもんだからなァ。あんたがおととい会ってきた青柳（伊南村）の馬場角次郎だって知ってるよ。

失敗率二分五厘

おれは一年間に五人くれえで、だいたい四〇〇個つくった。失敗したのは一〇あったかな。そんなのはめったにねえだから、まあ一〇あっかねえかだ。それよりも伐採するときに割ったほうが多かったな。ケヤキってのは割れやすいので、はア、おっかねえようだワ。ドカッとまんなかから二つに割れちまうんだからな。だから、いよいよあぶねえってときは、根を掘って倒したこともあった。しかし、これは営林署のほうで御法度だっただが、風で吹き倒されたっていえば、営林署のほうでも追求はしなかった。

山暮らしのにぎわい

ちかい山だと家からかよい、とおい山だとむこうに小屋をかけた。炊事道具、米だとかミソだとかいった食料品、道具など人にたのんでしょいこんでもらった。ときどき途中でまた食料品をしょいこんでもらってな。いまは台所にあるもの、それこそお茶道具からぜんぶ山にしょいこんだんだから。そして、甘酒つくったりバンダイモチつくったりして、バンダイモチなんど、ほんとに食う人は七合か八合をいっぺんに食ったもんだ。アブラミソとかアズキアンをつけてな。

小屋かければそうとうとおくの山まで行けたから、長いときで一ヵ所に一年くれえいた。杓子やヘラをつくるもんや、枕木けずりの職人など、仲間ごとに近所に小屋がけしてたので、山はにぎやかだっただ。たまにみんなでいっしょに酒飲みしたり、歌ったりすることもあった。まあ、楽しいというのはそれくれえだったな。

賀子二さんはもう一〇年も前に仕事をやめたが、道具はいまもだいじにもっている。そして、ときおり近所の人にたのまれると、その道具でウスやヒキバチをつくっている。

賀子二さんが出会った最良の木は、元が四尺三寸、下から九尺のところで幹が二本にわかれていたケヤキだった。三尺胴三個を最高に、ぜんぶで三八個の胴がとれたという。

「あんなもうかったケヤキはねえ」そうだ。

職人群像（その二）

これまで述べてきた方々のほかにも、現在、過去を問わず太鼓胴づくりにたずさわってきた職人が、二〇人あまりいる。以下、その人たちの何人かについて簡単に記す。

相原房吉さん

田島町栗生沢の相原房吉さん（七五歳）は、一八のときに長兄から太鼓胴づくりを習った。その長兄は父親、藤吉から習い、一説によると、栗生沢およびその下の水無部落には、明治三〇年ころにはすでに何人か職人がいて、なかでも藤吉は、その草分けではないか、しかも浅草の「宮本」と技術的な面でかなり接触をもっていたのではないかといわれている。

「藤吉さんはとてもじょうずな人だから、われわれもじょうずにやらなければ宮本さんにはもっていけねえ」と、室井吉蔵はよく大竹徳一さんたちに語っていたそうである。

房吉さんは、現在はほとんど太鼓胴づくりから手をひいている。その息子、相原正雄さん（四五歳）があとをついで、田島町松ノ下で仕事をしている。とりひきは「南部屋」、「宮本」、「南部屋」とおこなってきたが、現在は「南部屋」がおもだという。

山田副司さん

田島町田部原の山田副司さん（五〇歳）は、職人四人（田部原、田島各二人で、年数は浅い）を使って、さかんにつくっている。この仕事をはじめたのは昭和四一年からで、奥さんの父親、相原房吉さん（前出）の手伝いをしていて習いおぼえた。それ以前は別の仕事をしていたそうである。

木はセン、タモなどを使っているが、ケヤキはめったに使わない。原木が高くてひきあわないからだという。現在は北海道産のセンを製材所から買っている。とりひきは「宮本」とおこなっている。

副司さんは、九年ほど前、成田山におさめる六尺二寸の大太鼓をつくるときに、「宮本」でいっしょに仕事をしたメンバーの一人である。

君島徳六さん

館岩村岩下の君島徳六さん（七二歳）の家は、「太鼓屋」という屋号だ。祖父、長助が館岩村ではじめて太鼓胴をつくりはじめたからだという。ただ、長助がだれから習い、どういう土地と交流をもっていたかはわからない。

長助の技術は、徳六さんの父、由良に伝えられ、そして由良から徳六さんへと伝えられた。館岩村の職人で、由良から習いおぼえた人は多いだろう、と徳六さんは言っている。徳六さんは数人の仲間とともに、阿久津政八（前出）の買った山にはいって仕事をした。できた太鼓

掘り上げた胴は、コグチ（木口）に疵がついたり割れないように藁束で覆って、東京の太鼓屋に送られる

胴は、政八の手によって「南部屋」ととりひきされた。木はセン、タモ、ケヤキ、クリ、トチなどで、センがもっとも多かった。

徳六さんは、政八が八総山《やそう》（館岩村）の下に経営していた木工所でもはたらいている。太鼓胴づくりは戦前にやめ、以後はおもに農業をおこなっている。

馬場角次郎さん

伊南《いな》村青柳の馬場角次郎さん（八六歳）は、三〇歳ころから四〇歳ころまで、一〇年間ほど太鼓胴づくりにたずさわった。技術は、室井吉蔵の兄、室井角次郎から習った。

仕事場は、伊南村滝ノ沢、同古町山、南郷村和泉田山などほとんど青柳近辺の山で、一ヵ所に二〇日いたのが最高。いつも三人くらいで仕事をした。

とりひきは「南部屋」と、会津若松の「五十嵐」でおこなった。木はケヤキがもっとも多く、ついでセン、クリ、トチなど。いちどナラで三尺二寸の胴をつくったとき、ある人に馬車で運んでもらったのはいいが、大儀だと途中で放りだされ、駒止峠の下に一月《ひとつき》もおきっぱなしにされたことがあったという。

太鼓胴づくりをはじめる前は、百姓仕事、山仕事、伊南川の木材流送などにたずさわっていた。

太鼓胴づくりは、農繁期にはやれないし、原木がないと木を求めて山を歩かなければならないし、とにかく手間がかかって骨がおれる仕事だったという。

星貞吾さん

田島町針生の星貞吾さん（八六歳）は、山でのあらゆる仕事をやってきた人の一人である。太鼓胴づくりは、同じ部落の星安太郎から習って、一九歳、明治四〇年ころにはじめている。

星安太郎は明治五年ころの生まれで、貞吾さんがいうには、三〇歳ころ宮本卯之助（先代か先々代か不明）のはからいで、栗生沢の相原藤吉のところへ修業に行き、技術を習いおぼえてきたということである。そして、針生にもどると、最年少の貞吾さんをはじめ、五人にその技術を伝えている。また、室井吉蔵にもいくらか教えたことがあっただろうといわれている。

貞吾さんは安太郎たちとともに、一九の歳には大山国有林で、その翌年は、滝ノ沢から七ヶ岳周辺で仕事をした。その後は三人で仲間を組み、駒止峠周辺、館岩村、大沼郡玉梨などでおこなった。館岩村や駒止峠周辺で小屋がけしていたときは、館岩村貝原や伊南村青柳、只見町梁取《やなとり》の人たち、それぞれ一、二人に太鼓胴づくりを教えている。また、三〇の歳に、一年間北海道に出稼ぎに行ったとき、上川郡当朝で、やはり内地から出稼ぎに来ていた高知県の人ほか二人にも教えたことがあったという。

貞吾さんがこの仕事をはじめたころは、田島の「角星」という仲買い、運送を営む店に太鼓胴をだし、「角星」と「宮本」とでとりひきをおこなっていた。針生では、前述した平野忠雄さんの父、平太が、「角星」店主湯田儀四郎と契約を結んでいた。そして、針生の職人がつくった太鼓胴は、平太が一括して「角星」にだしたのである。

その後四、五年すると、「宮本」とのとりひきは、室井吉蔵をとおしておこなわれるようになる。それによって、貞吾さんたちがつくった太鼓胴も、吉蔵のもとにあつめられるようになった。

尺五寸で一円の工賃

吉蔵から貞吾さんたちに支払われる工賃は、尺五寸胴が基準だった。口径尺五寸なら一個一円、それから五寸あがるごとに倍値となる。二尺胴なら二円、二尺五寸胴なら四円というぐあいである。ただし、検査があって、ヒビ割れがひどいときは「大引き」といって、五割引き、寸法がたらないものやキズものは「中引き」といって、二、三割値引きされた。

貞吾さんは三四歳で太鼓胴づくりをやめた。しかしその後も、杓子ぶち（杓子づくり）、炭焼き、伐採搬出など、山をなりわいの場として生きてきたのである。そしていま、「山はほとんど伐ったな」と、あっさりと言ってのける人の一人となっている。

三章 製作工程

ここでは、太鼓胴づくりの全工程と、各工程ごとに使いわけられる道具について述べる。

まず、木を求めて山にはいっていくところからはじめよう。

木を倒すまで

山を買うこと

太鼓胴がケヤキ、セン、シオジ、ヤチダモ、トチ、クリなどの落葉樹の大木からつくられることは、冒頭に記した。現在でこそ、それらの木は製材所から買いいれられているが、かつてはすべて山のなかに求めたものであった。

山中の木を求めるには、二つの方法があった。一つは、国有林の払いさげを利用すること。もう一つは、個人持ち、部落持ちの民有林を、山の持ち主や村長、区長にかけあって売ってもらうこと。どちらかといえば、後者のほうが多かったようである。

土地土地には山師がいる。山師というのは、立木の売買にたずさわる人のことで、どの山にはどんな木があるということをよく知っている。民有林を買う際は、こうした山師にたずねて、木のようす、山のようすを教えてもらい、実見したうえで、交渉にかかったのである。

ふつう「山を買う」と言っているが、もちろん山ではなく、立木を買うのである。それも、太鼓胴材に適した木というのはかぎられているから、範囲内のすべての木を買うわけではない。また、太鼓屋のほうの希望がからむこともあって、伐る木はさらに限定されてくる。たとえば、大竹徳一さんが、かつて大沼郡三島の間方というところで吉蔵たちと仕事をしたときには、直径三尺以上の木しか伐らなかった。「宮本」のほうから、「三尺以上の木でやってくれ」という注文がでたからである。そこの山は部落共有林で、ヤマノクチがあけると、かつて村中でトチの実を拾ってトチモチにして食べる習慣があって、ふだんからトチをたいせつにしていたところだった。そのために、トチの大木がたくさん残っていた。しかし、大竹さんたちは「宮本」の注文にしたがって、三尺以下の木にはヨキをいれなかったという。

親方が先行して

さて、木の交渉にもどるが、こうした仕事はほとんど親方がおこなった。親方は、数人の弟子職人をひきつれて山から山へわたり歩いていくが、一つの山がある程度仕事にくぎりがつくと、先に山をおりた。木のある山をさがし、つぎの仕事場を求めて、山の持ち主と交渉をおこなうためである。そうして、一つの山がおわれば、すぐつぎの山にむかえるような態勢をととのえておいたのである。

自分の部落の共有林で仕事をおこなうばあいは、交渉の手間はいらない。部落（区）に使用料をおさめるだけでよかった。これは太鼓胴にかぎらず、杓子ぶち（杓子づくり）、炭焼きでも同様である。たとえば田島町針生のばあいは、大正時代、部落（区）に一月分二五銭をおさめれば、共有林内の木を自由に伐ることができた。ただし、ケヤキ、クリ、ホウなどのなかで、良木に指定された木は伐採を禁止されていた。なお、使用料は昭和にはいってから、一月分七五銭にあがったという。

小屋をかけること

木が手にはいると、家から近い所は通い、遠い所は小屋がけして仕事にかかる。大竹徳一さんが職人になってまもないころは、ほかの職人たちよりも先につぎの山にはいって、小屋がけをおこなった。そうして、あとから親方一行がやってくるまでに、準備万端をととのえ、すぐに仕事をはじめられるようになっていた。

小屋がけは、山の状態や職人の人数によってことなる。もっとも簡易な小屋は、二間四方の雪の上に、針葉樹の枝を何本もさして、むかいあった枝どうしを交差させ、おおいあうようにさせたもの。これが屋根であり、壁となる。床は、あらかじめ火をたいて雪をとかし、地面をだしておく。そして、その上に針葉樹の皮を一尺の厚さに敷きつめる。このばあい、クロビ（ネズコ）の皮が最適。湿気がないからである。さらに、その上にミノを敷けば、ちょっとした雪中庵ができあがる。この小屋は、そのつくりかたからもわかるように、すでに雪が積もっている奥山に小屋がけするときにつくられた。

積雪前に小屋がけするときは、もっとしっかりした掘立ての小屋をつくった。職人は、ふつう三人から一〇人くらいで仲間を組んで山にはいったが、三人を標準としたばあい、小屋の大きさはおよそ六尺×九尺。高さはおよそ一二尺で、屋根と壁は秋笹で葺いた。そして、なかにおよそ二尺×三尺のユルイ（炉）を設けた。

完成の祝い

小屋ができあがると、「泊りそめ」といって、酒や肴を飲み食いしながらみんなで夜をすごして、小屋の完成を祝った。この日は、切り株の上に、少しかために炊いたウルチ米をのせ、ヨキの背でついてモチをこしらえた。

このモチをバンダイモチといい、小屋のなかに祀った神棚（南向きか東向きと、向きがきまっていたという人もいる）に、御神酒とともに二つほどおそなえした。そして、残りのバンダイモチをみんなで食べた。また、神棚には、毎朝仕事にでかける前に、ごはんをおそなえした。

小屋には道具はもちろんのこと、寝具、食料、炊事用具を運びあげる。食料は米、ミソ、醤油、塩、野菜、魚、茶、タバコなど。炊事用具はナベ、ザル、杓子、ヘラ、食器、石油、ランプ、スコップなどで、カギヅルシのように山中でまかなえるもの以外は、ほとんど運びあげた。

一山五〇〇個

小屋ができ、用具が運びあげられると、いよいよ伐採にとりかかる。だいたい一つの山から、三〇〇から五〇〇の太鼓胴がとれる。一本の木で平均五、六個というから、単純に換算すると、一つの山で六〇本から一〇〇本の落葉広葉樹が伐り倒されることになる。しかも、いずれも樹齢一五〇年以上の大木である。

伐採の叫び声

伐採のときもっともおそれられるのが、事故と、倒れたときのショックなどで木が割れることである。

「右左よこやま一本寝るぞォー」

「右左こばさか一本寝るぞォー」

「右左さかやま一本寝るぞォー」

「右左どさか一本寝るぞォー」

右に記したのは、木曽、裏木曽地方の杣《そま》が、自分が伐り倒しにかかっている木の倒れる方向を、周囲の杣に知らせるときに叫ぶきまりことばである。「よこやま」というのは、山の最大傾斜線に直角に交わる水平線を中心に、約三〇度角の範囲内に

木が割れないように楔型の受け口を木の中心付近まで切る。なおこの木は太鼓胴用ではない　撮影・青柳正一

倒れる方向、つまり横向きのこと。「こばさか」は、それよりもさらに三〇度ほど下に倒れる方向、つまり斜め下向きのこと。「さかやま」は、最大傾斜線を中心に、約九〇度の範囲内で倒れる方向、つまり下向きのこと。「どさか」は、それとは反対方向、つまり上向きをあらわす。そして、これらがそれぞれ右に倒れるか左に倒れるかによって、「右よこやま」や「左こばさか」になる。杣は、周囲で叫ばれるこれらのことばを聞いて、そのつど安全な位置に避難して、事故を防ぐわけである。なお、伐採後は、おたがいの確認のために、木を倒した人は、「やんじょおぅー」と叫んで、作業が無事終了したことを周囲に伝える。

さて、南会津地方の人たちは、こうした点はそれほど厳密ではなかったようである。太鼓胴の職人のばあいもそうで、木が倒れる前に叫んで周囲に知らせることはするが、きまりことばや、ある共通したとりきめといったものはないという。しかし、タブー的なものは、職種に関係なく、共通して集団のなかに存在する。

神の宿る木

山のなかには、もとはけっして倒してはいけない木というのがあった。それらは「マド木」「ミマタ木」「サンマタ」などと呼ばれる木で、樹種には関係ない。「マド木」というのは、一本の木の枝と枝が、成長途中でくっつくかして、まるで窓があいたように見える木である。「ミマタ木」と「サンマタ」というのは、幹がある高さまでいくと、三本にわかれ、しかもその一本一本が均等に成長をとげている木である。これらは、いずれも「山の神様の宿り木」といわれ、日ごろ山の神様がお休みになる木だといわれている。こういう木は、一山に一本あるかないかというほど少なかった。そして、こういう木にヨキをいれればもちろんのこと、枝に足をかけただけでも、かならず山の神様のお怒りにふれたそうである。

鳥総《とぶさ》立て

また、とくに大木を伐りたおしたあとは、その木の切り株に、樹枝を折りとってさしたものである。これはとくに呼び名はなく、山の神を祀り、山の神への感謝をあらわす意味でおこなった。『万葉集』巻の三のなかに詠まれている、

鳥総《とぶさ》立て足柄山に船木《ふなぎ》伐り
　樹に伐り行きつあたら船材《ふなぎ》を

という歌のなかの、「鳥総立て」ということばは、伐採後の切り株にやはり樹枝をさすおこないのことで、その意味するところも同様である。

人のうしろを通るな

山における、あるいは山に関する禁忌の類を、もう少し挙げる。

山の小屋のなかでは、ぜったいに人のうしろを通ってはいけなかった。小屋のなかは、ふつう中央にユルイ（炉）が設けられ、このユルイに対して、一人が縦に一畳分のひろさを領有する。そして、道具や寝具は各自の背中側、つまりうしろの壁ぎわにおかれる。「人のうしろを通ってはいけない」というのは、そこにたがいの道具がおかれていたからである。人を殺傷する力のある刃物類であるから、そのとりあつかいには常に注意を払っ

た。そして、仕事場以外のところでも事故をださないようにするために、こうしたとりきめが不文律になっていたのだという。だから、かりに食事中の人の前を放屁して横切っても、それは失礼なおこないにはならなかった。「通させてくんつぇ」と声をかけ、マッコブチ（ユルイのまわりの木枠）の上を通りさえすれば、腹をたてるものはいなかった。

なお、小屋のなかで各自のすわる位置というのはきまっていない。年期や腕によってすわる位置がかわったというようなことは、なかったという。

汁かけ飯はするな

それから、これは小屋にかぎらず里にいるときもそうだが、朝の汁かけめしはきらった。だれかがなにげなく汁かけめしにしたら、もうその日は一日仕事に出なかった。だれかというのは、家人以外にも、たとえばそうした禁忌をまったく知らない旅の者もふくまれる。ただし、汁にごはんをいれたマンマかけ汁ならかまわない。

同じように、朝仕事にでかける前の、猿やお産の話は禁句だった。

そのほかに、伐採にでかける日の朝、家のあるじは、まだだれも朝食をとらないうちに、神棚にごはんと御神酒をおそなえした。そして、「きょうこれから木を倒しにいくが、どうか作業が安全であるように」と祈願した。また、山にはいるときは、道端の木の小枝を折りとって、自分がむかう山の途中にある山の神の祠に、それをおそなえした。

こまかく見ていけば、まだいくつか挙げられるが、だいたい以上がおもなところである。

チェーンソーの時代でも

なお、これまで述べてきたいくつかの禁忌習俗は、すべて過去形で書いたが、山や木、あるいは山の神に対して敬虔な気持ちをいだいている人は、いまなおそのいくつかをおこなっている。チェーンソーで伐り倒した大木の切り株に、山の神への当然の礼儀と感謝だといって、樹枝をさす人もいれば、山にはいるときは、かならず樹枝を山の神の祠におそなえするという、山仕事をしている夫をもつ三〇代の農婦もいる。

また、あらためていうまでもないが、これらの禁忌習俗は、けっして太鼓胴の職人たちの特殊習俗ではないし、南会津地方の特殊習俗でもない。

割れてしまったら

さて、伐採の話から少し横道にそれてしまった。ふたたび伐採のことにもどる。

先にも述べたように、伐採時、事故とともにおそれられたのが、ショックによる木の割れである。とにかく、縦にまっ二つに割れてしまえば、一本の木をまったくむだに伐り倒したことになる。しかもこれは、太鼓胴にしたばあいもっとも高価に売れるケヤキにおいてとくにひどい。

「受け口」と「追い口」

割れを防ぐには、伐採のしかたを工夫するしかない。ふつう木を倒すときは、倒れるほうの側に、ヨキで「受け口」を掘り、ついで反対側に「追い口」を掘る。このとき「受け口」を木の芯より一、二寸先まで掘れば、倒れたときにまず木は割れないという。また、太さが一寸くらいで、長さが倒そうとする木より一、二寸長い丸太を「受け口」にかませると、いっそう割れにくくなるとされている。

「ツル」を伐って慎重に

しかし、太鼓胴材の木のばあいは、なによりも大木が選ばれるから、同じ倒すにも、もっと慎重さを要する。

まず、「受け口」を掘る際は、ヨキを右、左交互に使って、「受け口」を左右均等に三角形に掘る。これは相当な巧者でないとむずかしいという。また、「ツル伐り」といって、幹の三方から「ツル」を伐る方法もある。「ツル」というのは、ヨキで掘りぬいた三つの穴で、いよいよ倒すというときに、「ツル」と「ツル」のあいだの残った幹の部分にノコギリをいれる。そうすると、反対側の一つだけ残った「ツル」が、「受け口」になって倒れていく。この方法は、のたばっている木（直立した木ではなく、斜めに傾いて育った木）を倒すときにもおこなわれる。このばあいは、木の傾いている方向に倒すと、木が割れるので、それよりも斜め横に倒すように「ツル」を伐る。

枝もおとして

いずれの方法も、大木を無事に倒すための工夫だが、そのほかに、「枝ぶち」という方法もある。木自身の重量を少なくさせて、倒れたときのショックをやわらげるために、木にのぼって、ノコギリで枝を切りおとすのである。これは、かかり木を防ぐためにもおこなわれる。

なお、木曾、裏木曾地方の杣は、ケヤキの大木を倒すときに、株焼きの方法もおこなっている。これは、前述の「ツル伐り」とまったく同じ「三ツ伐り」、「鼎《かなえ》伐り」で、幹の三方に穴を掘り、それぞれの穴で火をたく方法である。火はじっくりとまる一日かけてたく。それによって木に粘りけがでて、さすがのケヤキも割れずに倒れるのだという。

木曾・裏木曾地方で、現在も常識であるこの方法は、南会津ではおこなわれていないようである。たずねても、そんなやりかたは知らないそうだ。

胴をつくる

口径と胴径

倒された木は、ナタで枝をはらわれ、胴の長さにあわせて玉切りされる。一般に宮太鼓は、口径一〇〇に対して、最大ふくらみの胴径が一二五、長さは一一五の割合でつくられているという。半製品である胴のばあいは、最大ふくらみの胴径は、口径よりも三割多く、つまり口径一〇〇に対して、一三〇の割合でつくられるそうだ。なお、二尺胴、三尺胴というふうに太鼓の大きさをいうばあい、その二尺、三尺という寸法は、口径の長さをあらわしている。

玉切りから荒ケズリ

さて、玉切りするときは、こうした寸法の割合を考慮にいれて、材の長さを割りだす。だいたい長さは一寸ほどよけいにとるようである。

玉切りにはバラノコ（ヨコビキ、ヨコッピキともいう）を使っている。全長三尺二、三寸のものがよく使われたようである。戦後は、バラノコのかわりにマドノコが使われている。

ノコギリは主として、会津若松市相生町に数軒ある屋号「中屋」に注文している。以前は田島にも、やはり屋号「中屋」の鋸屋があったが、いまは営業していない。

玉切りした材は、ヨキでまわりを「荒ケズリ」する。ヨキは伐採に使われたものと同じ。ケズリヨキともいう。ノコギリは会津若松市相生町で注文、購入したものがほとんどだが、ほかの道具（刃物類）は、田島と館岩の鍛冶屋に注文したもの。どちらの鍛冶屋も、いまは営業していない。

マドノコで太鼓胴用の材を玉切りする胴掘り職人

木口《こぐち》に輪を描いて

「荒ケズリ」がすむと、材の面にブンマワシをかける。ブンマワシというのは、ものさしを改良して、適当な寸法のところに穴をあけたもの。材の長さ、太さから木口の径を割りだすと、ブンマワシを材の面におき、穴のどれかにキリをさして、ブンマワシをまわす。そして、スミで輪を描く。輪は二つ。二つの輪のあいだが、あとで

〔宮太鼓の寸法の割合〕

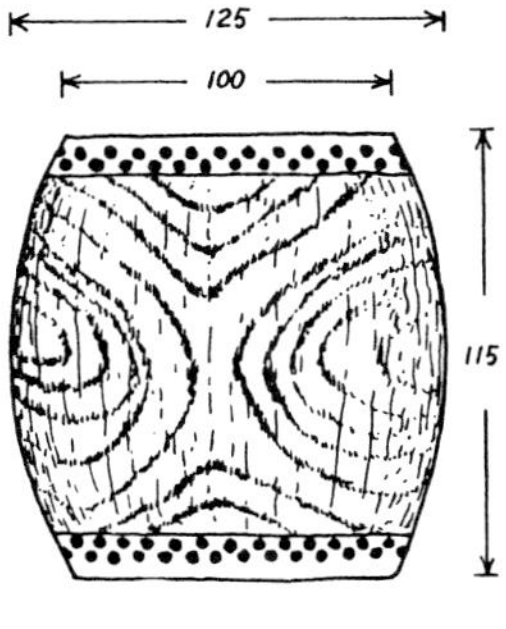

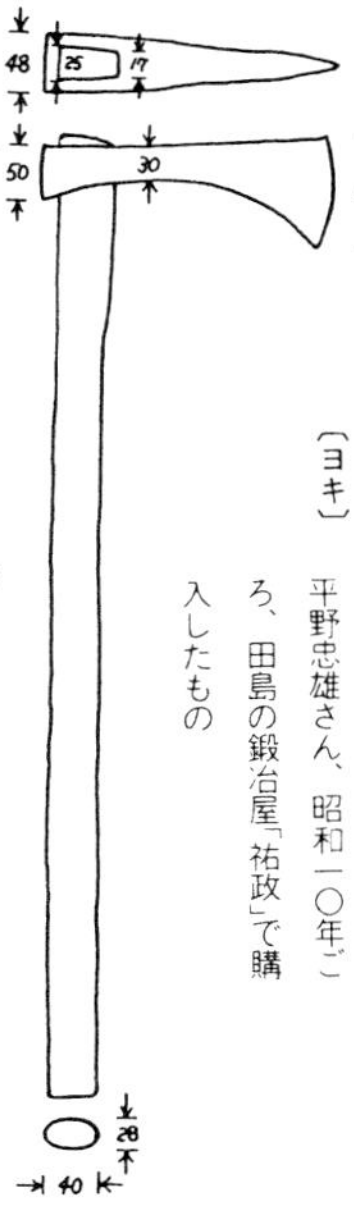

〔ヨキ〕平野忠雄さん、昭和一〇年ごろ、田島の鍛冶屋「祐政」で購入したもの

〔バラノコ〕

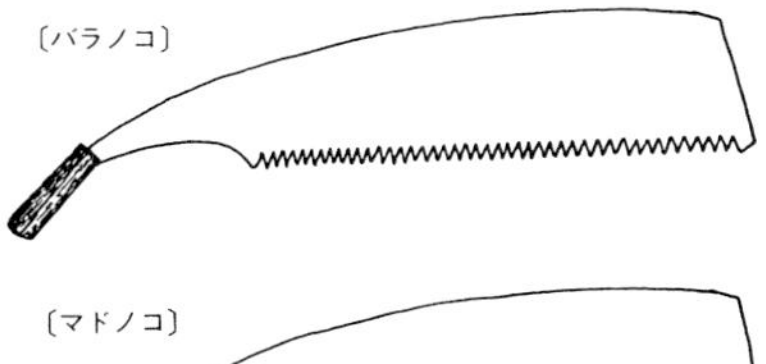

〔マドノコ〕

フチとして残る。
つづいて、内側の輪の上にボートで穴をあける。

内側をひきぬく

ボートであけた穴のなかに、ヒキマワシノコをさしこみ、スミで描いた輪のとおりひいていく。この作業は「ヒキマワシ」と呼ばれる。

ヒキマワシノコ、あるいはヒキノコと呼ばれるこのノコギリは、江戸時代中期に成った『和漢三才図会』や『和漢船用集』にでてくる「引廻し」をおもいださせる。しかし、かつての太鼓胴職人は、このノコギリを使わなかったようだ。

ヒキマワシはいつごろから

南会津の職人がはじめてヒキマワシノコを使いだすのは、大正の末だといわれている。大竹徳一さんの話によれば、

「なにしろこのヒキマワシノコというのは、南会津郡ではおれがはじめて使っただだから。おれほどはやく使ったものはいなかっただだから。吉蔵親方から、宇都宮の「小野崎」（太鼓屋）で、小野崎弥八という人がヒキノコというのをこしらえたそうだという話を聞き、さっそく日帰りでちょこっと宇都宮まで行って、仕事場のすみからちょこっと盗み見ただけで、すぐに帰ってきて、若松の鋸屋に、こういうふうにしてくれといってつくらしただ。大正の末だったかな」ということになる。

ヒキマワシノコの使用に関しては、大分個人差がある。

諸説紛々

芳賀賀子二さんは、「おれがやってるころ、昭和三四、五年ころだったんでねえか。なかをそっくりひきぬくことができるヒキマワシノコを、人から一万八千円で買ってみねえかといわれたが、はァ、使わなかった。おれはずっと掘りヨキを使ってくりぬいた」

星数三郎さんは、「ヒキマワシノコを使うようになったのは最近、昭和三四、五年になってから。小さい胴はヒキマワシをするより、掘りヨキで掘りぬいたほうがはやいです。もうひとつ作れるようなときに、ヒキマワシノコを使う」

ヒキノコよりコッパリのほうが

相原房吉さんは、「おれのころは、胴のなかはみんなコッパリしちゃったよ、掘りヨキで。いまはヒキノコ使ってますよ。役立つまでは木を生かすというわけだな。かりに一〇こさえたって、ほんとうに自分が気にいったものは、三つぐらいしかねえよ。形がね、ふくらみもまるみも長さも、みんなちがうよ。はァ、いまは欲かくから、原木が高いからむりがあるわけだ。木を惜しまないでつくれば、これはいい胴ができんだよ。掘りヨキでコッパリしてたころのむかしのかっこうと、ヒキノコでひきまわすいまのかっこうとちょっとちがうわけだ。むかしはおたがいに負けられなかったから、いい胴をつくろうとはりあっただよ。

いまはヒキマワシをやるが、掘りヨキでなかなかコッパリしたほうがはええよ。いまはむずかしいんだよ。なんぼノコギリいれてもだめだ。まがっちゃうと。少しでも狂うとひけなくなっちゃう」

山田副司さんは、「ヒキノコを使うので、大きい木に

ヒキマワシノコで木の中を挽き（上）、抜き出す（下）。大きな材だと刳りぬいた材でもう一つ太鼓胴がつくれる

ブンマワシをかける

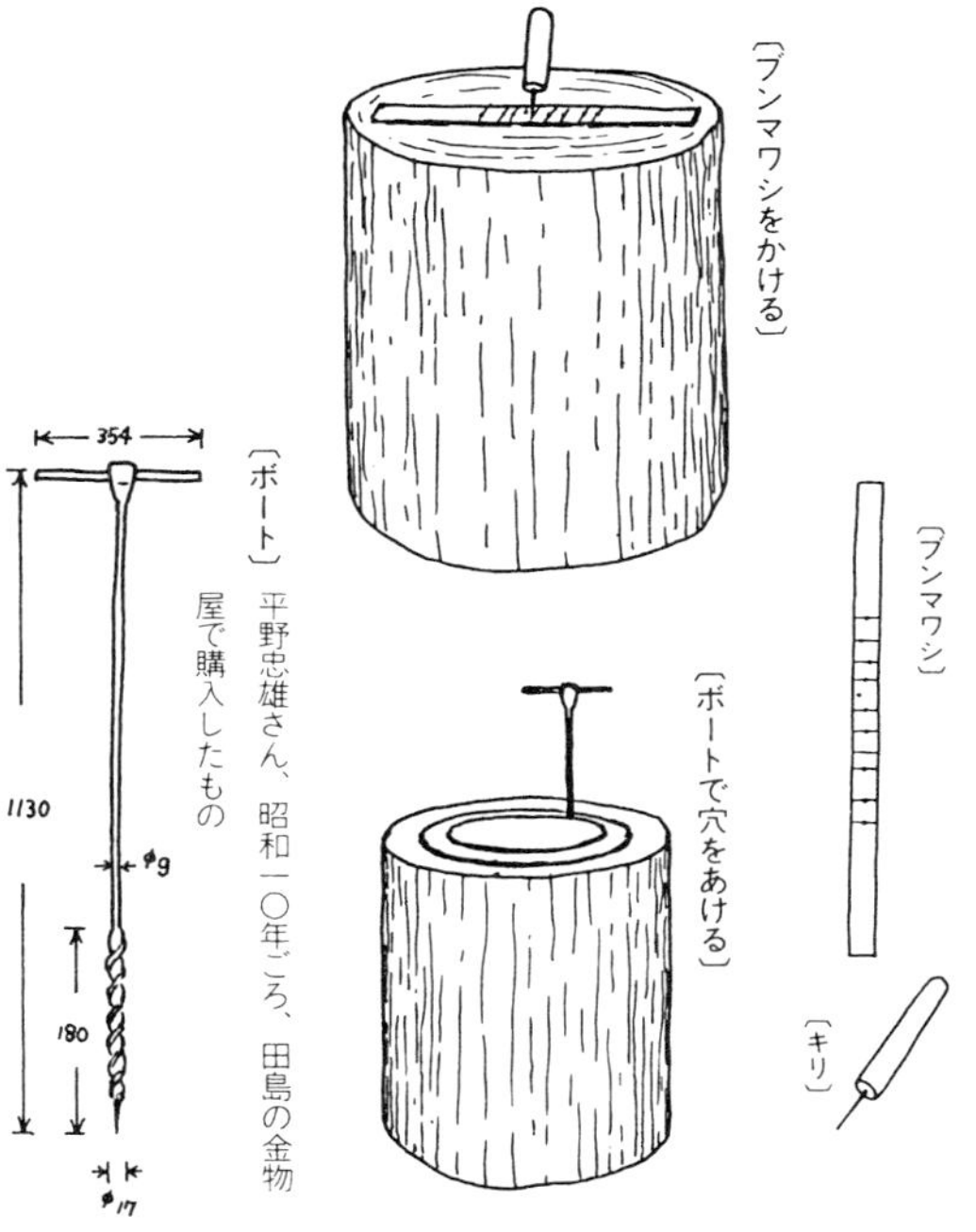

ヒキマワシ

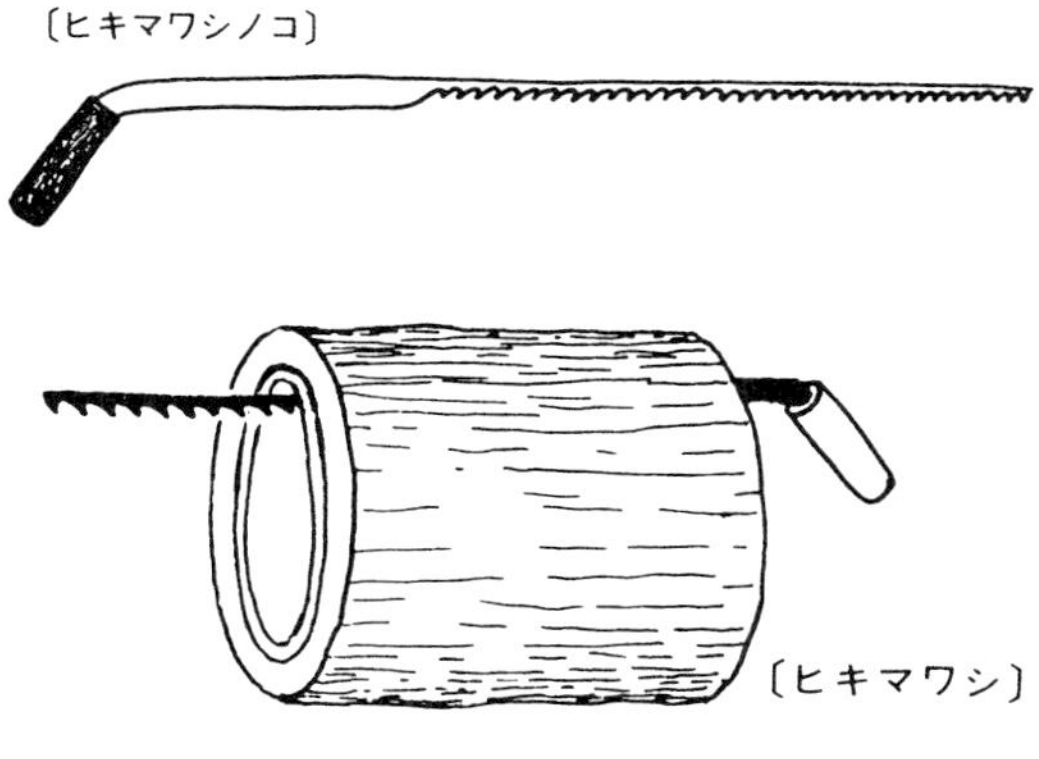

なっと二つも三つも胴がとれる。小さいのはチェーンソーでひきぬく」

君島徳六さんは、「おれはヒキマワシノコはぜんぜん使わなかった」

馬場角次郎さんは、「浅草の「南部屋」から来た職人と仕事をしていたとき、その人がなかをひきぬくことのできるヒキマワシノコをもってきた。おれはそれから、そのノコを使うようになった。(昭和五、六年ころか?)」

ざっと以上のようなぐあいである。

刳《く》りぬきからひきぬきに

ヒキマワシノコがあらわれてから、原木は有効に使われるようになった。性質のいい木なら、玉切りした一つの材から、二つ、三つと胴がとれる。ただ、「ヒキマワシ」は慎重を要する作業なので、かなり時間がかかる。径二尺ほどの木をひきぬくのに、ボートによる穴あけの時間もいれて、二時間前後かかるようである。

カタチヅクリ

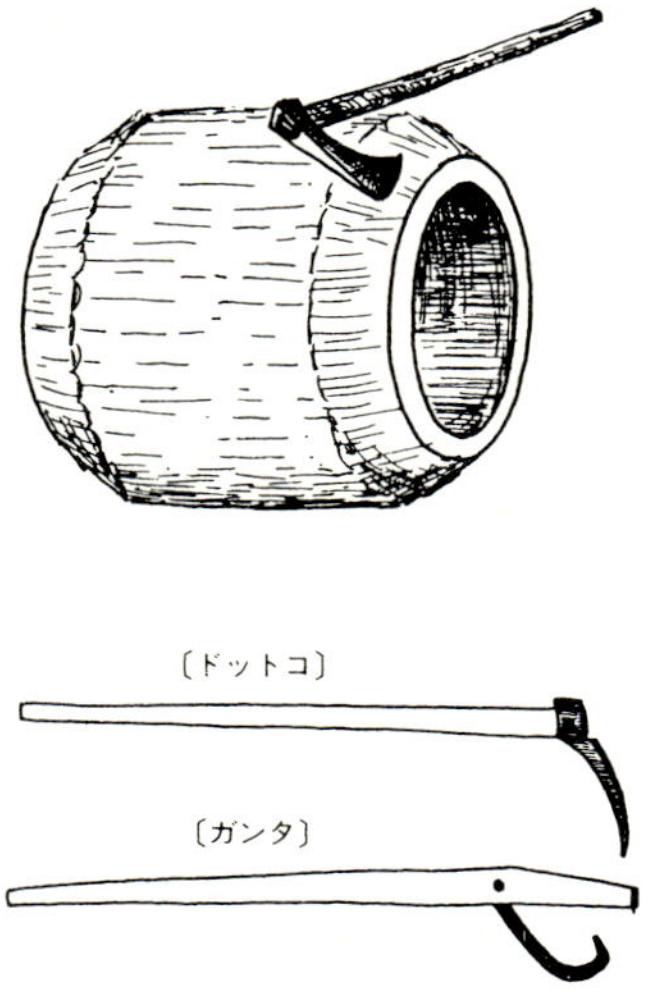

外側・内側をけずる

「ヒキマワシ」がすむと、「カタチヅクリ」。「荒ケズリ」のときのヨキで、材の側面をうちけずっていく。ヨキが材をけずるごとに、少しずつまるみがでて、太鼓胴らしくなっていく。

一人では動かせない大材のばあいの「カタチヅクリ」は、ドットコとガンタを使って材を動かす。「カタチヅクリ」である程度側面をけずると、材をたてて、ホリヨキで掘っていく。「キリオトシ」、あるいは「ナカ掘り」といわれる作業だ。太鼓胴づくりの仕事を、ふつう職人たちが「胴掘り」と呼ぶのは、この作業からの命名による。

ヒキマワシノコが使われる以前は、「ブンマワシ」、「カタチヅクリ」のあと「キリオトシ」にかかった。どんな大きな木でも、ホリヨキでなかをコッパリしていたから、最終的に太鼓胴として残る材以外は、すべてコッ

キリヨキでカタチヅクリしてゆく

パ（木くず）になった。ただし、ヒキマワシノコを使うよりは、ずっと短時間になかを掘りぬくことができた。

大材のばあいは、まわりに足場を組み、その上にのって「キリオトシ」をおこなっている。

木口《こぐち》にあてないようにしながら、掘りヨキを胴の内側部分に投げこむようにして掘っていく「キリオトシ」は、見ていても力のはいる作業である。

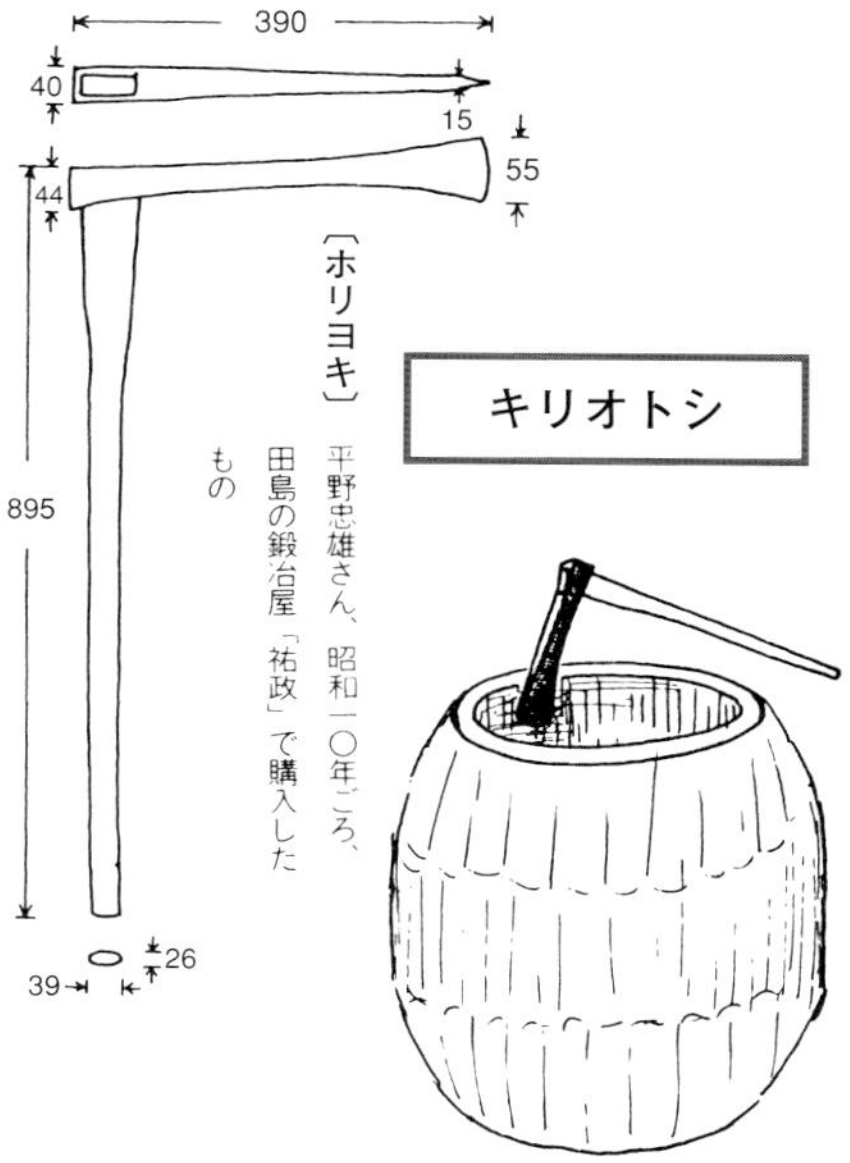

形がきまり仕上げへ

つぎは、「木口ナオシ」。木口をヒラチョウナでけずり、カンナをかける。

この「木口ナオシ」のつくりかげんで、胴のふくらみ、形がきまってくるという。

つづいて、「ブッカキ」。木口の内側、「アゴ」といわれる部分の厚さをそろえるために、ブッカキでけずっていく。二尺胴なら、厚さは二寸ぐらい。

「ブッカキ」のあとは、仕上げにかかる。

内部はホリヨキで

側面をチョウナ（マエチョウナ、大工チョウナともいっている）でけずり、カンナ、電気ガンナをかけてなめらかにする。チョウナでけずるのを、「チョウナウチ」といっている人もいる。フシのようなかたい部分は、ヒラチョウナを使っている。カンナは、けずりやすいように、裏の一部が凹面になっている。金物屋で買ったカンナを改良したもの。

内側は、ブッカキでけずったアゴの部分を、テボッコでけずってなめらかにする。つづいて、もう一度掘りヨキでなかを掘る。そして最後に、掘りヨキでけずった部分をテボッコでけずっていく

以上の工程をへて、太鼓胴ができあがる。玉切りから仕上げまでとおして、尺五寸胴ならだいたい一日一個の割合だという。

なお、「キリオトシ」以後の作業の順は、職人によって若干のちがいがある。また、木の種類、胴の大きさな

ブッカキ

〔ブッカキ〕
平野忠雄さん、昭和10年ごろ「祐政」で購入したもの。柄はハナノキ

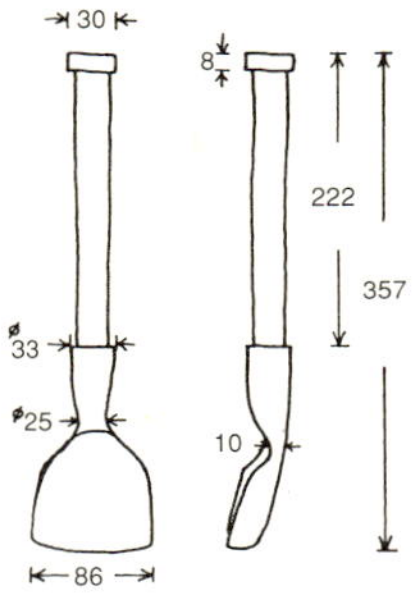

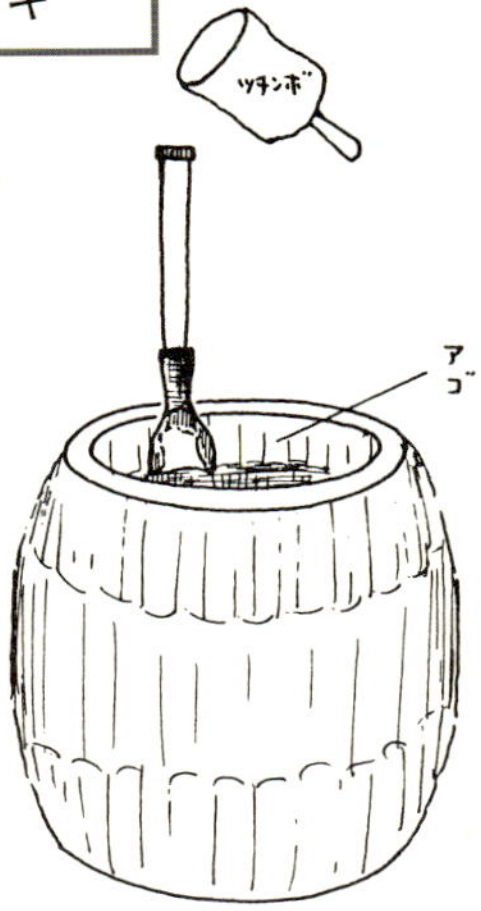

〔チョウナ〕
平野忠雄さん、知人からゆずりうけたもの。柄はエンジをあぶってまげた

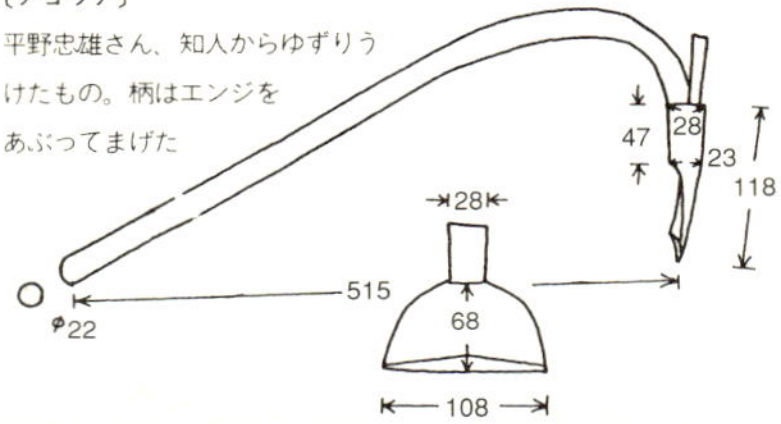

小口《こぐち》ナオシ

〔ヒラチョウナ〕
平野忠雄さん、昭和10年ごろ「祐政」で購入したもの。柄はハナノキ

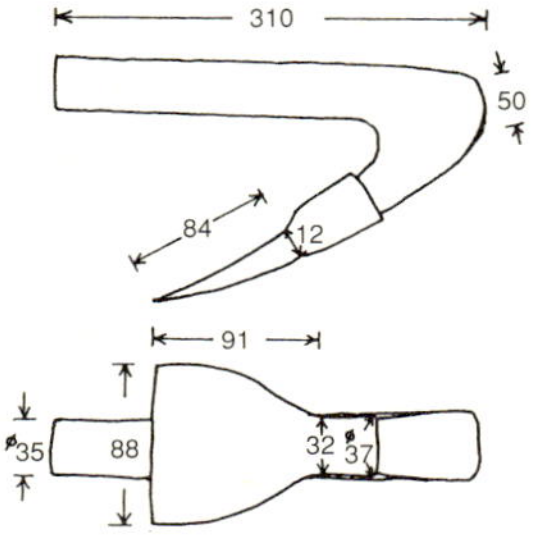

テボッコで内側をけずる

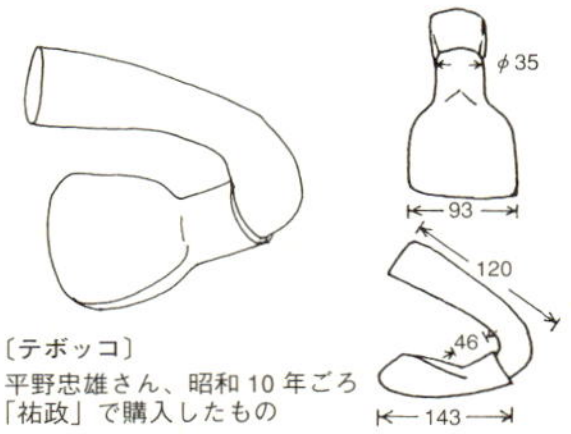

〔テボッコ〕
平野忠雄さん、昭和10年ごろ「祐政」で購入したもの

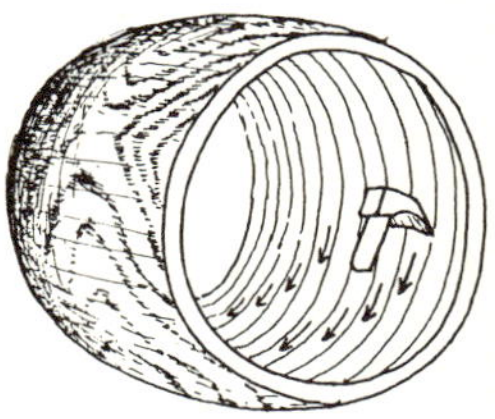

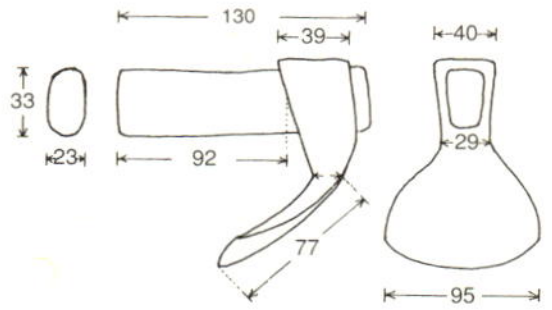

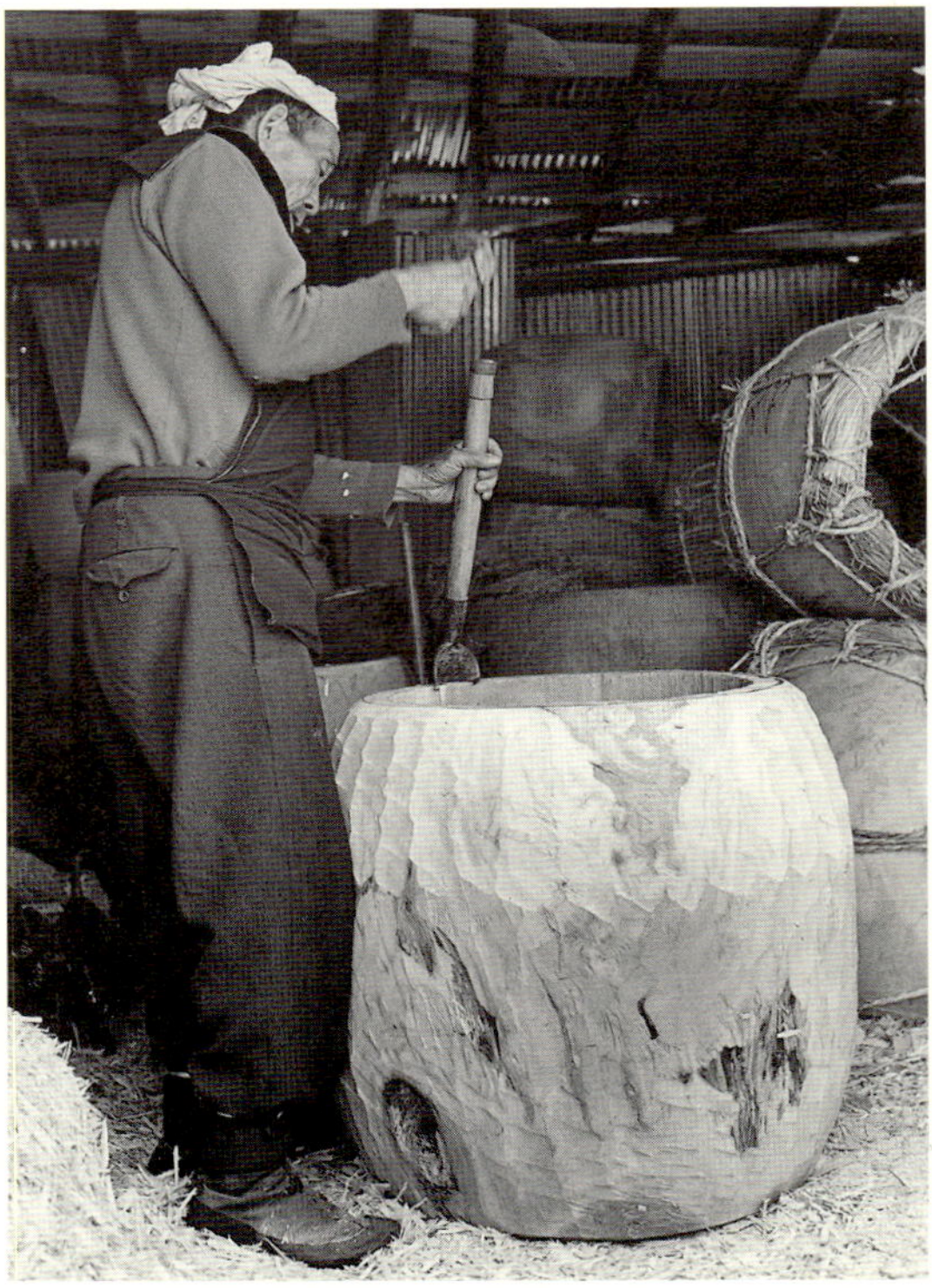

ブッカキで胴のアゴの部分を削る

テボッコで胴を削り厚みを整える。根気がいる作業である

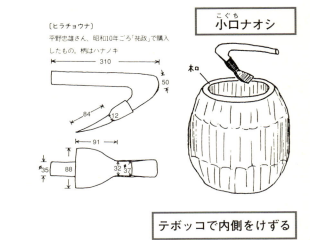

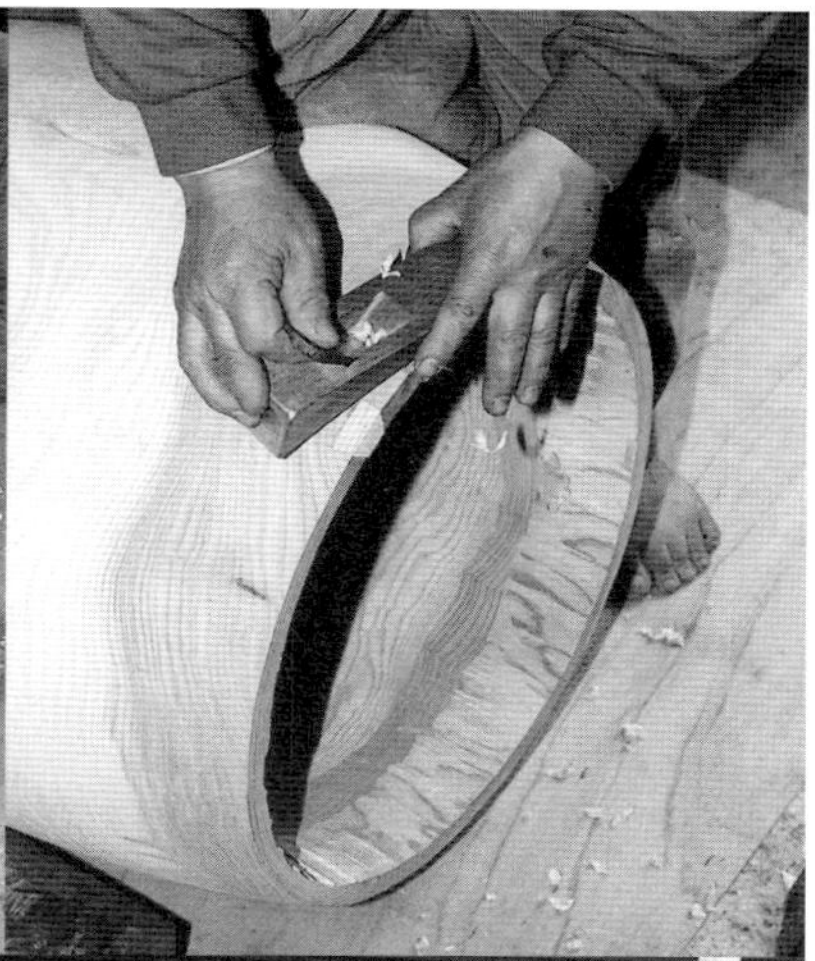

乾燥した胴はゆがみや割れがでてくる。職人は道具を細かく使い分けコグチ（木口）や胴の内外を仕上げていくうちに、ふくらみの部分の木目がきれいに浮かび上がってくる　撮影・須藤　護

どによってもかわってくるので、厳密なものではない。

胴のいろいろ

太鼓胴のなかで、もっとも多くつくられるのが、宮太鼓用の長胴である。小は木口一尺の尺胴から、大は成田山の六尺二寸胴のようなものまでふくまれる。

そのほかに、この長胴のひきぬき材からつくられるのが、平胴、ツケ胴、カメ胴と呼ばれるもの。平胴は、アメ屋チンドン屋の使う太鼓になる。また、天理教や磐城《いわき》のジャンガラ念仏で使われる太鼓も平胴からつくられる。ツケ胴は、能、狂言、謡《うたい》、囃子《はやし》、宴の席などで使われる締太鼓になる。カメ胴は、玩具用の太鼓になる。これはロクロ挽きでもつくられている。

搬出にも一苦労

できあがった太鼓の運搬は、現在はもっぱら鉄道、トラック輸送によっておこなわれている。しかし、山中で胴掘りをおこなっていたころは、山からの搬出にもいくつかの苦労がともなっていた。

「当時は山から運びおろすのもたいへんでしたよ。半日もころがしてだしました。鍬いれもしてない道をころがすんだからたいへんですよ。

胴のまわりに青竹のタガをかけてね。それも南会津には竹がないから、関東から竹を仕入れている下郷町のオケ屋さんから買ってきた竹でね。むかしは容易ではなかったですな、ここには竹がないから。

わたしたちにとっては、胴がバーンと割れるのはたいへんな損害です。ゴロゴロころがしても、胴にヒビがはいってはいけない。山出しがたいへんで、馬車屋さんが来るとこまでころがしてこれればほっとしたですな。一里半も奥のほうからひっぱりだしたもんですよ。いま案内したら、よくこんな奥山からころがしてきたもんだとびっくりするでしょう」

この星数三郎さんの話にもあるように、とにかく割れてしまえば一銭にもならない。それゆえ、搬出にはたいへん気をつかったわけである。

背負って、転がして、滑らせて

小さな胴であれば、背中にしょう（背負う）こともできた。しかし、大きな胴になると、ころがしておろすしかなかったから、少しでも胴をいためないようにと、青竹のタガなどで保護したのである。それでも、誤って岩にあてたり、ころがしおとしたりして割ってしまうことが、何回かあったという。

もちろん雪深い冬の搬出もひと苦労であったが、ギンジ（かた雪）になれば、雪面をすべりおろしていけばいいから、労力は案外少なくてすんだ。このばあいは、青竹のタガは使わず、胴を横にして、なかに縄をとおしたり、胴を縦にして、アゴの下あたりに縄を結んだ棒をひっかけて、それぞれその縄をひっぱってすべりおろしていった。急傾斜では、逆に上で縄をひっぱり、雪面を胴がころがりださないように制御した。また、胴のなかに一間前後の棒をとおし、それを縄で結んで固定させ、その棒をひっぱりながらすべりおろすこともあった。

山から無事運びおろされた太鼓胴は、こんどは馬車や馬ソリにのせられて駅や太鼓屋に運ばれていった。この運搬にたずさわるのは、職人自身ではなく、付近の村人や専業者であった。また、とくに大きな胴のばあいは、コモでくるんでから、人がゴロゴロころがして運んだりもしたそうである。

太鼓屋で陰干《かげぼ》しされて

さて、以上で太鼓胴づくりの全工程を終わるが、太鼓屋に運ばれてからのことも少しふれておく。

ケヤキの大胴の仕上げ。胴は太鼓屋で4、5年陰干しされた後、磨いて皮を張る（浅草の宮本卯之助商店にて）　撮影・TEM研究所

太鼓屋に納入された胴は、倉庫のなかで五年ほど陰干しされる。陰干しは、木の水分を蒸発させるためで、完全に枯れた胴でないと、ヒビ割れがはいるし、また、いい音もでない。

充分陰干しされて乾燥した胴は、太鼓屋の仕上げ職人によって修正がくわえられる。一般に、北半球の樹木

乾燥した皮に水を含ませて胴にピンと張り、2、3日おいておく（浅草の宮本卯之助商店にて）　撮影・TEM研究所

は、春から夏のおわりにかけて成長期となる。そして、その初期に、春材といわれる比較的あらくてやわらかい組織を形成し、後期に、夏材といわれる密でやわらかい組織を形成していく。ところで、この一本のなかに形成された組織のちがいが、陰干し中の太鼓胴の形をゆがめることになる。すなわち、あらくてやわらかい組織の部分がより収縮するために、どうしても形がいびつになってしまうのである。そこで、陰干し後、もう一度胴の形に手がくわえられることになる。仕上げ職人による修正とはそれをさすわけである。しかし、それがどのようにおこなわれるのかは知らない。

なお、宮太鼓などの皮は、牝牛の皮が使われている。ことに、五、六年の労役にきたえられた赤牛の皮が、しまりがあっていいという。また、夏の牛は毛穴がひろがっているので、皮をとるために殺すのは冬がよいそうである。

あとがき

この小冊子は、今年の四月一七日、日本常民文化研究所を会場として開かれた、日本民具学会の第一回東京地区例会の席上で発表したことを、文章化したものです。当日の発表をふまえたうえで、内容に若干の加筆、省筆をおこなっております。

調査は主として、昭和四九年の夏におこないました。発表の内容も、ほとんどそのときの野帖にもとづくものであります。

なお、執筆にあたって、『大国魂神社の太鼓胴調査報告書』宮本常一編著（一九七四・八・一五　府中市教育委員会発行）と、友人の須藤護、印南敏秀両氏の野帖をそれぞれ参照させていただきました。これらのかたがたに謝意を表するとともに、文責は筆者にあることを明記しておきます。

「太鼓胴」は、ぼくにとってははじめてのフィールド・ワークといっていいものです。顧みると、調査のつたなさ、未熟さがあれこれうかんできて、少しまばゆいような気持ちになりますが、楽しく歩けたことだけはたしかです。きっと、旅先で出会い、御芳情をいただいた多くのかたがたのおかげでしょう。

一九七六年七月　小林　淳

会津田島針生の民家の屋根で日向ぼっこする著者（左端）

府中市大国魂神社の祭りでは三の宮の大太鼓の音が五月の空を震わせる　撮影・TEM研究所

太鼓職人に聞く

——川田久義さんの工房で

文・写真　須藤　護

南会津の山村で…

小林淳君が太鼓胴に興味をもち、福島県南会津の山中をかけめぐるようになったのは、昭和四八年の夏ごろからだった。当時私は数人の仲間とともに、南会津郡田島町針生《はりゅう》という山のむらに入り、むらの人々の日常生活を夢中になって追いかけていた。小林君はそのメンバーの一員だった。

この年の八月に宮本常一先生が、私たちの合宿所を訪ねて下さった。合宿所は当時ちょうど空屋になっていた民家をお借りしていた。私たちが針生の人々に迷惑をかけているのではないか、と心配されたのだろう。先生は、夜がふけるまで、細々とアドバイスして下さった。

先生が田島に来られたもう一つの目的は、太鼓胴づくりの職人を訪ねることだった。当時東京都府中市の大国魂《おおくにたま》神社の太鼓について調査をされており、その太鼓胴を掘った職人が南会津の人であったからだ。その人は南会津郡館岩村の阿久津政八といったが、政八はとうの昔に亡くなっている。

最初に訪ねたのは、田島町塩江に住む大竹徳一さん（明治三六年生）だった。先生は大竹さんに会うなり開口一番、

「あんたにお会いできて大変嬉しい。長い間恋こがれてきた恋人《ひと》に、やっとめぐり会えたような、そんな気持です。私は太鼓胴はまったくの素人ですから、幼稚園生に話してきかせるように、やさしく教えて下さい」

とあいさつをして、口の重そうな大竹さんの気持を、いっぺんにほぐしてしまった。このときの大竹さんは太鼓胴をつくるために歩いた山々の話、胴のつくり方、運搬の仕方、道具の話など、実によくしゃべった。先生は話の腰を折ることなく、ただ相槌を打っているだけで、聞きたいことは大体聞きとっているように思えた。話がとぎれるとまた新たな問いかけをむける。それが尋問形式ではなく、普通のなごやかな会話で終始した。

私たちは針生での聞きとり調査で四苦八苦していたところだったので、この魔術師のようなやりとりに感心しているばかりであった。

小林君が太鼓に興味をもち、大竹さん宅に足繁く通うようになったのは、この時期からだった。宮本先生のように、自然な会話の中から、話を聞きとれるような術を身につけたい、と強く思ったことが理由の一つだったのだろう。気心の知れるようになった大竹さんは、かっこうの話者であった。

大竹さんのお宅兼仕事場のある塩江は、ちょうど針生と田島との中間にあった。栃木県鬼怒川温泉からバスにゆられて二時間ほどで田島に着き、そこからまたバスに乗りかえて針生まで来るのだが、小林君はあまりこのバスに乗らなかった。田島から一二キロの道を歩いて針生までやって来る。鬼怒川から山王《さんのう》峠を越えて歩いてくることもたまたまあった。後には東京から歩いて行くと言い出したが、それは無意味だから、と制止したこともあった。小林君は田島から針生へ来る途中で、大竹さん宅に立ち寄って、話を伺ったり作業を見せてもらったりしていた。そして少しずつたくみな話術を身につけていったようだ。やがて田島町から飛び出して、周辺の館岩村や檜枝岐《ひのえまた》村へと足をのばしていった。もちろん徒歩で訪ねることが多かった。

小林君の報告をみてもわかるように、南会津は太鼓胴の供給地であって、胴の仕上げや皮はり作業は、東京浅草や会津若松の太鼓問屋がかかえていた職人が行なっていた。ところが昭和五五年に、浅草の岡田屋で仕上げをしている太鼓職人の川田義久さんが、胴づくりの本場である田島にやってきた。一時下火

になっていた太鼓胴の製作が昭和四〇年ごろから復活のきざしをみせ、当初田島町で二軒が製作を再開し、今日では檜枝岐村と田島町で六軒ほどの業者がこれを行なっている。川田さんの会津入りは、太鼓胴づくりの本場の田島で製品化していこうという試みであった。川田さんは現在田島町新町で太鼓工房を開業しているが、当初は針生に落ちついた。住まい兼工房は、かつて私たちが借りて合宿していた草屋根の民家である。私はその後針生を訪れるたびに川田太鼓工房に顔を出すようになり、浅草ではなく針生で胴の仕上げや皮張り作業を見ることができるようになった。

木をなだめながら胴を仕上げていく

太鼓は木製の胴とそれに張られた皮が作用して音を出す楽器である。そのため太鼓職人は木工技術、皮の加工技術、それに音響感覚を兼ね備えていなければならない。まずは木工技術の部分からみていきたい。

胴掘りの職人から送られてきた胴は、小林君が述べたように、五年ほど陰干しをして、木を充分に枯らしてから仕上げをする。五年も乾燥させておくと胴はゆがんだり、割れたりするものが多い。少しくらいのゆがみなら、チョウナでコグチや外面をはつり、内側はヤリガンナで少しずつ削りながら均等な厚みに修正する。現在はチョウナの代りに台ガンナを使う。最初に使うのはアラガンナで、これは胴のカーブにあわせて、カンナ台の底に丸みをもたせたカンナである。一人の職人が三種類ほどのアラガンナを使う。修正が大体すむと、アラガンナと同じような形をしたヨコズリガンナで外面の凹凸を直す。いずれも木繊維に対して斜めに削っていく。

南会津地方で主に生産されている胴は、宮胴とか長胴とよばれているもので、コグチに対して胴の部分がふくらんでいる。ふくらみは古いものほど顕著で、コグチの直径の二割五分から三割増しにしている。例えば、直径三尺（約九〇センチ）の宮胴なら、中央部のふくらみは三尺九寸ほどになる。垂直方向に通る木繊維を切断しながら丸みを出しているので、これに平行にカンナをあてると、ふくらみを削り込んでしまうだけでなく、逆目《さかめ》だってしまうからだ。

最後に仕上げのカンナで表面をなめらかに

乾燥した生皮《きかわ》

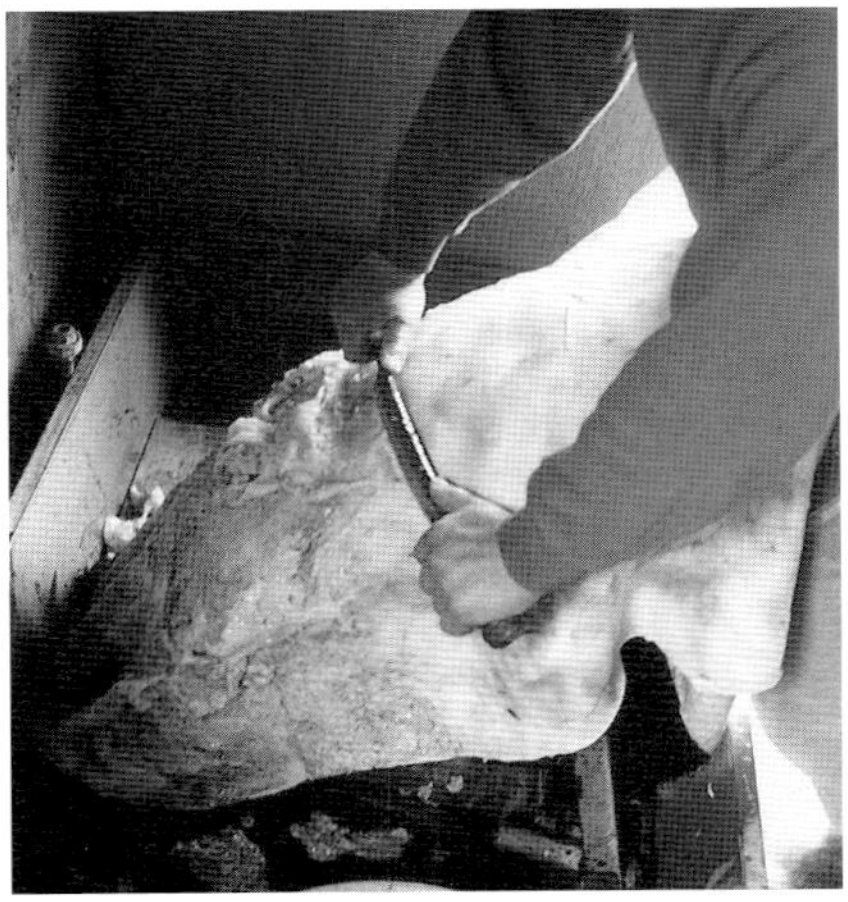

老廃物をセンでこそげ落とす

塩漬けされた皮を水で洗う

していくが、この時だけはカンナを縦につかう。

胴の修正の次にはコグチを仕上げる。丸ノミを使ってコグチの内側を削って形や厚みを整え、台ガンナでコグチの表面をなめらかにし、さらに面をとって皮を張りやすくする。

これらの作業はふつう二回ずつ行なう。一回だけだと充分な修正ができないので、手を抜いたことがすぐばれてしまい、また三回以上やらないと修正できない職人は腕が悪いとされ、一人前に扱ってもらえなかったという。仕上げの工程が職人技術の一つの基準になっていたのである。

ゆがみがひどいときは、水分や蒸気を加え、コグチに棒をかませながらもどしていく。大変根気のいる作業で、半年もかかることがあるという。

また、胴が裂けてしまったものは、その中央に、持ち運びをするときに手をかける環を取りつけ、上下のコグチまでケンという板状の金具をつける。ケンは裂け目を隠すとともに、音質を高め、装飾の役目も果した。江戸時代や明治時代につくられたケンは、見事な装飾をほどこしたものが多かったという。

木が乾燥するにしたがって変形したり裂けたりするのは、ごく自然のことであり、それをふまえたうえで職人の技が成り立っていることを改めて知った。

太鼓胴は玉切りした丸太の芯を抜いたもので、縦木取りの部類に属する。コケシと同じような木取りの方法である。

一般に山の南斜面に生えている木は、斜面側の面よりも反対側の面のほうが陽があたりやすい。陽のよくあたる南面は成長が早いために年輪の幅が広く、水分や養分の含有率が大きい。そのためやわらかい木質部を形成している。逆に北面は年輪が細かく、木質部は堅い。この差が木材の狂いに微妙な影響を与えている。

そのうえ、木目には春材と夏材がある。春材は春から秋にかけて成長する部分で、比較的幅広く柔かい組織で形成されている。夏材は秋から冬を経て形成される組織で、冬期は休眠状態に入るので成長が止まる。この部分は幅がせまく、堅くて水分を通しにくい。切株をみると、スギやマツなどの針葉樹は広葉樹にくらべて、春材と夏材がはっきり出ていて、樹齢が数えやすい。

桶づくりはこの春材と夏材をうまく利用した技術である。とくに塩分やアルコール分は板に浸透しやすいため、酒桶、醤油桶、肥桶などの桶類には、夏材の部分が浸透を防ぐ役目を果すように、年輪にそって木を割って側板（クレ）をとって使う。これを板目どりという。

太鼓胴の場合はこの現象がマイナス面に作用しているわけで、南面と北面、また春材と夏材の乾燥の度合いが一様でないために、その接点で亀裂やゆがみが生じやすい。木工にたずさわる職人は、これを「木があばれる」

胴の口径にあわせて皮を切る

メクダを通す穴の位置を決める

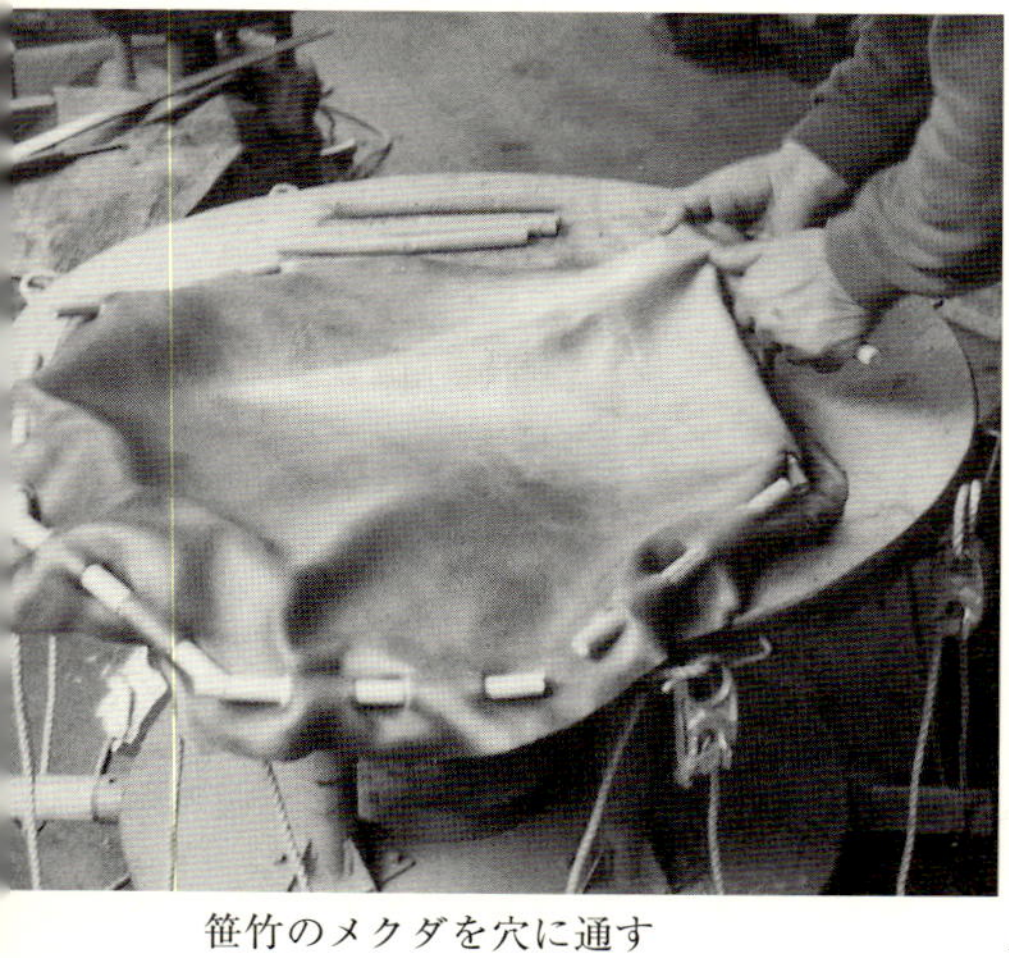

笹竹のメクダを穴に通す

といい、対策に苦労してきた。とくに春から夏にかけて伐採した材木は、水分や栄養分をよく吸収しているので、あばれやすい状態になっている。そのため、材木の伐採は冬期間に行なうことが常識とされている。

　このように太鼓胴の仕上げは、木材の生理と職人の智恵くらべであるといっていい。

女盛りの牝牛の皮が好ましい

　太鼓には牛と馬の皮を使うが、今日では牛皮を使うことが多くなっている。馬が急激に少なくなったからであろう。これらの皮は太鼓問屋が扱っているようで、川田さんは会津若松の大津屋という太鼓屋から塩づけにしたものを取りよせている。

　牛皮は標準的なもので頭から尻までが八尺（二・四メートル）ほど、横幅が六尺（一・八メートル）ほどある。各部の名称は決っていて、背骨から腹にかけて（尻を含める）をベンヅ、腹皮をベリー、肩をショルダーという。太鼓用にとるときは、ベンヅは宮太鼓、ペリーは平太鼓、ショルダーは締太鼓にするという。牛の尻の皮は七ミリほどの厚みがあり、激しく打たれる宮太鼓に適している。

　ちなみに、直径が尺五寸（四五センチ）の太鼓は、七トンまでの力をかけても耐えられるようにつくられているという。つまり、太鼓を思いきり叩いたときには、一平方センチの皮面に、約一〇〇キロの力が加わっているという計算になるのだそうだ。ものすごい力である。

　背中の皮も丈夫で、しかも背骨の部分を中心にして太鼓に張ると、両側の皮が振動するので、大変いい音が出るという。

　これに対して腹の皮は薄くて二ミリほどしかなく、小さな平太鼓や芸者用の小太鼓などに用いている。肩の皮は伸縮が激しいので、宮太鼓や平太鼓のように鋲で止める太鼓には適さず、鼓《つづみ》のように皮を紐で締める締太鼓に使う。

　このほか頭から首にかけての皮や、膝の皮は、よく運動する部分にあたるので丈夫らしく、大鼓《おおつづみ》（鼓の一種）や柄つきの小さな太鼓にする。いずれも激しく叩く太鼓である。

　牛が冬の準備に入ったときが、皮の一番いい状態であるとされているが、だいたい秋ぐちから翌年の四月末ごろまでにつぶした牛の皮は、毛穴が開いておらず、皮自体もしまっていていい音を出すようだ。それも肉用牛よ

モジリダケをはさんでねじりあげる

メクダと木枠の間に綱をかけまわし

水ばりをする

りも、骨太で肉のしまった役牛の皮のほうが丈夫だという。何となくわかるような気がする。

さらにうるさくいうと、牡牛より牝牛のほうが、それも女盛りの牝牛の皮は緻密でなめらかなので、仕上りが実にきれいだったようである。これもよくわかるような気がする。牛の女盛りは四歳から六歳ころまでをいうらしい。しかし、以上のような条件をみたす牛は、今日ではなかなかみられない。

皮の特性をうまく利用する

皮ごしらえは太鼓をつくる工程のなかでも、最も重要な仕事とされた。この工程が皮の良し悪しを決める鍵をにぎっていたからであるが、今日では古い技術は明らかにされぬまま、技術革新が進んでいるようだ。

その工程は塩づけになっている皮の塩ぬきから始まり、皮下脂肪の除去、ぬかづけ（または泥づけ）、体毛の除去、裏皮のセンぶち、乾燥させて板皮をつくるところまでをいう。そしてこのそれぞれの工程ごとに水洗いが行なわれる。

塩ぬきは大きな器の中に水をため、その中に皮を入れておくだけのことであるが、塩ぬきをすることによって、収縮している皮をもとの状態にもどしていく。本来ならば生皮《きかわ》をそのまま使用したほうが色艶よく仕上がるが、皮を長期間保存しておくために、塩づけを行なっているようだ。

次にカマボコ台という作業台の上に塩ぬきした皮をのせ、センという刃物で皮下脂肪をとっていく。これをていねいにやっておかないと音質に直接影響する。センは杓子、ヘラ、桶、曲げものなど、木工品をつくる職人が使う刃物であるが、とくに台ガンナが普及するまでは欠かすことのできない道具の一つであった。脂肪をとるときもこれを鋭く砥いで使うので、皮をいためないように細心の注意が必要で、一方では相当な体力を要する。もし皮を傷つけてしまえば損害が大きいだけでなく、今までの作業がむだになってしまう。太鼓職人の賃金が一般の職人より相当高いといわれているのは、この作業があるためだという。

このようにして皮からはがした脂肪は、かつては煮て油をとり、石鹸やラードの原料として、また鯉のエサとして売り出していた。

ぬかづけは桶の中に小糠に麹菌《こうじ》を加えて入れ、その中に皮をつけておく。これで麹菌を発酵させて繊維以外のものを分解し、体毛を抜けやすくする。ぬかづけのほかに、地面に穴を掘って水をはり、その中に生皮をいれて表皮を腐敗させて体毛をぬく方法もあった。土中の細菌の力によって不必要なものを除去する方法で、これを泥づけといったが、今日ではあまり行なわれていないという。

牛に限らず動物の皮は銀面層と網様層（トコカワ）の二重構造になっている。銀面層は縦細胞が横につながっており、逆に網様層は縦

乾いた皮の裏にゴフンをぬって

さらに皮の緊張を高め、そのまま数日間

皮を次第に緊張させていく

につながっている。ちょうど鎖を横にならべた状態と、縦に吊るした状態に似ている。このため銀面層は摩擦に強く、網様層は張力に強い。この二重構造のおかげで太鼓の皮面は過激な力に耐えられるのであるが、表皮を構成している角質の部分は不用になる。そしてこの角質を分解してしまえば、体毛もとりやすくなるわけだ。

こうして二週間ほどぬかづけをした後に、体毛をぬき、皮の裏側に付着している、老廃物をセンでこき取って水洗いをする。この皮を大きな板に張りつけて乾燥させ、保存しておくのである。この状態までになった皮を板皮または生皮といい、ふつう一頭分丸のままを保存しておくことが多い。後に太鼓の大きさや傷の位置を考慮に入れながら、切断することで皮の有効な利用ができるからである。

銀面層と網様層だけになった皮は、やがてきれいなあめ色に変っていく。これは皮の表面の蛋白質が分解して、ニカワ状に変化していく過程でおこる現象で、これによってさらに皮は堅牢さを増していく。実際表面はニカワのように固くなり、柔と剛を兼ね備えたすばらしい素材になる。この現象はぬかづけ、もしくは泥づけによる効用だといわれている。

職人が皮と根くらべしながら

皮はり作業は、一連の太鼓づくりのなかで最も華やかな仕事だ。地味な皮ごしらえの工程を終え、太鼓の音が響きだす時が近づいてきたという職人の感情が、この作業を華やかにさせているのかもしれない。今回の皮はりは宮太鼓のものであった。

まず、水ばりという工程から始まる。乾燥してカチカチになった生皮を、いったん水につけてもどし、再びセンでついて水気を切り、同時に乾燥によって生じたシワを伸ばしていく。ここで使うセンは皮を削るためのものではないから、刃先は鋭くない。

充分シワが伸びた皮を太鼓の口径より五〜一〇センチほど大きめに切り、メクダを通すための穴をあけていく。メクダは皮を引っ張るときに綱をひっかけるためのもので、ふつう笹竹の茎や杉の小枝を使う。太さは直径が二センチほど、長さは一二センチほどある。メクダは丈夫な材でなければ張力に耐えられないが、とくに雪にいためつけられた針生の

本格的な皮張りを開始する

再びネジリダケで皮を締めあげる

コグチに皮をぴったりとくっつける

笹竹は粘り強く、メクダにうってつけだという。これを丸く切った皮の端に、縫うようにして八本ほど等間隔にはさみこんでいく。これで水ばりの準備が整った。

ついで、丸太を井桁状に組んだ台の上に太鼓胴を乗せて、下の丸太を通した綱をメクダにひっかけ、また丸太に通すという作業をくりかえし、皮を締めていく。麻でよった丈夫な綱がひとまわりしたときに、改めてゆるんでいる部分を締めなおし、もう一度綱をひとまわりさせて止める。そして、この綱と綱との間に直径五センチ、長さ二〇センチほどの真竹をはさんでねじり、全体のバランスをとりながら締めていく。この竹をモジリダケとかネジリダケというが、スギなどの棒を使うこともある。

この状態で二日間ほど。再び皮を乾燥させる。水ばりの工程は生皮を慣らしていくためのもので、皮はりの前段階である。この時点では、音はあまり気にしていない。

いよいよ皮はりの本番。綱をほどいて皮をはがし、再度水に浸して柔らかくして、裏面にゴフンを塗る。牡蠣殻《かきがら》を粉にしたゴフンを塗ると、湿気に強く、虫がつきにくいという。

モジリダケをはめる段階までは水ばりと同じ作業であるが、何度も何度も皮面を叩き、音色をみきわめながら進めていく。皮はりは、皮が裂ける寸前まで緊張させる技術であり、職人と皮との格闘、根くらべといっていい。

皮を緊張させていくには、モジリダケをさらにねじり上げる方法があるが、これには限界がある。締めきらないうちに竹が割れてしまうからだ。そこで、井桁に組んだ作業台から、胴を押し上げることをする。台と胴の間に玉切りした二枚の厚い板を敷き、その間にくさびを打ちこんで胴を押し上げる。くさびを徐々に大きいものに替えると、胴はさらに上がる。近年はジャッキが使われており、川田さんもそうである。

一方では皮の側面を引き下げる。綱を支えるメクダの部分にあて木をおき、その上をカケヤで叩きながら皮を下へ下へと引く。これをエンオトシ（縁落し）という。エンオトシは皮を引っ張るとともに、胴の表面と側面に出た皮が、ふちを間にしてぴたっと安定させる役目も果している。これらの作業をくりかえしながら、徐々に緊張を高めるのである。

作業中の川田さんは実にはつらつとしてい

皮の上に乗って皮の柔軟性を高めるヒゲダンス

皮張り作業の途中で何度も音を確かめる

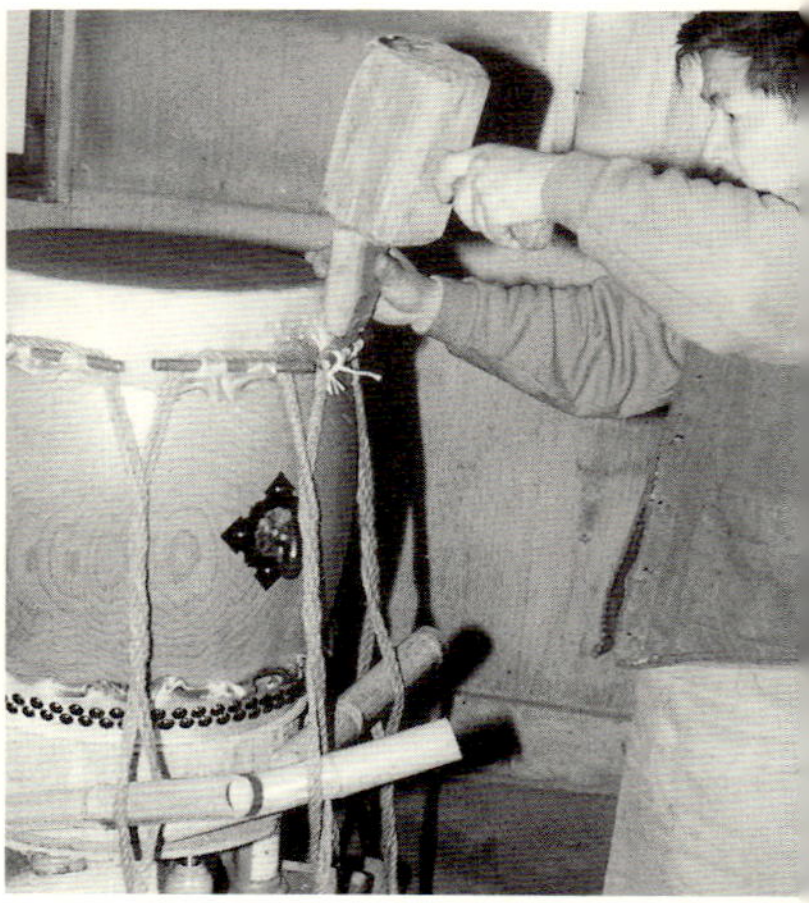

カケヤでエンオトシをする

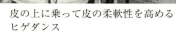

る。モジリダケを締めて全体の張力のバランスをとったあと、少しずつジャッキを上げ、適当なところで太鼓の表面をカケヤで叩き、いったん皮をゆるませてからエンオトシ。たれている皮は下り、表面の皮はピンと張る。またジャッキを少しあげ、今度は川田さん自身が皮の上に乗り、麦ふみをするようにして皮を柔軟にしていく。まるで太鼓の上でダンスをしているスタイル。針生の子供たちは、これをヒゲダンスと呼んではやしたてた。川田さんは見事な口ヒゲをたくわえているのだ。

ヒゲダンスが終るとまたエンオトシ、そしてジャッキ。六回ほどのくりかえしで、ようやくいい音が出るようになってきた。すでにこの間、何度もバチで叩いて音色を確かめている。六回目のエンオトシのとき、ついに張力に耐えられなくなって、メクダを通す部分が破れはじめたが、それでもなお皮をだましだまし張力を加える。

牛皮がこれほど丈夫だとは思ってもみなかったが、職人も皮も耐えに耐えた後にようやく鋲打ちに入る。皮の張力を最大限に引き出すことが、いい太鼓に仕上げる必須条件であり、まさに最良の音を求める川田さんと皮との格闘であった。

鋲を打つ位置はケビキというものさしを使って定める。太鼓のふちから三センチほど離れた部分に打ちはじめる。古い太鼓の鋲をみると、手打ちの鋲を使っているが、今日では工場生産されたものが多い。鋲と鋲の間隔は五ミリほどで、ふちにびっしり打ち込まれる。一列終ると、その鋲間に二列目の鋲をやはり五ミリほどの間隔で打つ。一尺五寸の太鼓に使う鋲の数は両面でざっと二五〇〇個。

鋲打ちの音は快く響きわたった。必死に皮と取組んできた川田さんも、その音を楽しんでいる風でもあった。大仕事を終えた満足感をかみしめているのだろうか。太鼓づくりの工程のなかで、最も気持ちが安らぐ瞬間である。

太鼓の音色はなぜちがう

太鼓の響きは日本人の心を浮きたたす不思

鋲を打って太鼓ができあがる

ケビキで鋲を打つ位置を決める

議な魅力をもっている。かつては祭りや盆踊り以外にも、太鼓の音を聞く機会は多かった。身近なところでは、おもちゃの銭太鼓やでんでん太鼓があり、猿まわしや飴売りなどがもってくる、かん高い太鼓の音には懐しい響きがある。また、芝居や神楽などの囃子、能楽、長唄などにも種々の太鼓が活躍する。

太鼓には大別して鋲打ち太鼓の部類と締太鼓の部類とがある。前者で代表的なものが、これまで述べてきた宮太鼓であり、芝居の大太鼓や相撲の櫓《やぐら》太鼓などは同じ仲間である。また、コグチより胴の短い平太鼓や桶で胴をつくった桶太鼓なども前者に属す。一方、後者の代表は鼓である。

太鼓の種類はどうであれ、それが音をだすのは、太鼓を打つことで皮の振動がおこり、それが胴内の空気を伝わって胴を振わせ、さらに反対側の皮面をも振動させ、共鳴するということである。実に簡単そうな理屈なのだが、それがなかなか微妙なのである。

一般に、音は波長の長いときは低い音に、短いときは高い音になる。波長の長短は皮面の大小と関係するから、直径の異なる太鼓を同じ力で打てば、大きい方が低い音、小さい方が高い音を出す。現在、都会で人気のある盆踊りには、かん高い音を出す太鼓が多い。ちなみに、テレビ等で使われる時報は四〇〇サイクル、鼓で三〇〇サイクル程度、ふつうの宮太鼓は八〇〜一〇〇サイクルである。しかし、都会の盆踊りに使うものは一〇〇サイクル以上のものが求められるという。雑踏のなかでそれに負けまいとすれば、高い音を出さざるをえないのであるが、それらは径が一尺五寸ほどの小さなものが多い。

また、同じ大きさでも、バチによって音色が変ってくる。カシやヒノキの細いバチで叩くと、振動が細かく、高く鋭い音を出す。バチもまた拍子木のように捧振動をおこすので、それが共振してより鋭い音になる。都会ではこうした音が好まれているようであるが、各地の伝統的な盆踊りでは、低いゆったりとした音が好まれてきたようだ。大きめの太鼓を、ヤナギやキリの太めのバチで叩くと、静かな空気にのって、思わぬほど遠くまで伝わっていく。

ところが、径の大きさ、叩く力、バチの材質を同じにしても、太鼓の音色はそれぞれにちがう。叩かれた皮全体が幕振動をするが、皮は必ずしも均一ではなく、わずかでも薄い所や傷のある所が、波長の短い激しい振動をおこす。この波長が幕振動の波長と偶然にも正比例すれば、共振してわずかな音でも大きくなるが、その逆の場合もある。

胴の中では、幕振動と同じ振動数の空気が反対側の皮面に伝わるが、同時に胴自体も振動をおこしている。川田さんは波長を映像化する実験を行なっているが、それによると、最初の衝撃から四波目ぐらいから反対面へ伝わり、百分の三秒くらいまで双方の皮の干渉が続き、以後は独自の振動になる。そして、百分の五秒ほどの時点で共振作用をおこして、振幅がわずかに大きくなり、あとは次第に小さくなっていく。これが、私たちが聞いた時に感ずる余韻なのだという。

いずれにせよ、太鼓の音色は皮面、胴、密閉された空気、バチの振動などが総合的に作用しているもので、太鼓全体が共鳴体として機能している。しかも、そこにはそれぞれの材質ばかりでなく、温度、湿度までが音色の条件として組みこまれてくるために、構造の簡素さにもかかわらず、その音色は多分に偶然性を、さらには神秘性をすら秘めているようである。

同じ大きさの太鼓でも音は微妙に異なる

菓木の王者 柿にきく

―渋柿、甘柿、柿の渋―

文・写真　山崎禅雄
写真　日本観光文化研究所

山形県酒田市の離島飛島の台地上の畑地に実をつけた庄内柿　撮影・森本　孝

山城のコロ柿。センナリ柿ともいわれる渋柿で、干し柿にされて京の正月を飾る

かきはじめ――柿哉

秋が深まって川霧がたつようになると、きまってわが家を訪ねてくる伯母がいた。孫娘二人を、さも自慢そうにつれて門を入ってくる。少しかん高い声で母の名を呼び、町の手土産を玄関先に置いて、前庭の大きな柿の木をいとおしむようにみあげる。熟柿《じゅくし》の良い実が高い梢にないとみるや、虫くいで落ち崩れた熟柿を大切そうに拾いあげて熟れのよいところだけを食べるのである。さすがに孫娘には、腹をこわすからといって与えない。「姉さん、きたないですよ！」と母はいうものの、毎秋のことであるためか、あきらめ顔である。きれい好きで、塵ひとつ部屋に落ちていても機嫌を悪くするあの伯母が、こと熟柿になると、どうしてこんなに意地穢くなるのか、母にも理解できないらしい。

中国・四国地方の代表的な渋柿の本西条

落ちた熟柿を、二、三個食べたところで、玄関に腰をおろし、澄んだ青空を眺めて、ちょっと背をまるめる。そんなところに父が出てきて、「義姉さん、一週間早いですよ」と、柿の熟《う》れ季《どき》を言うのであるが、伯母はただにこにこしながら、奥の間に入り、改まって挨拶をはじめるのであった。

その伯母も、もうずいぶん前に逝ってしまった。そして、伯母がこよなくめでた、あの柿の木も、今ではわが故里の庭にはない。父が二〇年ばかり前に伐ってしまったのである。

この庭の柿の木は、私の子供のころから、すでに老樹で、大人のひとかかえに余り、幼子なら隠れんぼうに身を隠すに十分な幹の太さであった。今思えば、二〇〇年を越す樹齢であったろう。

渋柿の、西条柿《さいじょう》という品種であった。

故里は、山陰の石見国《いわみ》。江川《ごうがわ》という大河が山陽の安芸《あき》や備後の国の水を集めて流れる河谷の村里のひとつで、河口の江津《ごうつ》という町場から五里ばかり山間に入ったところにある。伯母は江津から汽車に乗って熟柿を食べに来たのだが、その西条柿は、広島市の東、西条盆地が原産で、江戸時代の初めのころから既にその名の知られた渋柿の名品種である。植栽がかなり早くに広がったものらしく、中国や四国地方では、老木を多くみかける。

庭には、じつはもう一本の、これもかなりの年を経た西条柿の大木があって夏には、二本の柿が庭いっぱい緑蔭をつくったものである。伯母は、少し若い方の西条柿が、早く熟して甘そうな赤い実を梢につけていても、それをもいでくれとはいわないで、地べたに落ちた老樹の熟柿を食べるのであった。子供ながら、不思議に思ったものだが、後年味くらべをしてみると、やはり伯母の食べたがった方が旨いのである。同じ西条柿でも、一方は本西条《ほんさいじょう》といい、他方は削西条《けずりさいじょう》といって少し品種がちがう。

大きな実をつけた祇園坊（広島市北端明神峠）

本西条は粒もやや大きめで、果実の表面に四本の浅い溝があったが、削西条の方にはそれがなく、表面がつるつるとしていて、干し柿用に皮を削るとき容易であるため、この名がついているのだろう。削西条は実つきは良いが、味が少し落ちた。このことを伯母はよく知っていて、本西条の熟柿しか食べようとしなかったのかもしれない。

しかし、思うにそれだけではなかったようだ。柿も老木となると、実をつける率が大変わるくなる。秋の完熟期まで実を枝につけたままに残る率はさらに低く、柿のなり年といわれる秋に、削西条の方はたわわに実をつけて色づいていても、老木の本西条の方は、多くて二、三〇個、少ない年は十数個の実しかとれない季もあった。ただ、そのわずかな実が、まことに旨いのである。干し柿にしても、さわし柿にしてもこくのある味になったが、ことのほか、木で完熟した熟柿は、勢いのある若木のそれより、どこか練れていて、一芸に秀で天命を知った美しい人の上品さにも似た味であったろうか。

私の記憶に鮮明に残っている旨い熟柿というのは、いまもってわが故里の、庭の老樹のそれであるが、あの伯母も知らなかっただろう、旨い熟柿があった。それはもぎ時に私なりの秘密がかくされていた。

これはと見たてた柿の実は、干し柿やさわし柿用にも、もぎとらないで、完熟するまでじっくりと枝につけておく。熟柿にして旨いかどうかは、晩秋の陽射しに透きとおるような赤に色づいたときなのであるが、昼間もいでは旨くない。冷えこみのきつい早朝の霧の中でもぐのである。陽に当って温まった熟柿より、夜気に冷え露を結んだ熟柿がどれほど旨いか、恐らく口にした人でないとわかるまい。

果物や野菜は、すべて露のあるうちに採るにこしたことはない。その早朝にもいだ熟柿は、すぐに食べる。うちにふくんだ冷気がうせないうちに口にふくむと、とろけるようになった果肉と、ほどよくしまった甘味があい和して美《うま》く、一年という時をかけて自然が巧《たく》んだ幸《さち》を口にした思いになるのである。

　こういう天恵の熟柿をならした老樹は伐られてもうないが、私の柿への関心の原点のようなものが、この熟柿の味にあるように思う。

今は昔となりにけり
上品の菓子といわれし柿の実よ

　日本の近世農書の基幹になったものに、安芸の人宮崎《みやざき》安貞《やすさだ》の『農業全書』（元禄十年＝一六九七年刊）がある。その巻八の「菓木《かぼく》の類」の項に一七種の菓木（果樹）—李《すもも》・梅・杏・梨・栗・榛《はしばみ》・柿・石榴《ざくろ》・桜桃《ゆすら》・楊梅《やまもも》・桃・枇杷《びわ》・葡萄《ぶどう》・銀杏《ぎんなん》・榧《かや》・柑類（蜜橘《みかん》など十種）・川椒《せんしょう》（山椒《さんしょう》）をあげ、農家の植栽をすすめ効用を書いている。わが故里の農家の家まわりをみると、榛や榧など一部を除くと、ここにあげられた菓木はだいたい植えてあったが、なかで柿はどの家にも四、五本は植えてあったと思う。

　柿の項のはじめに、「柿は上品《じょうぼん》の菓子にて、味《あじわ》ひ及ぶ物なし」とある。店で買って食べる甘い菓子の少なかったころ、柿は甘柿にしても、渋柿の熟柿・さわし柿・干し柿にしても、上等な甘い菓子であったに違いない。少なくとも、私の子供のころの昭和二〇年代から三〇年代にかかる時代までは、そうであった。

　四季それぞれに「木の菓子」、「草の菓子」を野山に入って食べていたころ、秋が闌《た》けて次第に柿が色づいてくるのは、米の稔るのより子供にとって楽しいことであり、柿は木菓子の王者であった。

　わが家の柿をとって食べるだけでなく、よその家の甘柿や熟柿を盗《と》った経験と、ついでに大声で怒鳴られ柿の木から落ちた覚えのある人も多いのではあるまいか。

　いくらでも甘い菓子が手に入るようになった昨今、塀越しの路上にたれた低い枝の甘柿でさえ、盗みとる人がいなくなった。柿ドロボウが子供の世界から消えたことは良いことではあるが、私などは多少淋しく思わないではない。

　柿ドロボウや栗ドロボウは、新聞マンガの秋の題材に欠かせないものであった。幾分ほほえましくて、ある種の共感を読者に与えていたのは、罪のない子供のいたずらとうけとる共通の認識が世間にあったからなのだろう。そういったマンガが姿を消したのはいつのころからであったか。

　私などは、甘柿は家の内で皮をむいて食べることは少なかった。だいたいよじ登った樹上で食ったり、ポケットにねじこんだものを道草をくいながらの遊びの中でかじったものだ。勿論、よそさまの柿を子供仲間で失敬したことも多い。しかし、柿をもぎとるのは、木登りのうまかった昔の子供でも危険はつきものであった。

　柿の木は、木肌がすべりやすい。ことに水気を含んでいるときは非常に危険で、いくら天気がよくても昼まえに登るものではない、とよく母にいわれたものだ。それに、枝が裂けてストンと折れやすい。それに加えて早く熟れる実は、日当りのよい枝先になっているものだから、長い竹竿ではさみとる以外は、太い枝を頼りに枝先まで行かないと、素手でとれるものではない。こうした危険は承知の上で、なお盗みとりたくなるほど、赤い柿は罪ぶかく、魅惑的になっていた。

人煙のかかる所に柿ありき 盗るあやうさは知れたこと

柿の実を盗むあやうさは、木の性質からくるものだけではない。

先にあげた『農業全書』にはこう書いてある。「木練《こねり》其外《そのほか》菓子になる柿は人煙のかかる所ならでは実る事なし。山渋柿は人家をはなれても、肥地《こえち》にしては、よくなる物なり。穀田のさわりにならざる所を見合せて必ずうゆべし。惣じて柿のみならず、人の賞翫《しょうがん》する菓樹《かじゅ》（なりき）、其外四木（茶・桑・こうぞ・うるし）等に至る迄、世の助となる草木、人家をはなれ、人の往来稀《まれ》なる所にはいか程肥良《ひりょう》の土地も、盛長せざる道理と見えたり。就中《なかんずく》勝れて実の大き菓樹は、朝夕人煙に触れ、根さき家屋の下にさし、はびこるほどにあらざれば、十分の実りなきとしるべし」と柿の項を結んでいる。宮崎安貞は、かなり広く世間を見て、農業の指針を書いているのだが、柿に関していえば、この植え場所が忠実に実践されたとしか思えないほど、みごとに全国一律である。つまり、柿ドロボウの側からいうと、食べるに良い柿の実は、家のまわり、人煙のかかるところにあって、あたかも「盗まれないように、植えよ」と書いてあるに等しい。

屋根の上に登って柿をとる。桐の実もある
（新潟県朝日村三面）

事実、宮崎安貞の後の人で、江戸後期の農政家、豊後《ぶんご》の人・大蔵永常《おおくらながつね》の『広益国産考《こうえきこくさんこう》』四之巻柿の項には、「甘柿は口近きものゆえ、家居《いえい》はなれては作りても盗難あるもの也。依《より》て屋敷内に甘柿は植《うえ》、少しはなれたる出畑に渋の大柿を植、手遠《てどお》なる山畑の猪鹿兎等の出る所には小渋柿を多く作るべし」とあって、柿、ことに甘柿の盗難のおそれをはっきりと述べている。

盗んでまで食いたい柿は、安貞のいう「木練其外菓子になる柿」で、「人の賞翫し」「勝れて実の大《ふと》き」柿である。この農書の書かれた当時は、甘柿の品種はまだ多くなく、単に木練、又は木沢《きざわし》柿といって、御所《ごしょ》柿――大和の御所原産――が甘柿の代表品種であったが、私の子供のころには富有《ふゆう》柿や次郎柿といった甘柿の優良品種が広がっていて、それらが家まわりの、それこそ「根さき家屋の下にさし、はびこるほど」のところに植えてあった。

　木も若く、枝を剪定《せんてい》することが多かったので実はとりやすかったのであるが、家人の目につきやすいというところに植わっていたため、盗みとるには危険がともなった。それに比べて筆の穂先のような形の木練（筆柿《ふでがき》）は、品種が古いせいか、樹も太く高くて、登るに危険であったが、比較的家から離れていたし、小粒でよく実がつくので、あまり家人は注目しておらず、盗りやすかったかもしれない。しかし、この木練は、核子《さね》が多くそれに渋のかたまった褐斑《かいぱん》だらけで、富有や次郎とくらべると、格段に味が落ちた。そのため本西条や、実の大きい祇園坊や百目《ひゃくめ》柿のような渋柿の熟柿がとりたかったものだ。しかし、こちらがほしいものは家人も大切にするもので、屋敷内や、門先に多いのである。従って子供たちがねらいをつけるのは、家から少し離れた田畑の片隅や山裾の道端に植えられた熟柿であった。

田の畔に柿の木（右）が植えられている（島根県石見高原の田所）

　こうしたなかで、子供にみむきもされない柿があった。安貞のいう「山渋柿」であり、永常のいう「小渋柿」である。これらは柿渋をとるのによい渋柿で、古い書物の『和名抄』に「鹿心柿《やまがき》」とある小粒の柿である。渋味が大変強いためか、たとえ赤く熟れ落ちんとするものでも、あまり旨いものではなかった。よくしたもので、子供が盗りたがる柿の順位は、野鳥の啄《つい》ばみたがるそれと同じであったと思う。

　食ってまずい柿は、甘柿も渋柿もたいてい核子《さね》（種）が多い。本西条と削西条を比べても、削西条に核子が多い。核子の多い品種は、それだけ野性的なのか、花つきもよく、実として残る率も高い。そして熟柿になってもなかなか落下しない。だから、冬がれの雪の中でも枝に残る赤き柿の実というのは、たいていまずい柿であり、餌の少なくなった鳥が、そこではじめて目をつけるのであった。

人里のものいわぬ語り部か
梢の高き年ふりし柿

わが故里の、子供のときの体験から柿のことどもを綴っているが、この二、三年というもの、私は柿に関心が向いていて、旅に出ると、列車や車の中からでも柿を注意してみるようにしている。その結果は、特殊な柿、ことに甘柿の大産地や、園芸農業として柿を生産しているところ以外では、わが石見国の小さな村の柿のありようと、じつによく似ているのである。

　広島から中国山地越えの道を通って故里に帰ることが、一年に五回はあるが、その江津行きや浜田行きの特急バスの車窓からうかがっても、柿の植えられ方は、まことに江戸時代の農書通りといってよい。

　柿の自然界でのありようは、ちょうど雀のようだと思う。家が見えてくると、柿の木が必ず姿をあらわす。村里と村里が、ちょっとでもとぎれる所になると、柿はみごとに姿を消してしまう。これが最もよく分るところは、峠越えの道を行くときである。

人家がまったく絶えた山中に野生種か、半野生種の柿がみえてもよさそうなのだが、そういうものに、管見の限りではまだ出会ったことがない。植物学者の緻密な目には発見されるもののようであるが、「文化的自然」しか目に映らない者には、柿は、人家型、人里型の木にしかみえないのである。

たしかに、宮崎安貞の柿の植生の書き方には不備があって、「人煙のかかる所ならでは実る事なし」などとはいえないのであるが、同じ菓木に属する栗のように山中に野生をみないのは、どうしたことなのだろう。

現在、人里離れたところに、柿の木をみることが、たまにないではない。本年の夏、武蔵と甲斐の国境をなす山間の村西原《さいはら》（山梨県上野原）を研究所の賀曽利隆君と訪ねた。甲州は江戸時代にあってすでに畿内の御所柿に次ぐ上等の御所柿の産が知られ、東都江戸に出荷されるという国柄だけに甲州路に入ると柿が随分と目立ってくるが、西原も、わが故里と同様の柿の木のありようであった。この山里の、さらに山に登ってみた。西原の里をみるには格好の山塊が村域の中央部にあったので、そこに登ったのである。海抜にして八〇〇メートルくらいあろうか。展望のよいところをねらって尾根道を歩いていると、二、三本の渋柿の古木が目についた。そこは人煙のとうてい及ぶところではない。永常のいう「手遠なる」山畑に植える小渋柿かとも思ったが、よくみると、まわりには、山畑の跡だけでなく人家のあった気配が濃厚である。山林を尾根すじに、五、六〇〇メートルもゆくと、山上の平《ひら》に二軒ほどの農家があって、四、五本の古い渋柿がちゃんと家に、畑にそうように植わっている。そこは中群《なかむれ》という集落の内で、先の柿のあったところにも同じ集落の家がかつてあったことがわかった。

わが村にも、二、三〇年前には、山の中腹や尾根の平に、小さいながらも集落があったものだ。現代風の生活のしようからすると、あまりに不便なため、今ではみな家をたたんでまちに出るか、同じ村内の便のよい里に降

太い幹と枝ぶりに渋柿の年輪が感じとれる（山梨県上野原町西原）

りてしまっている。そうした家人を失った山中に、やはり柿の木が残って猿や鳥の餌になっている。

こうしてみると、柿というのは、あまりに人煙と接しているが故に、昔の人の住まい方を語るよい証人として存在しているといえるかもしれない。これは、なにも過疎化した山村にのみいえることではなく、都市化の進んだ都会地と、その近郊の旧農村にもあてはまるのである。

今、私が住んでいるのは、東京の杉並区上井草というところである。下町や山ノ手線内のまちとは違うが、それでも都市化の波は早くにきて、住宅で埋まりつつある。しかし、まだ、かつての武蔵野の農村の面影をとどめてはいる。それは、まだ赤土の畑がちらほら残っているということだけではなく、屋敷の様子にみることができるという意味である。上井草は、旧井草村のうちにあり、江戸時代の新田村よりもかなり古い村であるが、そこの旧住人の家の目印になっているのが、ひとつには大欅《けやき》であり、竹藪である。これが今も屋敷地にある家は、かなりの地主である。そういう家には古い甘柿もあるが、またたいてい老木の高い渋柿があるのだ。そしてもうすこし丹念にみてゆくと、大欅を残すほどの家でなくても、二、三〇坪の庭がある家には、やはり渋柿の老木がよくあり、そこは旧村以来の住人の家か、または、その屋敷地に新しい住人が家を建てたかである。そして、面白く思うのは、渋柿ではなく、富有や次郎といった新しい品種の甘柿だけが一本ばかり庭にあるような家もある。こういう家は、より新しい住人の家で、私のみるところ、昭和三〇年前後からの住人のように思える。勿論、例外はあるであろう。だが、そうした柿のありようを目安にして都市近郊を歩いてみると、なかなかに面白いもので、昭和四〇年代以降の住人の家には、たとえ庭のあるような家でも、柿を植える気配がみられない。ここにも「木菓子」としての菓樹の価値が低くなっていく世相がうかがえる。柿の老木は、近世からの農村のものいわぬ良き語り部かもしれない。その老いし語り部が、今日まで残っているのには、それなりの理由がありそうだ。

武蔵野の古い農家の敷地には渋柿（つり柿）の老樹がよく残っている（杉並区井草）

伐られざる柿に徳あり　しかれども　登れば落ちることもあり

わが故里の庭の老大樹の西条柿二本は昭和四〇年に伐られた。これはわが父の無風流と短気さの所以である。枝を広くはった二本の柿の落す霜葉《そうよう》は、数日ごとに庭を色鮮やかに覆い、それを集めて焚火をすれば、さつま芋の一〇個ばかりはゆうに焼ける量になる。それに虫くいの熟柿がポタポタ落ちて、ほっておくと饐《す》えてくる。晩秋の庭掃除に閉口した父が、実つきの悪い本西条も、まだ十分実をしげらせる力を残していた削西条も、根元からいっきに伐ってしまったのだ。父には、蕉門の去来の如く嵯峨野に落柿を賞する風雅もなければ、坪内逍遥と会津八一のように熱海の別墅《べっしょ》を双柿舎《そうししゃ》と名づけて老木を楽しむ風にも欠けていて、自らも年老いて、庭掃除の便のために伐ったのであった。

　しかし、幸いにして父の如き人は世間には少なく、柿の木は、よほどのことがないと伐られないものらしい。ひとつには柿は菓木として寿命が長いこと、ヘタムシはつくものの、樹木を枯らすほどの虫害にあわず、商品として実を売ることを考えなければ、ほっておいても、一年おきには多くの実をつけるためだろう。

　昔の人は、そうした柿の本質をよく心していて、宮崎安貞も『農業全書』に柿の徳を書くことは忘れていない。曰く、「又柿に、七絶ありとて、他の樹木に勝れたる事七つあり。一には久しくいのちながし、二には日かげ多し。三には鳥の巣なし。四には虫の付事なし。五には霜葉（もみじ）愛しつべし。六には実すぐれてよき菓子なり。七には落葉田畠に入れて却《かえっ》て肥《こゆ》る物なり」と。このように柿には色々功能があるから植えて損はなく、屋敷廻りに余地があれば、必ず植え置くべしと安貞は筆を加えている。たしかに、実の他に庭の西南や東南隅の柿は、夏に緑蔭をつくるし、冬には落葉して日射の家に入る障りにならない。こうした柿の徳が、村里ばかりでなく、町屋のちょっとした空地にも柿の植えられる理由になっている。

関東地方に多い甘百目柿。これも古い甘柿の品種（杉並区井草）

「柿の七絶」というのは、中国の宋《そう》代の書『爾雅翼《じがよく》』にあって、宮崎安貞が踏襲しているのだが、ここで面白いのは、農書であるため、少しアレンジしていることだ。それは第七の落葉を田畠の肥料にするというところである。これは『爾雅翼』には「落葉肥大可以臨書」、つまり柿の落葉は葉肉が厚く大きいので臨書―字を習う―によいとあるものを農事に結びつけて書き変えているのである。安貞は、ただ書き変えているのでも、また、日本に古く柿の落葉に歌を書き、自然箋とした風雅の道があったことを知らないのでもない。安貞はむしろ当時の農家の実体をみて改変しているように思う。というのは、安貞の時代より約一三〇年さかのぼる、日本最古の、伊予の国の農書『親民鑑月集《しんみんかんげつしゅう》』（『清良記《せいりょうき》』巻七）の肥料論のところに、良い肥料とまではいえないが、柿の葉を田畠に入れることが奨められていて、柿の落葉を肥料にすることが、あるいは一般化していたのかもしれないからだ。

　また話題がそれた。柿の効用の大きいことが、老木の伐られないできた最も大きな理由に違いない。しかし、もうひとつ付け加えたいことがある。それは、柿に結びつく禁忌・俗信のことである。『日本俗信辞典―動・植物編』（鈴木棠三《とうぞう》・角川書店）をみると、柿に関わる禁

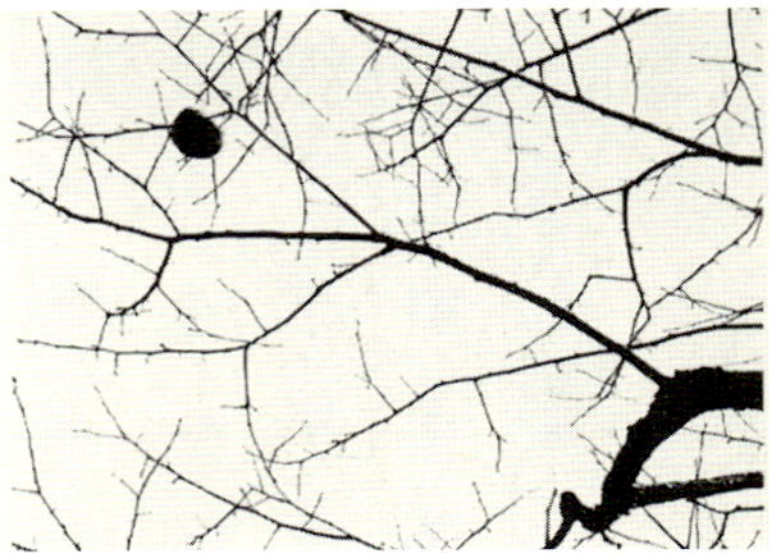

柿の実は全部とらないで２、３個残しておくもの

忌・俗信は一〇頁余にわたって事例があげられるほど多く、また地方差がある。その中に柿の木を伐ったり、木や核子を火にくべたり、薪にして焚いたりすることを忌む地方の多いことである。小正月の成木責《なりきぜ》めの行事に柿が選ばれることも多いし、また人の霊が生前住んでいた家の柿の木に依ってくるとか、柿の実や、実を食べる夢をみると葬式の知らせがあるなど、柿はどこか霊的なものとの関わりが深いと考えられてきたようである。柿の実や葉、柿の渋、そういったものに薬効をみとめ、色々な病をなおす呪《まじな》いにしたり、服用もした。

こうした様々な伝承は、柿が日本人にとっていかに身近で、日常の話題になりやすい木であったかを暗に物語っていよう。それだけに伐りにくい木でもあったのだろう。

柿のタブーに触れたついでにいうと、柿の木から落ちると死ぬとか、三年のうちに死ぬ、大怪我をする、一生治らぬ、といわれることも非常に多いのである。

この禁忌は、私の耳にタコができるほど、母からきかされた。実際、柿の木は、すべりやすく、枝が折れやすい。子供のころは、柿ドロボウや高い柿の木に登らせまいとする母のおどしくらいにしか思えなかった。同じことが日本中でいわれていたのである。女の伝承というのは根が深いようだ。

私は、柿の木に登るとき、やはり細心の注意をした。そのおかげで、幸い落ちたことはない。だが、人がみごとに落ちるのを見た。

わが家の柿を盗もうとした男がいた。子供ばかりが柿ドロボウであったのではない。大人も盗んだ。さすがに門を入って庭の柿をとろうとしたのではないが、塀の外の道の端にあった、もう一本の本西条の柿の木に、その男は登ったのである。柿をドロボウするというのは、どうも行きずりの行為で、ひょっとした拍子に手がのびるものらしい。おそらくその男も、山仕事かなにかの帰り道に、のどがかわいたか、甘みがほしくなったのか、そんな欲求があって、つい赤く熟れた大つぶの柿に誘いかけられたのだろう。

ころよく熟れて明日にももごうかと思っていた熟柿が、中ほどの枝先に成っていたのだ。下の道からみると高い塀があるので、家人にはみえないと思ったに違いないが、太い下枝をそろりそろりと上枝を頼りに熟柿に向かってゆく姿が家からまるみえである。

柿に手が届こうとしたその瞬時、バサッと音がしたかと思うまに盗っ人の姿は塀の下に消えて、赤い実は上枝の先にゆれながら夕空に残った。そして、「こら！」と発しようとした怒声は私の口中によどんだ。母と門の外に出てみると、男の姿は曲り道に消えていて、幹からスパッと折れた太い枝が横たわっていただけだった。刈草の積まれた、そこに落ちたらしい。

母は、そうした時に、すかさず、「柿の木から落ちたら、大怪我をするんだけェ、登ったらいけんからね、……

…」と私にほこ先を向けてくる。こうした時、女の人、いや母たるものは強い。現に大怪我もしないでスタスタと逃げた男がいても、いささかの矛盾も感ぜずたくましく説教ができるのである。

藁を打ち細縄ないて夜なべには
干し柿つくる子らもありしが

日が暮れて、干し柿用の西条柿を背負って帰る農夫(広島市北端明神下)

さて、甘柿をもぎ、熟柿をとって食べていれば、子供には遊びであり、間食になって楽しいものだが、そう楽しいことばかり、柿の思い出にあるわけでもない。

一一月の初旬のころだったであろうか。つるし柿（干し柿）を作る時季がくる。西条柿の大木が四、五本もある家では、大忙しとなる。家族中で何日か夜なべをして柿をむくのであり、子供の手もかりた。

たいてい、つるし柿を作るころになると、野良仕事を終えた男は、夕餉のまえに土間で藁《わら》を打ちはじめる。どこの家からでも木槌《きづち》の音が聞えてきたものだ。そして柿を干す細縄をなっていく。もう中学生くらいになると縄をなった。昭和三〇年ころまでは、草鞋《ぞうり》も作ったから、藁細工は年中のことであったかもしれない。

つるし柿にする柿は、昼間ソウケやオイコに数杯とってある。家族のものが一晩の夜なべ仕事にむけるほどの量である。つるし柿にしやすいように枝はヘタのところからT字形に剪ってある。竹竿を使って、地上から、脚立の上から、また高い梢のものは木に梯子をかけて登り、短めの竹竿で枝を折ったものだ。熟れの若いものは、数日おいてとるようになるべく残すことと、折り枝を地上に落さないように注意した。こうしてとったもののうち、本西条のよい実はさわし柿にしたのである。秋祭りや運動会などには、多くの家でさわし柿を作った。湯に一夜つけて渋抜きする方法であった。

夕餉がすむと、ラジオを聞きながらの柿の皮むきである。何十個も皮をむくのは、いやになるが、そうした時に、母は上手に子供を働かせた。つまり柿の皮を切らずに、どのくらい長くつづけてむけるかを二人の姉と競わせるのである。厚からず、薄からず、平均して皮をむくこつは、こうした競いの中で覚えるもので、おかげでナイフの使い方も上達したし、今では厨房に入りて女房にまけないくらいの庖丁さばきができるのも、柿の皮むきのせいだと思っている。その皮も干して大根や白菜の漬物に入れたものだ。

夜なべ仕事が終るころは、手は渋で黒くなり、糖分でネチネチする。母は、むいた柿を手拭いのような布で表面をふいていたと思う。一尋《ひろ》の細藁縄を一連《れん》にして柿を二〇個ばかり、縄のない目にはさみこんで、翌朝、軒下に干すのであるが、何十連も並ぶと、それはみごとで、冬に向かう寂しさの中で心を豊かにする光景であった。

どの家にも、そうしたつるし柿が軒をかざり出すと、いよいよ冬の到来で、横しぐれが川を渡る日も近づくのであった。

しかし、わが故里は、上等なつるし柿を作るに、あまりふさわしい気候風土でなかった。母の心配事は、天気である。つるし柿にしてから雨が続いたり、暖かい日であったりすると、柿の乾燥が悪く、やわらかい柿は果汁がたれ、表面が黒ずんで、みた目にも悪く、またカビがはえるからだ。寒い季《とき》は寒く、暑い季は暑くなくては物はできない、というのが母の口ぐせで、この時季、夜がきりりとしまった冷えこみが続かないと、つるし柿はよくならないともいっていた。

山陰の海岸部からそう離れていないわが村は、山間とはいえ、冷え込みはきつくなく、大気も乾燥していない。そうした所は、いくらよい大きい渋柿が実っても、商品として売り出せる品質のそろった干し柿はできないもので、みな自家用であった。

そういえば、干し柿の名品を産する土地は、概して内陸の盆地性気候か、山岳に近い冬の早く来る山里ではないだろうか。

つるし柿を作るころは、また漬物用の大根を干す時季で、大根が短期間に円を描けるように柔らかく干しあがる時はつるし柿もよく乾き、軒からとり入れて、桶に切り藁を敷きはさむようにして入れておくと、正月前には、よい具合に白い粉、柿の花がふく。そして冬中の甘い菓子になり、春さきまで食べられたものだ。

つるし柿が農家の軒をずらりと飾るのは、初冬の景物であった。それが、二昔前からしだいに少なくなり、かわりにカラスやヒヨドリの餌になる熟柿が枝にたわわになり残る風景をみることが多くなった。

わが故里で、今もつるし柿を何十連も作っている家は、数軒しかない。律義に昔の生活リズムを守る老夫婦のいる家ばかりである。それほどに、日本の甘みを摂る果物に変化が生じたのである。

ヤマセ吹く霧雨の里に柿はなし
田面は寒し竹藪もなし

柿のラテン語学名は、ディオスピロス・カキという。

日本語のカキという言葉が世界に通ずることは、うれしいことである。

朝鮮半島にも、中国の中・北部にかけても日本と同系統の柿があり、実を食用にし、また渋をとって利用しているのであるが、日本ほど柿が育つに適した風土は他にないようである。それは自然風土だけでなく、文化風土も関係しているのかもしれない。

とはいっても、日本のように南北に長い列島では、いままで私が話してきたような柿のある風景が普遍的であるのではない。柿、あるいは渋柿と甘柿の日本での分布がおおよそどんなものであるかは、図を参照してほしいが、私の旅での実感を記してみよう。

本年の六月中旬、本州最北の下北半島を旅した。目的地は私たちの研究所が調査に入っている佐井村であったが、私はこの旅ではひとつの目標を立てた。わが故里のごとく、また今住む東京の武蔵野郊外のごとく柿の木が人里の風景となっているのは、北に進んでどの辺までなのかということを、この目で確かめたかったのである。

下北行きは上野発の寝台特急であったため、車窓から風景をみることができなかった。翌朝六時ころ目を覚ましてみると、岩手県の北上川に沿って北上していた。

残念なことに外は梅雨のこぬか雨にけぶっていた。春の遅い北国は、まだ緑が浅く、柿の木があるとしても芽ぶいているのかとあやぶまれる景色である。線路に近い農家のまわりをみても、柿の木が目にとびこんでこない。むしろクルミの木がみえてくる。盛岡をすぎ、北上川が山岳にわけ入るにつれて、アカシアの白い花がむれ、ところどころに朴《ほお》の白い大輪や、栃の花が顔を出し、紫の藤波や桐の花が寒そうな霧雨のなかに初夏をつげていた。東京あたりでいえば、五月の連休のころの花々である。分水嶺をトンネルで越えて、八戸に向かっても同様で、馬淵川が平野部に出る青森県境あたりで、ちらりと柿の樹影をみたように思うが、まだ私の目は、飛ぶように過ぎてゆく北国の樹木の若葉から樹種をみわけられるほど慣れていない。

そうこうしているうちに八戸から三沢に着いた。ここから同行した賀曽利隆君とレンタカーで、下北半島を一日がかりでめぐることになっていた。外に出ると、その寒さは思いの外で、六月というのにレンタカーの営業所には、ストーブが燃えている。太平洋からの冷たい東風、ヤマセが吹いて霧雨である。

小川原湖の西岸を北上し、低い丘陵地にかかると、牧草地が鉛色の空の下にひろがって、「ドイツの風景を小型にしたようだ」と世界中を旅している賀曽利君は実感をこめていう。こんなところに柿の木があるはずはない。甘柿と比べて渋柿はかなり耐寒性があって、北海道を除くと本州全域で植栽されているのではあるが、三沢あたりから北では渋柿でさえ、寒さに耐えられないのだろう。

私は日本の人里風景を形成する要素を三つあげよといわれると、第一に稲田、第二に竹藪、第三に柿の木をあ

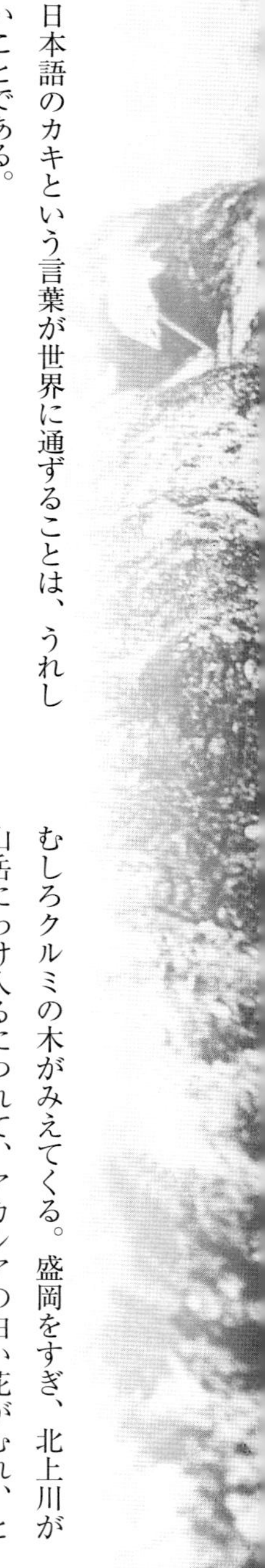

７月末、甲斐の西原の山里でみた渋柿の大木

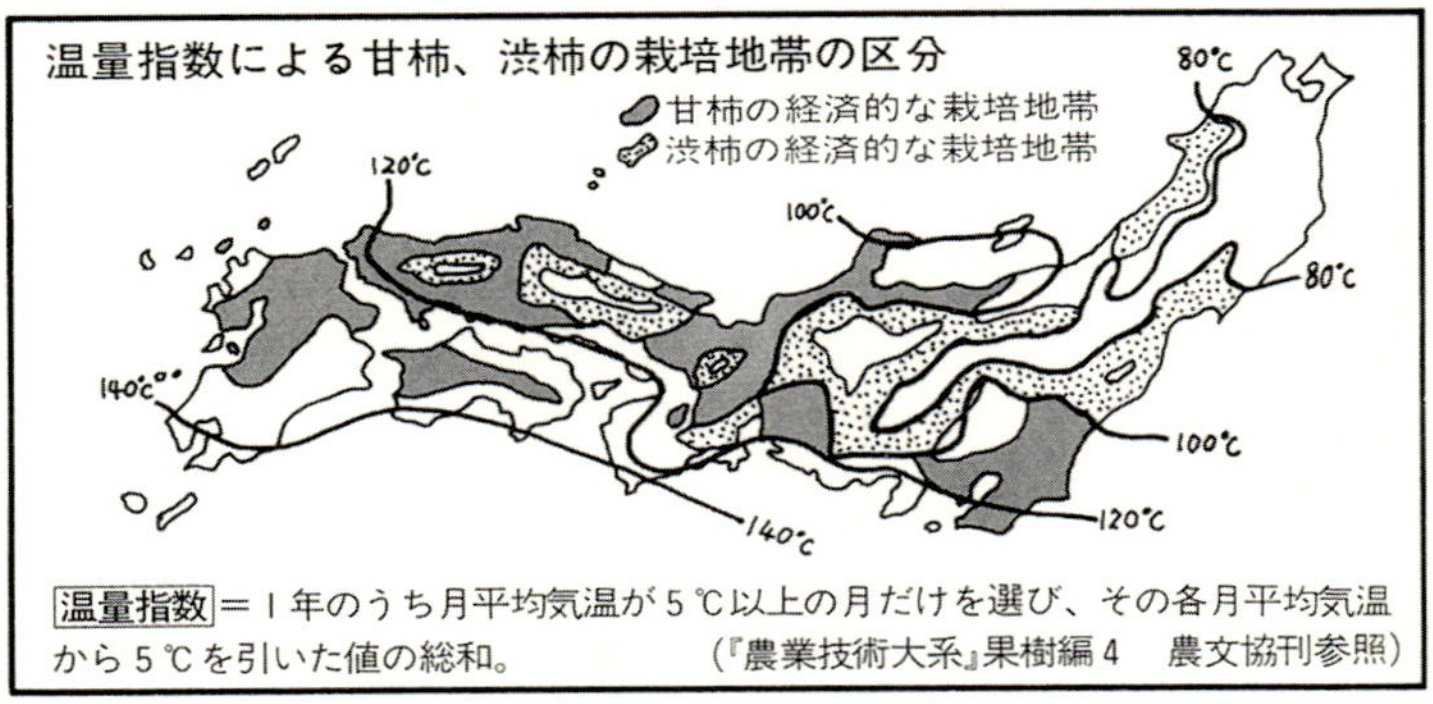

温量指数による甘柿、渋柿の栽培地帯の区分

温量指数＝１年のうち月平均気温が５℃以上の月だけを選び、その各月平均気温から５℃を引いた値の総和。（『農業技術大系』果樹編４　農文協刊参照）

げたい。

　三沢あたりから、広々とした稲田をみていると、夏のこんな寒さで稲が育つのかと心配になるほど黄緑の苗はヤマセに弱々しくゆらいでいる。日本人は米に執念を燃やして稲の適地でないところまで無理に無理を重ねて米作りをしてきた。この上北・下北郡あたりは耐寒性のある米の品種が作られてはじめて米作りの可能になった土地であろう。そういう気候風土には、また竹藪（笹藪ではなく）がない。じつは列車の中でも、竹のことが気になっていたのだが、目にとまるほどの竹藪をみていないのである。

　陸奥湾岸に出て少し北上する。そしてまた四、五〇〇メートルの山塊を東に越えて太平洋岸に出て、というふうに曲折しながら、村々を縫っていたが、柿の木には一本も出会わない。二人の関心は次第に漁村のことになり、みごとなヒバ林に移っていった。恐山に登って薬湯につかり、尻屋崎の荒寥たる大地の鼻に立って風に吹かれていると、もうここは稲作民の生活する場ではないと肌身が知らせてくれる。夕暮れのせまった太平洋岸をいっきに南下して三沢に帰った。

　この本州の北のはてにきて、温帯の植物である日本の柿をさがすのはバカげたことだが、柿のないことを体験的に確かめるのも悪くはない。私たちが簡単に「日本的」などというとき、どこまで北国のことを念頭にいれてものをいっているか、とくに西日本に育った私のごとき人間は心しておかなくてはならない。そういうことがはっきりと意識されるには、活字の知識ではなく、実感が必要なのだろう。

あえてうれしや佐井の柿
若葉寂しや北のはて

　翌日、列車とバスで目的地佐井《さい》に入った。本州最北の大間崎《おおまざき》を南に曲って、海岸をゆくと、やがて佐井村である。海峡の向こうに北海道の山嶺が浮いている。宿にした民宿「やまこめ」の奥さんに念のため佐井に柿の木はありますかと尋ねた。「ありますよ。渋柿ですが……」

　期待はずれの答えである。下北半島には柿の木はない。昨日の車の走行でも、この日の風景の中にも、柿の木がないので私はそう決めこんでいた。

　よく晴れた日で、昨日のようにトリハダの立つような寒さではない。かつて日本海の西廻航路でにぎわった港佐井の街を歩くと、ぽかぽかと暖かい。宿の奥さんに教えられた民家の庭に確かに一本の柿の木があるではないか。二の腕ほどの幹に細い枝がはって、芽ぶいたばかりの若葉が陽に輝いている。私には、うれしくもあったが、その柿の姿は寂しかった。風薫る初夏、大木の、枝を高く広くはった渋柿の若葉をみると、口遊《くちずさ》みたくなる和歌がある。

下北半島佐井村でみた渋柿。6月中旬というのに若葉は弱々しい。右は椿の木

かきわかば　もゆる　にはべ　の　しろすな　に
あさ　を　あふるる　みぞがは　の　みづ

秋艸道人会津八一の歌である。戦災にあい、郷里新潟に帰った傷心の八一の心を癒したのは、庭の白砂をあふれてゆく水であり、もえたつ柿の若葉であった。この生命のあふれを感じさせる力が、佐井の柿の若葉にはなく、寂しいのである。

佐井を歩くと、柿の木が何本か庭にみえる。しかし、五指にも足らない。明治のころに庭に植えた柿の木があったという旧家の老女もいた。その家の庭をみると、一隅に貧弱な竹藪がある。「ええ、七夕のとき子供が切りに来たものですよ」という。貧弱ではあっても柿と竹が佐井にはあって、ここはぎりぎり「日本的」な風土なんですよと耳うちしているように思えた。

大間崎を南に曲ると、気候はやや温暖になる。寒流親潮の海上を吹き来るヤマセが直に当らないためか、日本海を北上する暖流対馬海流の尾が津軽海峡にはいっているためかもわからない。佐井村にも戦後新田ができ、稲が作れるようになった。四年つづきの冷害で上北や下北の多くの土地で米の収穫が零《ゼロ》に近かった年でも、この佐井では四割近い米が獲れたという。宿の奥さんはそれだけ佐井は暖かいのですと。

次の日、また車で下北の山塊を越え、川内《かわうち》町・脇野沢《わきのさわ》村を巡ってみた。佐井で柿の木をみた以上、他にもありそうだと思っていると、陸奥湾側の川内などに、数本の柿の木をみた、柿をみつけると二〇万分の一の地図に印をつけていたが、その赤い点は微々たるものに過ぎず、人里の風景とはなっていない。

四日目には、夕方に東京で仕事がまっていて、朝五時起きして佐井をバスで去った。大間崎を曲るとまた寒い霧の雨で、気候ががらりと変ってくる。

むつ市の田名部《たなぶ》から列車に乗って東京に向かった。車中でも地図をひろげ、柿の木をみたら地図に落そうと外を眺めつづけた。野辺地《のへじ》も、三沢《みさわ》も、八戸《はちのへ》も依然としてヤマセをともなった霧雨である。北国の樹々をみてきた目には、かなり樹種のみわけがついて、少なくとも柿は窓からでも見わけがつくのに、やはり柿はみえない。

青森と岩手の県境に近い南部《なんぶ》町あたりではじめて柿がみえた。農家に近い畑の端に二、三本。しかし、どの農家のまわりにもあるという柿のありようではないが、このあたりまで内陸に入ると、ヤマセの影響がうすらいで寒さがゆるむのかもしれない。

馬淵《まぶち》川沿いに東北本線が山岳地に入っていくと、また柿の木は消える。しかし、空は晴れてきて、北上川の上流にかかるころは、あの下北の鉛色の空がうそのように、梅雨の五月晴《さつきば》れとなった。太陽さえ出れば、季は仲夏なのだ。盛岡へと列車はスピードをあげる。北上盆地の北端の村々に入ってくると、また柿がちらほらみえてくる。田面も緑がいくぶん濃くみえる。しかし、私が下北で推《おも》いついた柿と竹のセットの「文化的自然」はみえてこない。つまり、農家の屋敷地や背戸《せど》の山に竹藪がみえないのである。これは寒冷地というだけでなく、冬の雪の多さのためかもしれない。

盛岡で新幹線に乗り継いだ。スピードが違うが、東海道・山陽新幹線で訓練している私の目には、柿と竹藪のみわけはつき、点々とみえる柿のありかを地図に落していった。

高架を走る新幹線からは広い水田地帯がよくみえる。この北上盆地は、その昔、大和政権が陸奥国をさらに北へ進出しようとして、前進をはばまれたところではなかったか。平安時代になっても、なお、日本の北境をなす地帯で中央政府にまつろわぬ豪族もいて、これより北は異郷の感を深くする領域ではなかったか、と空想しながら眺めた。

一関《いちのせき》に近づいて列車のスピードが落ちた。ちょうどその時、山の裾の農家の裏に竹藪がみえてきた。東北本線沿いに限っていえば、一関あたりが竹藪の北限なのだろうか。太平洋岸では、三陸を北上して久慈市あたりまでが竹の文化圏という。それは暖流黒潮の北上と関係があるのか、雪の少なさによるのか。では、日本海側はどうなのだろう。津軽半島まで、柿も竹も北上しているのだろうか。私は、柿を見に、下北に旅して、東北地方の海岸部を、ずっとめぐり歩いてみたくなった。そして柿と竹藪をセットにして日本の「文化的自然」を考え、日本的風土とは、どういう所なのか実感として知りたいと思った。しかし、まだそれができていない。

『日本地名索引』（金井弘夫編・アボック社）という分厚い本があり、それに柿という字を含んだ地名が一五四例載っている。面白いことに、東北六県には唯一ヶ所で、他は関東・北陸以西で、例外的に北海道の松前の北に柿崎山という地名がでるだけである。東北の一ヶ所というのは、二〇万分の一地図の岩手県一関に載る柿内沢《かきうちざわ》である。これは、下北から帰って調べた結果わかったのであるが、一関附近の車窓からみた竹藪と妙に私のイメージが重なって、柿が西日本的な人里の景物として存在し得るところは、一関あたりが北限ではないかと、かってに決めてかかりたくなるほど、この地名索引の柿の項はみごとに、柿分布圏を語っているように思えたのである。ただし、文字面としての柿は垣《かき》に通ずるところがあるから注意しておかねばならないが……。

さて、新幹線が仙台をすぎたころから、私のノートは、柿多し、竹藪もあり、真竹のよい藪あり、というふうになっていって、福島県に入ると、柿の存在は、もうあたり前のことになってしまい、白河《しらかわ》を越える車と、とらえようのない関東平野を漠然と眺めるにすぎなくなった。

柿の品種　甚多しと古書にあり
今数えれば千種にもなる

渋柿でさえ植栽しにくい下北で、ここは日本人の住む所だといわんばかりの象徴さで柿が存在していたことは、私にかえって日本人がいかに柿を愛し、柿に執着してきたかを教えてくれた。

離村し無住になった家に残された渋柿（京都府丹後半島）　撮影・森本　孝

柿が日本人の原風景のようになっているのには、甘みの食文化と関係があろう。日本人が最も手がるに甘みを求め得たのは柿ではなかったか。甘柿、熟柿、さわし柿のような短期の甘味料として食べるだけでなく、干し柿にして長期保存の甘味料として柿を食べることに重きが置かれてきたことに、それがよく表われている。それに、日本には古くから柿の品種が非常に多かったことにもよるらしい。

ただし、文献的にみると、古代・中世にあっては、単に柿、干柿、串柿、熟柿、鹿心柿《やまがき》、木沢柿《きざし》、淡柿実《さらしかき》というふうにしか書かれておらず、どれだけの品種があったかは分明でない。これが江戸時代になると柿の品種名も、また地方名も次第に多くなってくる。そして江戸末の『重修本草綱目啓蒙』山果・柿の項のはじめには「品種多シ和産二百餘種アリ」と、はじめて全体像を示してくれている。

これは江戸時代に柿の植栽が奨められ、また人の食するによい柿の品種が各地で発見されていったこと、あるいは新品種を増し広める方法として台木づくりと接木法が工夫されていったことが考えられる。この近世の果樹栽培の発展が基となって明治以降の日本農業の中の果樹園芸が成り立つものであると思われる。日本の柿の品種は現在、九

梅雨のころ、葉かげに小さな柿の実がつく

○○種とも一〇〇〇種ともいわれている。これは植物学の発展で品種分類が細かくなったこともあるが、その中には、明治以降の品種改良、新品種の発見のたゆまぬ努力があったといわねばならない。いずれにしても日本の柿ほど品種の多い菓木もないのである。

ところで、日本の柿は、甘柿の品種も多くあって古くから食用にしてきたところに、中国や朝鮮半島との違いがみられる。しかし、今日のように、富有《ふゆう》柿や次郎柿に代表される甘柿が市場を圧し、柿といえば甘柿というようになったのは近ごろのことであって、少なくとも昭和三〇年ころまでは、生産量においても渋柿が主であり、干し柿にして食べることが中心であった。

その理由を、再び江戸後期の大蔵永常の言によってみよう。

甘柿が所の産物となり、農家の利益を生むのは、大和・京都・甲州・美濃などごくかぎられた土地で、一般には利を生まない。それは、「此甘柿は熟して食ふべき間纔《わずか》三十日には過《すぎ》ず」といい、自家用にはよいが、土地の産物にはなりにくいというのだ。これに対して「多く造りて利を得、其所の産ともなれるは渋柿なり」という。その最も大きい理由は、熟柿・さわし柿の他に、長期保存のきく干し柿にして多く売ることもできるからであり、柿渋をとる渋柿も植えると利は大きいというのである。

実際、江戸時代の『日本諸国名物尽』に柿の産物が出てくるのは、大和・伊勢・甲斐・美濃・上野・安芸であるが、大和の「御所《ごしょ》柿」以外は、干し柿としての産物である。

甘柿の欠点は、永常のいうように生果物で長期保存がきかないことにある。これはじつは今日でもそうで、りんごやみかんほどによい保存処理方法がないらしい。しかし、甘柿は今日では、市場に九月初めには出てくるし、一二月から一月頃まで店頭をかざっているのは周知のことだろう。これは品種を変えて市場に出荷されているのである。

ひと枝に実ひとつならす柿の園
なにやらかなし美濃富有

私は、昨年の二月中旬、柿の産地美濃路を歩いてみて、柿作りも大量生産するのは、なかなか苦労なものだと知らされた。

美濃《みの》の岐阜《ぎふ》といえば、富有柿の原産地である。富有は明治末期に発見され改良を重ねた甘柿の最高品種であるが、はじめは岡山県や愛媛県で栽培が進んだといわれるくらいで、岐阜特産として知られるようになるのは、昭和に入ってからだという。

岐阜市から名鉄揖斐《いび》線に乗り、西に市街地をはずれると、一面の果樹園がみえてくる。梨やぶどう園もあるが、さすがに柿園が多い。北方《きたがた》、糸貫《いとぬき》、真正《しんせい》、大野《おおの》町から根尾《ねお》川流域の谷汲《たにくみ》線にそう本巣《もとす》あたりが富有柿の大産地のようだ。これだけの広大な柿園を歩くのははじめてのことで、屋敷まわりの柿の木とは趣がまったく異なる。

甘柿は、枝の剪定がゆきとどき、芽《め》かき、摘果がされ

柿の断面

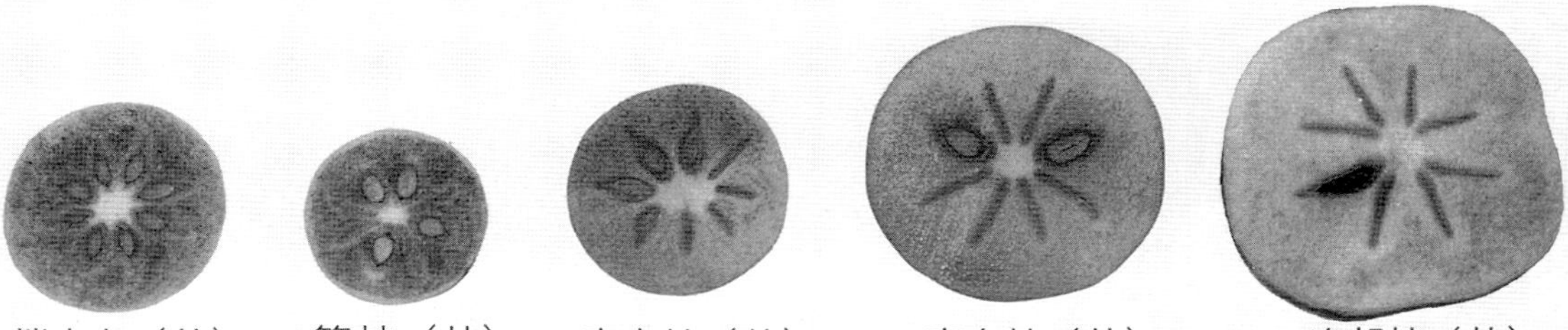

禅寺丸（甘）　筆柿（甘）　富有柿（甘）　富有柿（甘）　次郎柿（甘）

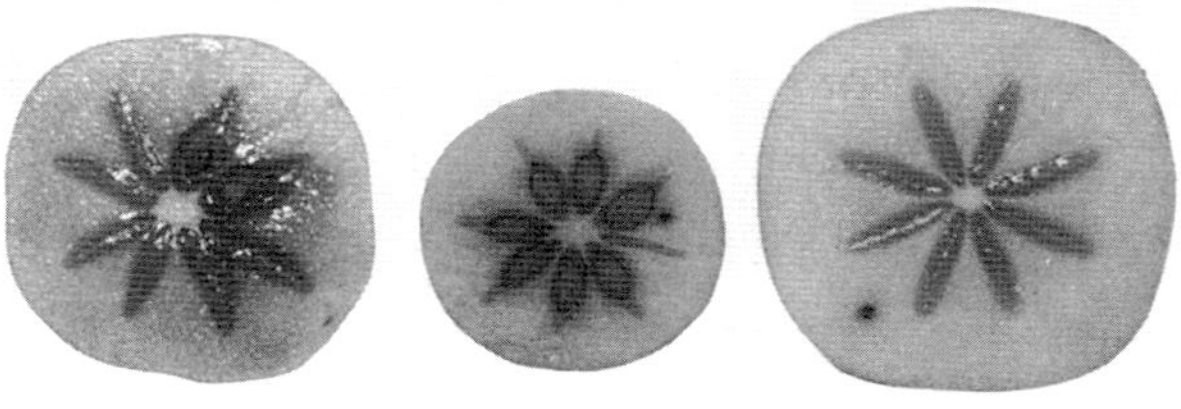

西条柿（渋）　つり柿（渋）　平無核（渋）

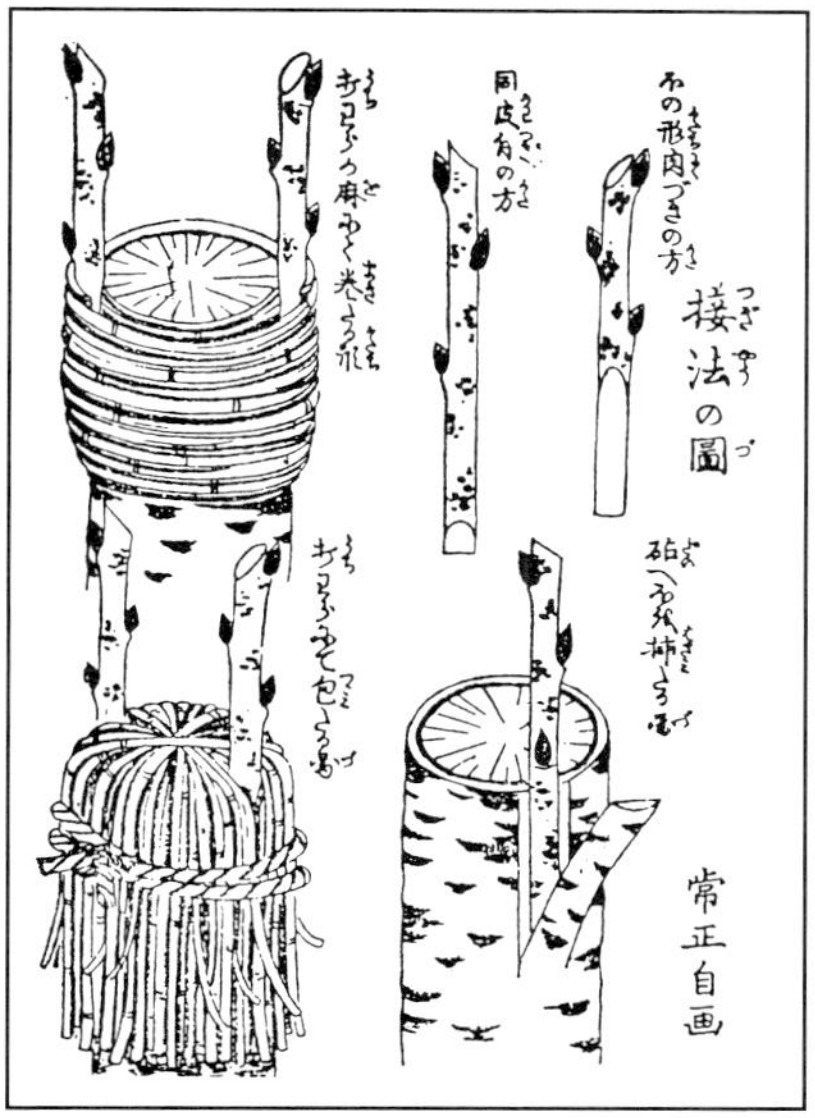

『草木育種』にみられる接木法の図

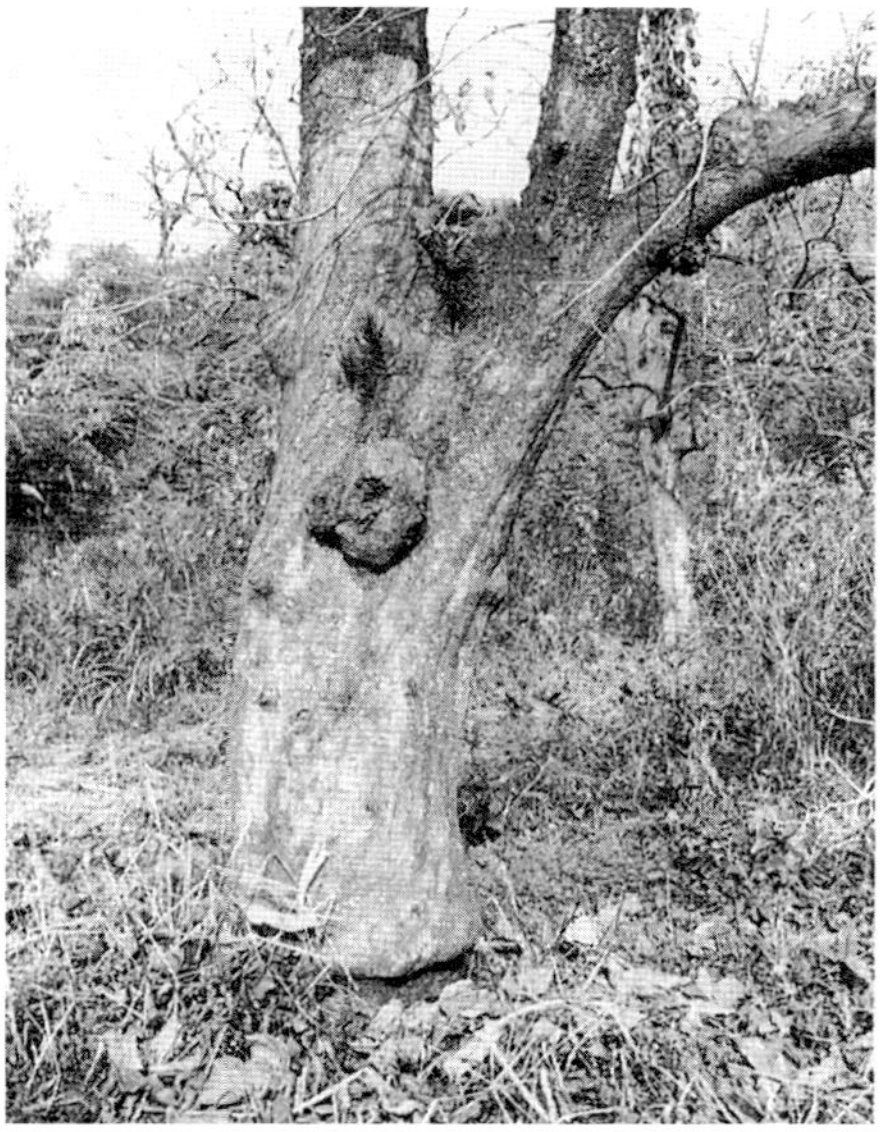

右　渋柿の幹の途中で接木した富有柿（右側の枝）。左側の枝はもとの渋柿（島根県桜江町谷住郷）
左　柿の木の根元に接木の跡がみえる。居接法によったものであろう（岐阜県揖斐郡谷汲村）

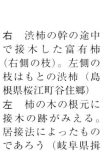

岐阜県揖斐郡谷汲村の干し柿作り。西国三十三ヶ所霊場で名高い華厳寺の門前は秋になると美濃名産の富有柿を売る店が多いが、その店の裏は柿園で富士柿などの大きな実の柿を干し柿にする。軒下に干し柿の連が並ぶと冬は近い

堂上蜂屋柿は美濃枝柿といわれた干し柿の逸品。柿一個米一升といわれたのは無類枝柿である
枠内＝宇治田原町の干し柿用に収穫したコロ柿　撮影・印南悠子

ているため、柿が枝にたわわになっている風景はみられない。どこかものさみしいのである。樹高も低い。脚立に登れば、すべての柿が収穫できるように整枝してある。

先に柿の七絶の中でふれたように、私は柿には虫が付きにくいから、ほっておいても実るなどといったが、柿園で働いている農婦に聞いてみると、とんでもないことで、色々な虫や病気があって、柿の色づきはじめる前までには、何度も農薬を散布するという。ある農協によって富有柿栽培の作業標準暦なるものをもらってみると、カキミガ（虫）、落葉病、うどんこ病、炭そ病などの防除用の薬剤名が一六種も載っているのである。

「柿づくりも、これでなかなか大変なんです。基肥も、追肥も、そして礼肥もしなくてはなりません。老いた木は若木に変えませんとね。ええそうです、人工受粉もするんです」

子供のころの柿体験では、全く歯が立たない。これだけの管理をしないと、粒のそろった大きく甘い柿はできないし、毎年一定した収穫量を保つことができないらしい。

一一月は、富有柿の収穫期であったが、柿園をみて歩いていると、柿のまったく枝にない木もある。これは、早生《わせ》種の甘柿園である。西村早生《にしむらわせ》や松本早生《まつもとわせ》といった新しい品種の園である。まだこれから色づくといった品種もあったから、早生、中生《なかて》、晩生《おくて》と出荷時をずらせるように生産しているのである。こうして大蔵永常が指摘した「食ふべき間纔三十日には過ず」という欠点が補われているというわけだ。しかしこれには、多様な品種があってはじめて可能な技であり、それができたのは近年のことにすぎない。

私は、富有柿の産地をみた後、西国三十三ヶ所結願の谷汲山華厳寺に参拝した。その門前の店には参拝客相手に富有柿が並んでいる。柿にも品級があって、秀L、秀Mなどになると一個五〇〇～二〇〇円もする。こうした優等生の甘柿は、ほんとに旨いのだろうか。姿もよく、傷もない。渋味は完全に抜けているが、果肉には褐斑《かっぱん》（ごま）がほとんどなく果汁は甘い。しかし私の味覚には、なにかものたりない。ほどよい野性味に欠けるのだ。総じて近ごろの果物や野菜は、姿形を重んじてはいまいか。果物は甘さを強調しすぎてはいまいか。そのために大変な労力をかけ管理し保護していく。結果は優等生ができるが、自然にもまれ、虫害にも耐えて生き残った奥ゆきと、屈折した旨みに欠けているように思う。これは甘柿だけでなく、商品管理のゆきとどいた、りんごも梨もみかんも同様ではあるまいか。

晩秋の夕映えに赤い柿はますます赤くなっていく。美濃の平野の柿の園を、二輌連結のボロ電車にゆられて、私は岐阜に向かった。

姿美し　蜜また濃し蜂屋柿
諸役御免の御墨付

美濃の柿には、もひとつの名品がある。これは今日ではめったに店頭に出なくなった干し柿の逸品蜂屋《はちや》柿である。富有柿とはちがってこちらは歴史が古い。今は堂上《どうじょう》蜂屋《はちや》柿といっているが、古くは美濃の枝柿《えだがき》といわれていたこともある。堂上蜂屋の名は、九〇〇年前、美濃国司が京の堂上の人（貫頭）に「干柿」を献上したという記録があり、そこからつけられたものであるが、それが蜂屋柿であったかどうか明確ではない。しかし蜂屋の地元ではそうなっている。さらに、旧蜂屋村の伝えでは源頼朝に献上したとか、豊臣秀吉に献上したともいわれている。いずれにしても蜂屋の干し柿（枝柿）がかなり古くから名品として知られていたことは確かなようである。

蜂屋柿が献上柿の名をほしいままにしたのは、江戸時代である。この村には西美濃の名刹瑞林寺《ずいりんじ》（臨済宗）があり、ここの江国《こうこく》和尚が関ヶ原の合戦前夜、大垣《おおがき》城を攻めようとしていた墨俣《すのまた》の徳川家康に蜂屋柿を陣中見舞に献上したことにはじまる。家康は蜂屋柿の大ぶりの柿をみて、大垣（大柿）が手に入ったと喜んだといわれる。これが因縁で以後、蜂屋村は将軍家の御菓子場になり、柿を毎年献上することになるが、同時に家康から村の「諸役御免《しょやくごめん》」の御墨付《おすみつき》をもらったのである。後に蜂屋村が尾張名古屋の徳川藩の領地になると、尾張様に柿を献上し、上納して代米をもらい、諸役御免もうけつがれるのである。

このように江戸時代の蜂屋村は、名産の柿をもっていたが故に、秋は干し柿作りにあけくれる村となった。

堂上蜂屋柿の皮をむく
（村瀬俊雄家の「御柿屋」にて）

この蜂屋は美濃加茂《みのかも》市にある。名古屋からは真北に約三〇キロ、岐阜からは東に二四キロの、飛騨川が木曽川に流れ込むところにある。このあたりの中心地は美濃《みの》太田《おおた》である。「木曽のかけはし、太田の渡し、碓氷《うすい》峠がなくばよい」と唄われた、中山道《なかせんどう》の難所太田の渡しをひかえ、周辺三一ヶ村を助郷《すけごう》村に従える大きな宿場町であった。旧蜂屋村はこの太田から北へ四キロのところにある。

私は、岐阜から高山《たかやま》線で太田に向かい、そこで泊った。そして翌朝、かの献上柿、柿一個米一升とまでいわれた御柿《おかき》を見に駅前からタクシーを拾って蜂屋に向かった。蜂屋柿が家康に献上された関ヶ原の合戦は旧暦九月一五日、暦を新暦に直すと、一一月の初めになるであろうか。柿の熟れどきであった。家康に献上したのは干し柿（枝柿）ということに蜂屋の歴史ではなっているが、はたしてそうか。大きく丸く熟れた熟柿ではなかったか。それとも、前年につくった干し柿が秋まで保存されていたのだろうか。もしそうだとすると、干し柿は昔は年中たべた菓子だったのかもしれない。ところが、この干し柿づくりの本場と思っていた蜂屋に向かっても、少しも家の軒下につるし柿がみえてこない。運転手が蜂屋のどこへ行くのかと聞く。「蜂屋柿をみたいんですが、どこがよいでしょうか」と問い返えしてみると、それなら山之上《やまのうえ》がよいという。旧山之上村は蜂屋の北隣りにある。

飛騨川東岸を北に走って山之上に向かった。急に左にカーブして、車は丘陵地に登っていく。なるほど山之上

上　佐賀県の背振山地の村里は干し柿の産地。西南日本では山里の方が干柿つくりに適している
撮影・須藤　功
下　山城の宇治田原町はコロ柿の産地。この小型の渋柿のなるさまは日本の古い柿の典型かもしれない
撮影・印南悠子

上　刈り上げのすんだ田圃の隅で平無核（ひらたねなし）柿が熟していた（群馬県新治村）　撮影・須藤　功
下　正月飾り用の干し柿をつくる。正月に干し柿を飾る地方は多い（群馬県新治村）　撮影・須藤　功

コロ柿を干す。天気の良い日はムシロの上に干した柿をひとつひとつ返しては乾かす　撮影・印南悠子

とはうまい地名だ。丘に上ってみると、広い果樹園、観光農園がみえてきて、梨、ぶどう、そして今さかりの富有柿の園がみえはじめた。タクシーは果実農業組合に私を運んでくれた。事務所の前には数台の軽トラックが並んでいて、農家から集まってきた富士柿や水蜂屋の小山が出荷をまっていた。聞くと、これらの柿は、大垣市の大きな柿羊羹屋にひきとられて、そこで干し柿になるという。どうりで、この辺の農家の軒下に、つるされた柿がみえないはずである。手間をとる干し柿づくりは、全国的にかなり大がかりに製造する家に生柿が集められ、集約的に作られるようになっているようだ。

山之上の組合長の話では、この地の果樹園の歴史は、戦後の開墾にはじまったという。この丘陵上はもとはやせた赤土の原野であったらしく、そこは古い堂上蜂屋柿の産地ではない。現在も蜂屋柿の干し柿を作っているのはやはり旧蜂屋村で、それもわずか二、三軒という。

運よく、その蜂屋柿を作っている村瀬俊雄さんの若奥さんがおられ、私を紹介してくれた。その奥さんの運転する軽トラックに乗って村瀬家を訪ねた。道々の話では、蜂屋の丘陵の柿畑は、養蚕が盛んになって桑畑になったり、戦中、戦後の食糧増産で柿の木が伐られて畑地になったという。さらに農家では多くの干し柿を作る手間がないため、蜂屋柿は全く衰退したという。「今、義父《ちち》が蜂屋柿の復興をめざして、指導しているのですが、柿の木を作ることからはじめるものですから、なかなか思うようにはいきません」と。

村瀬家の門口に「蜂屋柿保存木」と書いた杭が立っていた。そばの柿の老木には赤く熟れた大きい丸い、そして先がすこしとがった実がついている。今年は、秋になって、ほとんど雨が降らず、もう一ヶ月以上も雨がなくて、実が少し小ぶりだという。家のまわりの畑は柿園となっていて蜂屋柿が、ちょうど富有柿園のように整枝されて重そうに実をつけている。

かつては、こうした柿畑が、この蜂屋の家々のまわりの斜面には多かったのだろう。そうでなければ、例えば正徳元年（一七一一）に御柿三万個を名古屋藩に納めることはできなかったであろう。

蜂屋郷土史研究会が神保朔郎氏の著で出版された『蜂屋の歴史』をみると、この御柿総数三万個のうちわけは、皮柿（蜂屋柿の熟柿？）一五〇〇、無類美濃柿（極上の御所柿）一八〇〇、無類枝柿（極上の蜂屋柿の干し柿）二二〇〇、合計五五〇〇個は献上で、残りは、枝柿で、二五〇〇〇個が上納買い上げであった。枝柿には品級と代米高があって、一〇〇個につき無類枝柿は代米一石、上枝柿は七斗、中枝柿は五斗、下枝柿は三斗となっていて年貢米からさしひかれたのである。ちなみに無類美濃柿は一〇〇個につき代米五斗であった。この総数三万個を献上、上納するには、三〇万個の生柿が必要であったという。つまり大半を占める枝柿をつくるには、上納できない不良品が大量にできるということである。

旧蜂屋村は蜂屋三千石といわれた大きな村（四郷に分れていたが）ではあるが、これだけの生柿は蜂屋だけではまかなえず、近郷から買い集めたという。村には三軒の御柿庄屋《おかきしょうや》があり、二〇〇軒の御柿屋で製造したのである。たしかに代米をもらい、それに「諸役御免」の特権、ことに太田宿の助郷村からはずれたことは、周辺の村々がうらやむほど村人にとって大きな利点であったが、枝柿づくりもこれだけのものになると並大抵ではなかったらしい。江戸時代を通じての「御柿」製造は、明治になって、当然なくなるが、蜂屋の干し柿は、大正二年には一八万個を記録しているほど盛んであった。

村瀬家の庭には、いわば「御柿屋」があって、近所の婦人三人が蜂屋柿の皮を丁寧にむいている最中であった。村瀬俊雄さんに干し柿づくりを聞くと、丁字形に枝をつけた柿を、三〜五日家の中で追熟《ついじゅく》させてから皮をむく。昔は一つ一つさらしの布で表面にうく渋をふいたという。今は、皮むきのあと細紐の両端に柿をつるして、「硫黄燻蒸《いおうくんじょう》」する。殺菌とカビのはえるのを防ぐという。陽当りのよい軒下に二個ずつつるして干し、一週間たつと、「つるしかえし」といって柿を裏がえす。三分の一くらいに乾いたところで、幕の中に入れて太陽の光をさえぎり「にごぼうき」という小さなワラぼうきで柿の表面をはいてやる。すると白い粉がふいてくる。それを三日ほどして、また外に出す。約一ヶ月で干し上がる。一二月中旬である。

村瀬さんは、今年のような天気はこまるという。雨がなくて晴天つづきはよいのだが、立冬をすぎているのに、暖かすぎて柿の乾燥にはよくないという。今では、雨の日が続いたりすると、乾燥室で火力で乾かすというが、それでも、良い干し柿にするには、天然の乾燥が一番なのである。

皮をむいたばかりの干し柿が乾燥小屋の軒に陽をあびて黄色くかがやいていた。丸い柿の先には、ふきでた蜜が垂れている。ちょっと指先にとってなめてみると、まるで上等な蜂蜜のように甘い。私は、奥さんに一箱の蜂屋柿を注文して辞した。

蜂屋三千石の田園は、もう刈り上げが終って、小春日和の下にあった。畔をみると、春とまちがえたか、菫《スミレ》が咲いている。その昔、茶壷道中ならぬ、御柿道中が葵の紋のついた尾州御用の旗をさして八里の道を名古屋にむかったのだろう。そんな空想をしながら、途中、瑞林寺に寄って美濃路をあとにした。

うす暗し土蔵の隅の渋甕《しぶがめ》に
釣り糸染めて川遊び

甘い柿ばかりが、柿の徳ではない。私は、中国の「柿の七絶」に柿の渋をとりあげてないのが不思議に思えるのだが、日本では、柿渋をずいぶん利用してきた。柿渋と紙や、柿渋と木器のことは、別に書いてあるので、そ

朱色が見た目にも美しいベンガラ塗りの民家。柿渋で下地を塗り、その上にベンガラを塗っている（福井県鯖江市）
撮影・森本　孝

れを参照してほしいが、柿渋の利用は非常に広範で、かつ日常的であった。

私は柿渋をとった体験がない。ただ使った覚えはある。わが故里の家には、子供のころには、確かに土蔵のそばのうす暗い隅に小さい渋甕があった。網目の破れたソウケ（ショウケ）や米揚げザルは、反古《ほご》紙を幾重にも貼り、柿渋を刷《は》いて補強された張り子があったし、なにかと渋紙を使っていたように思う。渋甕に柿渋が入っていたということは、近所の農家からもらっていたにちがいないのだが……。

私が渋甕をあけるのは、川の魚つりにつかう釣り糸を染めるときであった。当時は、まだナイロン糸の時代ではなくて、テグスの他に木綿や麻糸を使っていた。とくに延縄《はえなわ》は木綿糸で、夏の川遊びに欠かせなかったし、その糸は柿渋で染めて使うものであったからだ。なぜ、鼻をつままないと蓋をあけられない、あの臭い柿渋で糸を染めなくてはならないのか理由もよくわからず、ただ漁のうまい人は皆そうしているから私もまねたにすぎなかった。渋染めと、あの渋色は、私にとっては一種の魚つりの呪《まじな》いにすぎなかった。

だいたいに、渋《しぶ》というとあまりよいイメージがない。渋い柿は、口からはき出さないといけないし、渋面《しぶつら》にあうと用心しなくてはならない。仕事は渋々やるなと叱られる。たまには、多少よい意味を含めながら、お前は渋いね、とほめられたりするが、素直にはよろこべない。そして渋さが味わえるのは人生経験を重ねた上のことらしい。

染め物用型紙の地紙にひく柿渋（三重県鈴鹿市鼓ヶ浦）　撮影・近山雅人

渋の正体というのは、これだけ化学の進んだ今日でも、わかりにくいもののようだ。百科辞典の渋の項をみると、詳しくは「タンニン」の項をみよとある。タンニンの項をみると、よほど日ごろ化学に親しんでいる人でないと、何のことやらわからない渋い説明がしてある。

要するに、タンニンといおうが、渋といおうが、また鞣質《じゅうしつ》といおうが、その本体なり、作用の仕組みはヤブの中であり、正確に化学分子式で示し得ないことが多いようである。このわけのわからない、つまり複合的な有機物を昔の人は「渋」といい、近ごろは西洋風に「タンニン」とよんでいるにすぎない。いずれも慣用語である。勿論、柿だけに渋があるのではなく、非常に多くの高等植物の果実や葉、材や樹皮や地下茎にはタンニンが含まれている。

食べものとしてみると、渋は邪魔物で、強い渋をもつ柿などは、それを抜くのに苦労してきたのだ。しかし反面、この口には邪魔物の渋（タンニン）を世界中の人々が、それぞれの身近な植物からとり出して様々に使ってきたことも確かで、現に多用されている。

しかし、日本で「渋」といったとき、私たちがすぐ思うのは、口にしては柿の渋味、目には柿渋染めの茶系の色ではあるまいか。

ただ、柿渋染めの紙や糸布をみることの少なくなった現在、この色合いが日常の色でなくなってきている。渋紙が家庭から消えていったのは近ごろのことだが、柿渋染めの衣が少なくなったのはもっと昔で、藍染めの木綿が日常着になってからである。そして日本人の「渋い色」

柿渋づくりや接木の台木に使われるマメ柿

という言葉に、あでやかな色に対する雅趣のある地味な色というニュアンスがでてきて、渋好みは必ずしも茶系の色とは限らなくなった。

柿渋で糸や布を染めるということは、色をつけるということばかりではなく、根本のところには、繊維を強くし、腐蝕を防ごうとする目的があったのではないか。渋染めの中には、珍しい色を発色させる意図もあるが、柿渋染めは、色というより、繊維の強化の意味が強いと思われる。これは紙においても、木器や木材においても同様である。

私が子供のころに釣り糸を染めたのも、じつは呪いなどではなく、水や塩水につけると弱くなり有機物がつくと腐ってしまうことから糸や網を守るものであったのだが、それを知らないでいたにすぎない。川漁でも投網やタモ網があって、それも昔は柿渋で染めてあった。こうした漁に使う糸や網に柿渋を多量に使ったのは、いうまでもなく海の漁の糸、ことに網である。近ごろ故里で聞いてみると、石見海岸の大きな浦、たとえば浜田のような漁港のあるところへは、石見の山間部の村々からかなりの量の青い渋柿（柿渋をとるヤマ柿のような小粒の柿）が、八月の盆すぎから二百十日のころまでに売られたという。

しかし、食う柿のことばかりに目がいっていた餓鬼のころは、残暑のころの青い柿がどう使われていたか、どこへ運ばれていったか知るよしもなかったのだ。

浦人よ　魚獲る網の染め渋は
山の幸ぞよ忘れまじ

あるとき、新幹線で偶然隣り合わせた能登《のと》の漁師に、「柿渋はいつごろまで使っていたのでしょう」と問うてみた。

「そうですね。昭和三〇年、いや三五年ころまでは使ってましたな。それは、柿渋がないと漁網はもちませんから。新しい網はまず柿渋で染めて使います。そうしないと麻や木綿の糸はすぐくさりますし、さばきがわるいんです。四、五回網を使うと、また渋で染めては補強したもんですわ。そうしないと四、五年はもつ網も、すぐだめになりますわな。そうそう、真水で網をよく洗って塩分をとらんといけません。よく乾かさんとだめですが、それだけですむというものではなくて、柿渋で染めなおさんと網はもちません。それにどういうもんですか、網を保存しておくとネズミの巣になりやすいんだが、柿渋染めにするとネズミもきらったんでしょうな。

ええ、漁師の家には、みな大きい渋甕の一つや二つはありましたね。そうです、ナイロン網になって柿渋を使わんようになったんです」と。もう漁に出ること

柿渋が使われなくなって柿の木の下に放置されていた渋甕（徳島県板野町）

船小屋の軒下に吊るされた干し柿と干しイカは、柿渋で網糸を染めて用いていた漁村では普通に見かけられた光景だった（京都府宮津市）　撮影・森本　孝

はないというその人は、おだやかな老人であった。一度、輪島にいらっしゃいと、名刺をいただいたが、まだ輪島を問うてはいない。

和船や漁具の調査をしている友人森本孝君の若狭《わかさ》湾岸や奥丹後《おくたんご》の浦の話をきくと、例えば袖志《そでし》などでは釣り糸を染めるのに一年に五升の、刺網《さしあみ》を染めるのに四斗甕で三～四甕の柿渋を使ったという。その渋甕（渋壺）は土蔵の隅か、船小屋の隅に口だけを出して埋め陽に当てないようにし、ボロ布で密封し、さらに木の蓋で口を閉じて保存されていて、網染めなどに使うときは、必要量をとりだして、適当に水でうすめたという。

柿渋は、だいたいどこでも八月の盆すぎのころに近郷の小粒の青柿を集めて作った。桶に石を置き、その上に青柿をのせてたたきつぶす。そして木綿布で果汁をしぼって渋をとり甕に入れて保存しておいたのである。

明治四三年、農商務省水産局によって編纂された『日本水産捕採誌』の網罟《もうこ》の項をみると、網漁が全国的に盛んになり、大型化する当時の日本で使用された網の原料は、麻糸、苧麻《からむし》、藁《わら》、葛《くず》糸、木綿糸であって、絹糸などはごく特殊な漁法にのみ使われ、テグスは釣り糸にこそ使うが網にはほとんど用いなかったようで、最も多用されたものは麻糸と、明治一〇年以降になって普及してゆく木綿糸であった。この漁網や釣り糸は必ずといってよいくらい渋染めにして使っている。これは同書の「網の保存法」に詳しい。それをみると、漁網は柿渋で染めるだけでなく、全国的にみると、種々の樹木の渋が使われているのである。槲《かしわ》・楢《なら》・栗《くり》・椎《しい》、櫟《くぬぎ》の樹皮を乾かし、

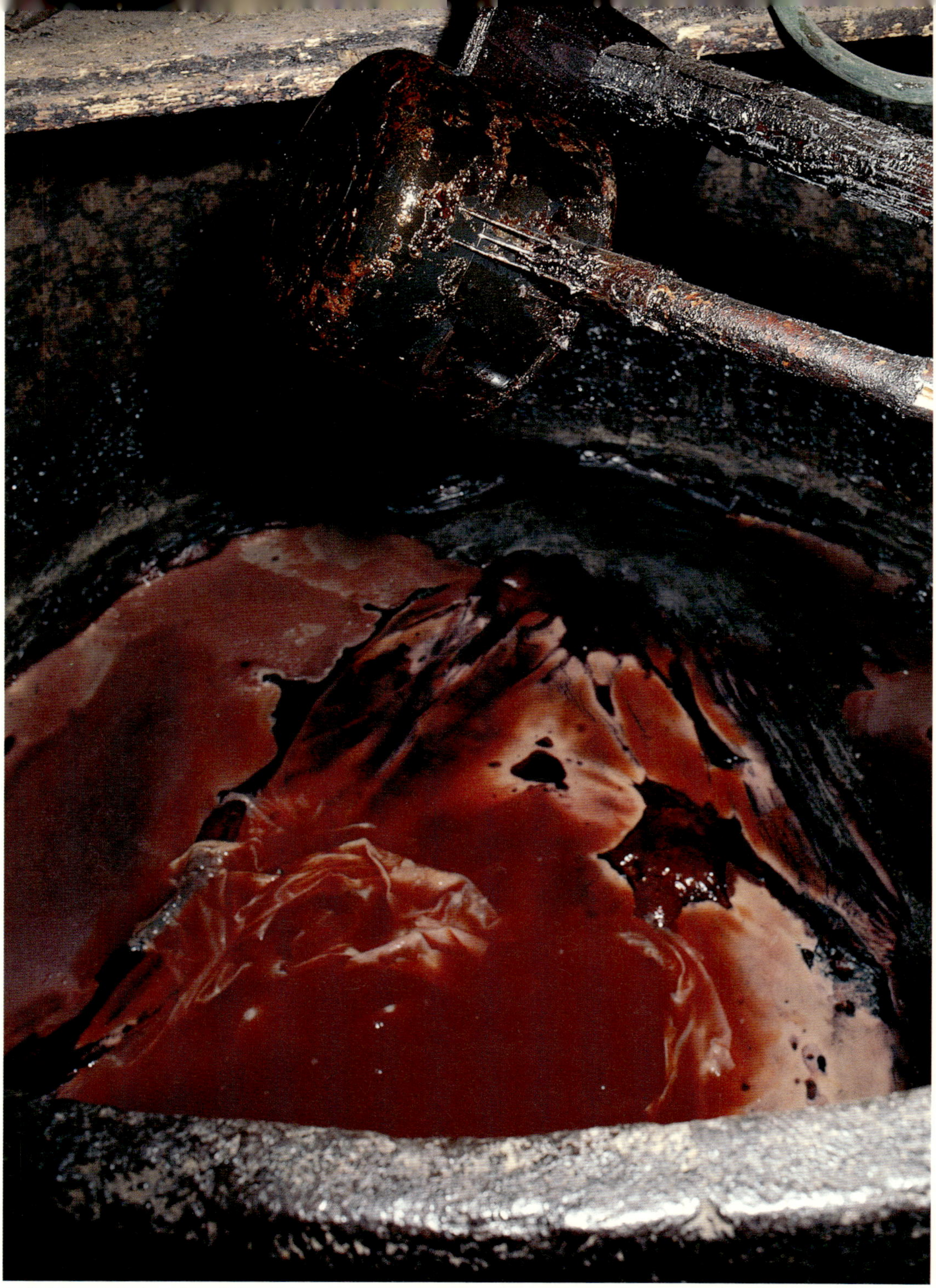

伊勢型紙の地紙づくり用の柿渋。柿渋は大気に触れると表面に薄い膜がはる。地紙用には上質の柿渋を用いるという。地紙用の柿渋は三重県菰野町の渋屋の南川筋一さんの作ったもの。166〜168頁参照。撮影・近山雅人

大釜で煮出してとった渋が多く、他に樺《かば》・ブナ・ハリノマキ・ヤマモモ・ノグルミなどの樹皮や根も煮出して使っている。こうした樹皮からとる渋で一番多く使われていたのが、槲である。

槲は、関東から以北に多い雑木であるが、樹皮に含むタンニン分は、一四・五％（椎・櫟が九～六％）とかなり多く、渋染めにするには大変有効であった。この樹の渋が使用された地方は、関東から太平洋岸を北へ下北半島の方まで広がっていたようである。椎は南九州や四国で使われた事例がのっている。他に、秋田や青森ではハナマスの根が使われているし、沖縄の糸満《いとまん》あたりでは豚の血も染料にしている。こうしてみると、漁民は、海の魚介をみつめているばかりでなく、山の草木をみて、それをたくみに網や糸を染める材料としていたことがわかる。ここに自分たちの生活圏の中にある適材を選びとる能力にたけた日本人の姿をみることもできよう。

石川県の加賀《かが》や能登などでは、柿渋ばかり使って、他の樹皮の渋は使っていないと報告されている。この傾向は、越前《えちぜん》、若狭《わかさ》、丹波《たんば》、但馬《たじま》、因幡《いなば》、伯耆《ほうき》、出雲《いずも》、石見《いわみ》と、西へずっと続いているのである。わが故里の石見もあきらかに柿渋使用圏といってよいわけだが、瀬戸内の安芸《あき》地方は、柿渋作りで大変有名であり、明治二八年の「勧業博覧会資料103」（『明治前期産業発達史資料』）をみると、漁網染料として柿渋を多量に作って、朝鮮・台湾・ハワイなどに移出する計画が報告されているほどである。こうしてみると瀬戸内や畿内も柿渋圏といってよいが、では、日本海岸の北の方はどうなのだろう。これも近ごろ森本孝君が旅先から便りをくれたところによると、越後

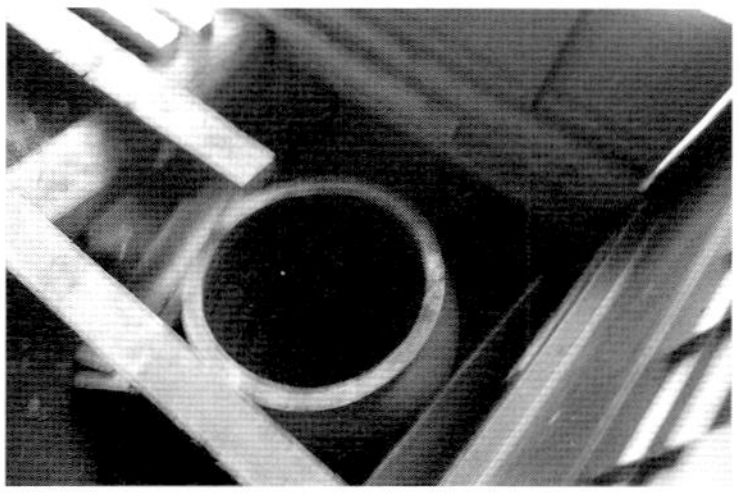

上　明治27年の銘のあるブリの刺網。この頃の網は麻糸や綿糸で編まれ、柿渋で染めて用いた（京都府伊根町）
中右　漁撈用網や釣り糸を柿渋で染める時に用いた渋桶。柿渋で内側の板や底が黒く染まっている（京都府宮津市）
中左　柿渋を保管した渋甕は日光をさけて床下に埋めていた（京都府伊根町）
下左　柿渋を保管していた渋甕。船小屋の土間に埋められていたもの（京都府宮津市）
撮影・森本　孝

柿渋をとることが少なくなって山里の小渋柿は赤く熟して晩秋の夕空に残された（広島市北端明神峠にて）

の村上《むらかみ》市の少し南の桃崎浜《ももざきはま》では秋のカマスやカタクチイワシの地曳《じび》き網《あみ》漁がはじまるまえには、山地の関川《せきかわ》村から馬車で大量の小渋柿が浜に売られ、それで渋をとり、地曳き網を染めた（昭和二八年頃まで）といっている。また山形の庄内《しょうない》地方でも柿渋をつかったようである。こうしてみると、太平洋岸より、日本海岸の方が柿渋圏はかなり北上しているように思えてくる。

柿渋のことを考え出すと、渋染めの日本文化の多様さに思いいたり、いままで私の「文化的自然」の中にふくまれていなかった槲の木がみえてくるようにもなる。そして忘れられがちなマメ柿（シナノ柿）という、ちょっと変った柿の品種も思い出される。指の先ほどの小さな実をつけ紫色に熟れるこの柿は、その貧相な実から、マメ柿と多くよぶが、地方によってはビンボウ柿ともサル柿ともいって蔑視しがちである。しかしこの柿は、核子が少なく渋をとるのに便利であり、その野性的な樹の強さが、甘柿や良い実をつける渋柿の苗木作りの台木になっているのである。小渋柿も、マメ柿も食用としては劣るが、古くは大いに利用された実であって、一粒の小さな柿が日本の生活文化を語りだしもする。

初冬の澄んだ空に、食べられもせず、渋にとられもせずに赤く熟れた小渋柿の実をみると、この山の幸が海の幸を生みだし、海の幸がまた山の人をやしなった、そんな大きなめぐりが、つい近ごろまで日本の大地にあったのかと思えば、ある感慨がわいてくる。

天の網は疏《あら》いかもしれない。だがその大いなる網の中で人は生きているのだと……。

柿渋とベンガラ、漆塗り

文・須藤　護

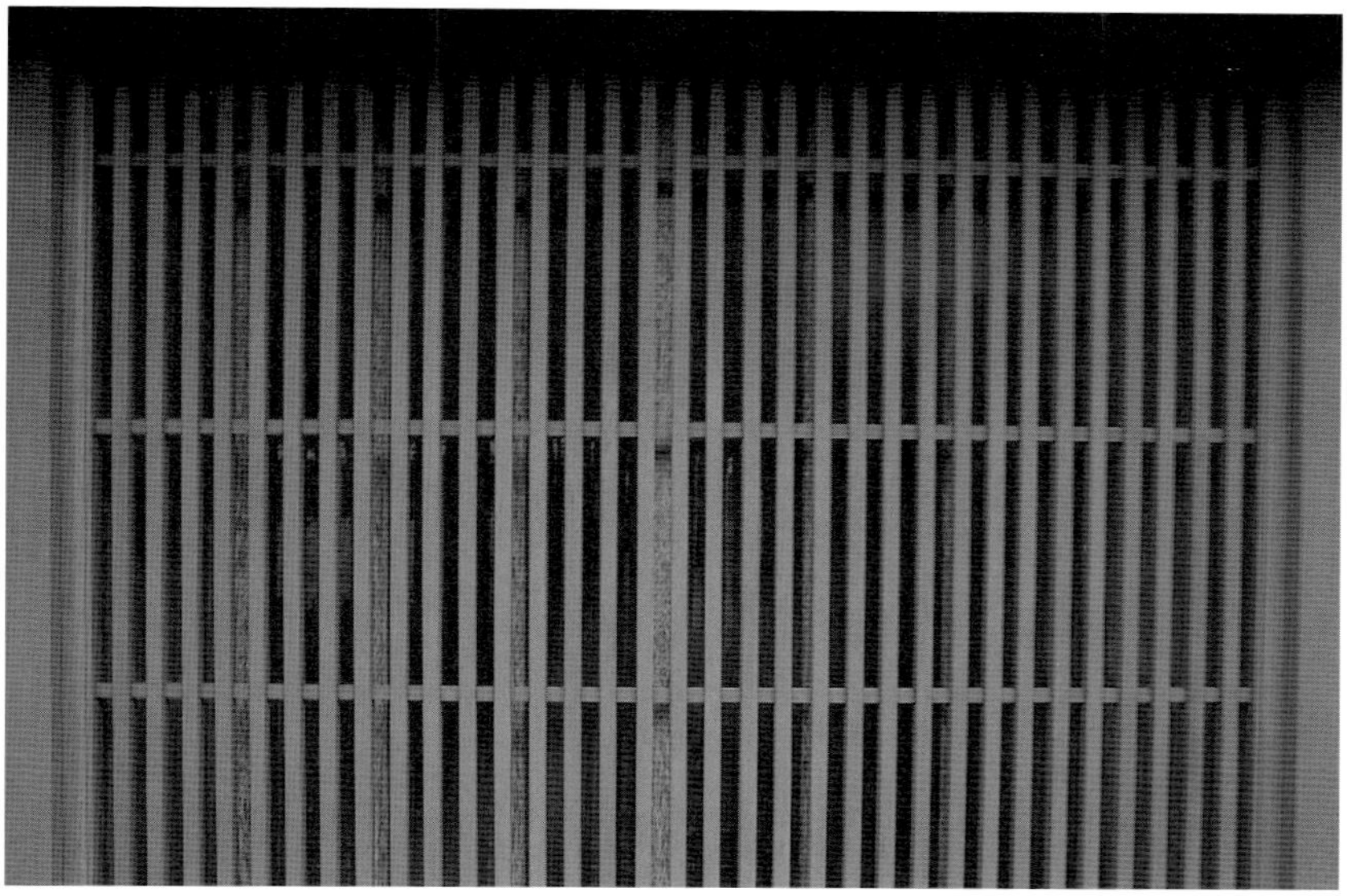

ベンガラ塗りの格子戸。腐食、虫食い防止に柿渋とベンガラを混ぜて木材に塗った

木製品に塗りをほどこして美しく仕上げ、また物を長持ちさせるという智恵は古くから行われていた。縄文前期や晩期の遺跡から漆塗《うるしぬ》りの製品が発掘されていることはよく知られている。

この漆とともに、また漆との組み合わせでよく使われてきたものの一つに柿渋がある。柿渋は青い渋柿の実から汁をしぼったものであるが、漆にくらべて比較的安価で手に入りやすい。また専門家でない一般の人々でも簡単に渋をつくり利用することができるために、塗料や染料として広く使われてきた。柿渋をぬることは単に材を着色するというだけでなく、木材の組織の中に浸み込ませていくことで虫喰いや腐蝕を防ぎ材を長持ちさせるという役目を果した。その一例として建築材、家具、漆器があげられる。

滋賀県米原から関ヶ原方面、あるいは福井・金沢方面に向かう列車の車窓から、真宗寺院の大きな甍《いらか》と、破風《はふ》、格子《こうし》、柱などにベンガラを塗った民家がひときわ目立っている。このあたりでは年代を経た民家はもちろんのこと、近年建てられたと思われる新しい民家にもベンガラを塗る慣習がみられ、この土地に根づよく受け継がれていることをつよく感ずる。ベンガラは弁柄、もしくは紅殻とも書き、酸化鉄（天然では赤鉄鉱）から得られる赤色の粉末で、硫化水銀からとる朱とは異なる。

ベンガラを塗る慣習はこの地方では虫のつきやすい松材を多用していることが一因であろう。車窓から眺めていると外観しか見えないが、家の中に入って見せてもらうと、柱、鴨居《かもい》、敷居《しきい》、床板《ゆかいた》、そして建具や家具などにもベンガラが塗られている家も少なくない。とにかくふんだんに使われている。これが柿渋と密接な関係があるのである。

建築材にベンガラを塗る場合は、まず材をよくみがいて傷やよごれをおとし、ベンガラに柿渋をまぜて色付けをする。ベンガラの赤色は柿渋にまざると、暗赤色のおちついた色にかわり、これが材を着色すると同時に材の表面をなめらかに

春慶塗調の湯桶
(長野県木曽郡楢川村)

し、さらに、虫喰いや腐蝕を防ぐのである。その上に生漆をふき込んでいく。ふき込むというのは、漆を塗り、そのあとから漆をすり込むようにして布でふき取っていく作業で、これを三、四回行うと仕上りになる。作業はさほど手のこんだものではないが、家が仕上ってみると、華やかさの中にもしっとりとしたおちつきがあり、これが日本人に好まれ、日本的な色として定着していったものと思われる。同時に家を長持ちさせる役目も果したのである。

じつは建材や建具にベンガラを塗る手法は、椀や膳などの器物に塗りものをする手法と相通ずるものがあり、そのもとになっているのが春慶塗《しゅんけいぬり》であろうと思われる。春慶塗は木地の美しい木目を生かした漆塗りの手法で、一般に目留《めど》め、色付《いろづ》け、下地《したじ》、上塗《うわぬ》りという工程で行われる。生漆《きうるし》を用いる場合は、目留めは砥粉《とのこ》、水、柿渋、もしくは柿渋とベンガラをまぜたものを木地に塗り、木地の組織の粗い部分の目留めをする。下地は柿渋を三、四回塗り、最後に春慶漆で上塗りをする。春慶漆はとくに透明度の高い生漆に、荏油(エゴマの油)をまぜて光沢を出したものである(『日本漆工の研究』沢口悟一著、美術出版社 一九六六年による)。

ベンガラは目留めと着色の二つの役割を果しているようだが、この春慶塗の手法をみていると、民家の建材に塗るベンガラとの共通点が多いばかりでなく、木材に塗りものをする際の原点のようなものを感ずる。より少ない工程で木材を補強し、製品を美しく、堅固なものに仕上げているからである。今日では春慶塗の漆器は高級品として扱われている場合が多い。それは漆をとおして木地がみえるために、木地に良質の材を使うことと、加えて透明度の高い良質の漆を使うからであるが、かつては実用品として春慶塗のような塗り方をした漆器は多用されていたのではないかと思う。今日、農家や商家の蔵の中にしまわれている膳の類は、そのような塗りのものが多い。その中で柿渋が果してきた役割はことのほか大きかったのである。

春慶塗のほかにも柿渋を漆器の下地として用いてきた漆器産地がある。北からあげていくと浄法寺《じょうぼうじ》(岩手)、川連《かわつら》(秋田)、鳴子《なるこ》(宮城)、会津若松《あいづわかまつ》(福島)、飯田《いいだ》(長野)、魚津《うおづ》(富山)、山中《やまなか》(石川)、河和田《かわだ》(福井)、黒江《くろえ》(和歌山)、青谷《あおや》(鳥取)などがそれで、この中には江戸時代以前から産地化のすすんだ古い産地が多く、実用品として使われてきた膳、椀の類を多く生産した。また大変興味深いことは、良木を求めて山を漂移し、木地椀をつくってきた木地屋《きじや》とのつながりが深く、そして廉価で大衆向けの椀を中心にした漆器を生産してきた産地が多く含まれていることが特徴である。古い漆器の産地、木地屋との深い関係、そして下地に柿渋を用いることが何らかの形で関連しているように感ずるが、まだ具体的には追跡できていない。

このようなことに関心をもっていたので、今年の春に越前漆器の産地である福井県の河和田を訪れたとき、渋下地《しぶしたじ》の仕事を六〇年間続けてきたという佐々木フミ子さん(明治四三年生まれ)を訪ね渋下地の話を聞いた。

河和田の渋下地は柿渋のほかに柳炭と松煙《しょうえん》が用いられる。柳炭は文字どおり柳の木を原木にして焼いた炭で、これを夏の暑いときに河原へもっていって乾燥させてから、餅搗き用のウスとキネでついて細かく砕く。さらにそれを石ウスで挽いて細かい粒子にしたものを柿渋にまぜて、第一回目の下地塗りに用いる。これをアラトギという。アラトギは一回目の研《と》ぎ、もしくはあらい砥石《といし》で研ぐところからこの名がついたものと思われる。次

漆塗りの椀の下地に塗るための柿渋つくり
（福井県鯖江市河和田）撮影・薗部　澄

に柳炭の粉よりも粒子の細かい松煙に柿渋をまぜ、それを目なし擂鉢《すりばち》で擂ると、まるで漆のようにとろっとした液ができる。これを二回目の下地塗りに用い、一回目のときよりもきめの細かい砥石で研ぐ。そして三回目は柿渋だけで下塗りをして再び砥石できれいに研ぎあげて渋下地は完了する。その上に一、二回漆をかけて漆器ができ上ったという。良い品物は中塗りと上塗りの二回、ふつうの品物は上塗りだけで仕上げにするのが、河和田の古い漆器の製作工程であった。こうしてつくられた漆器は仏事用、また日常用膳椀として、近隣の農村や町場に売られていたという。

この河和田の古い漆器の製作方法を聞いていると、民家のベンガラ塗りや春慶塗との共通点が見い出せる。つまり仕上げの前の段階で柿渋が重要な働きをしていることである。柿渋の役割については前にのべたとおりであるが、いずれも柿渋と微粒な粉末を混ぜ合わせて塗り込むことによって、木目の目留めをし、表面をなめらかにすると同時に、柿渋が繊維の中に浸透して、虫喰いや腐食を防ぐ役割を果たしているのである。柿渋の木部への浸透性はきわめて強く、三、四回くりかえして塗り込むと、ほぼ組織全体に染み渡るという。また柿渋に松煙を混ぜ合わせて放置しておくと、ちょうど松煙にニカワを混ぜ固めたように固まって石のようにかたくなる。ということは漆器の下地は単に木部の表面をなめらかにするだけでなく、硬質化した物質で保護するという役目も果たしていたわけで、その固さは陶磁器に匹敵するといっても決して言いすぎではないように思われる。そしてその上に漆をかけて仕上げをしたのである。漆器としての肝心な部分は柿渋と微粒子の粉末の混合物で大方は処理できており、渋下地をほどこした椀はそれだけでも充分機能を果せるものであったと思われる。

このことは明治時代以前に一般の民家で使ってきた生活雑器を考えていく上で、大変参考になりそうである。長野県上田《うえだ》地方では、日常用の椀は柿渋を塗っただけのものを使っていたという。また新潟県古志《こし》郡山古志《やまこし》村では、まっ黒になった汁椀を見たが、これもおそらく柿渋を塗っただけのものであったと思う。日常用の椀はなかなか残りにくいものであるが、このような椀を使っていたところは、かつては少なくなかったのではないかと思われる。

柿渋で下地を塗る伝統を保っている秋田県川連漆器

柿渋つくりと渋紙

文・西山　妙

柿渋を塗って型紙用の地紙をつくる（三重県鈴鹿市鼓ヶ浦）　撮影・近山雅人

　現在三重県下で柿渋を作り売っている渋屋《しぶや》はここだけ、といわれる南川筋一さんを訪ねたのは、昨年（昭和五九年）八月の末であった。

　四日市に一泊し、翌朝早く湯《ゆ》ノ山《やま》線で菰野《こもの》へ。駅から車で一五分程かかって着いてみると、機械が音をたてており、すでにかなりの量の柿が粉砕されていた。柿はなまもので鮮度が時間がたつにつれて落ちる。そのため入荷すると、半日くらいのうちに仕込みを終わらせてしまうということであった。

　この日の早朝の入荷は、しも柿とつつろこ柿で、約五百貫目《かんめ》。二トン近くの量という。しも柿は直径四センチ程の球にちかい形をした小柿で渋が強い。つつろこ柿は五センチ程と少し大きく先がとがっていて、しも柿よりは少し渋が少ない。渋柿は毎年八月中旬～九月上旬に、近郷から集められてくると話された。

　この時季の柿の実は、繁る葉の陰に埋もれているので印象が薄いこともあったかもしれないけれど、若々しい緑の色をした、固く張りのある小粒の柿の山は、じつに新鮮でまぶしい程だった。

　柿は秋の陽を吸い霜にあって熟していくけれど、その前の、種を包む軟らかい果肉が形づくられ、しかし種は育っていない今、自らが成長するエネルギーの最高潮に達している時が、渋を採る時期なのである。

「年々、柿の木が少なくなって、渋柿を集めるのに苦労します。昔は田の畦に植えたし、山の方へ入っても、あちこちに柿の木があった。柿渋を採るだけでなく、

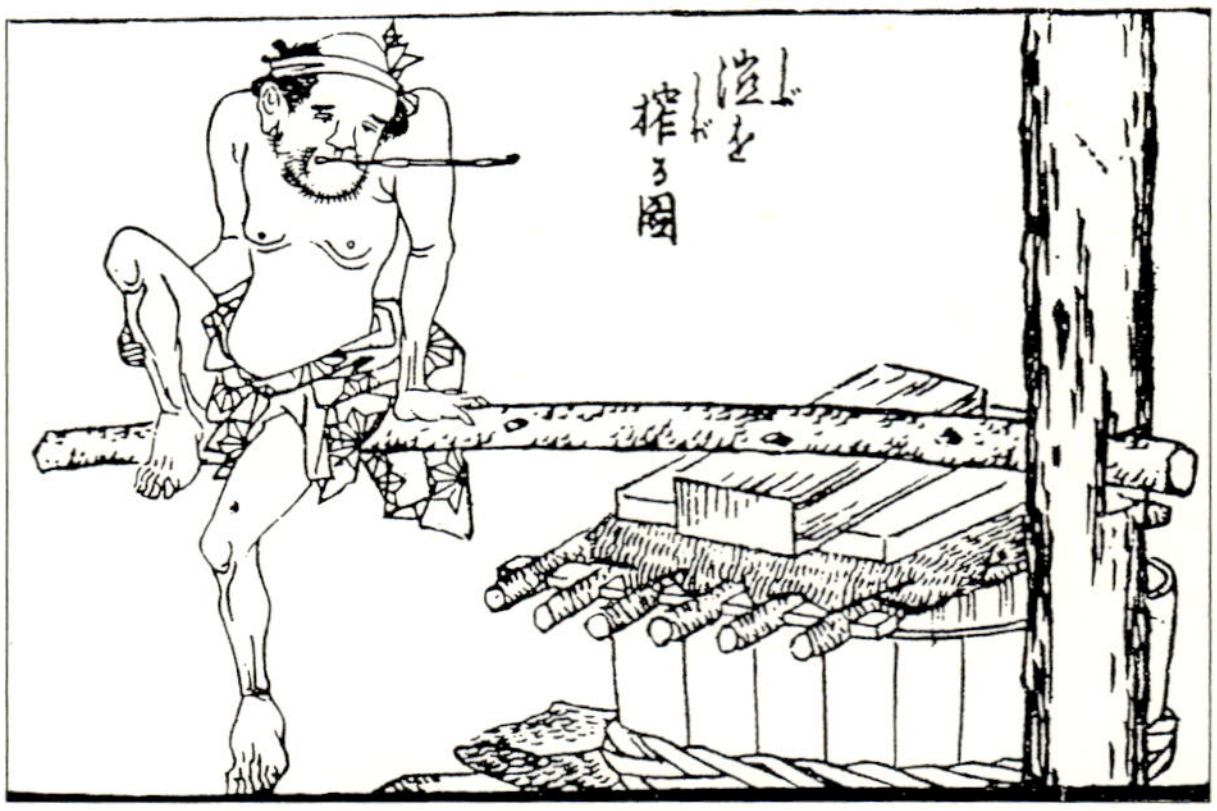

『広益国産考』にのる柿渋を搾る図

柿渋紙をはったショウケ（京都府伊根町）　撮影・森本　孝

干し柿にして非常食用に貯えたりしたものだが……。柿の利用価値がなくなって、どんどん伐られてゆく」と、明治二九年生まれの南川さんは言われる。

二、三〇年程前まで、柿渋には様々な用途があった。とりわけ漁網は糸を固め、強め、腐食から守るため多くの地方で柿渋に浸したから、その消費量は莫大なものであった。けれど木綿や麻の網がナイロン製に代わった時、柿渋は不要になり、多くの渋屋はたちゆかなくなったのである。

南川さんでも昭和三五～四〇年ころまでは、年間一万貫（三七トン余り）からの柿が集められた。当時は、柿が花をつけたころ柿の木を見て廻った。花の具合を見、実るであろう柿の量を読んで値を交渉し、値が決まるとその場で買い付ける。秋には人をやり、実を取らせたそうだ。今では農協に集められるだけ集めてもらって、集まった分をすべて買い取っているという。

一本の木から採れる柿は、五十貫程。そして一貫の柿からは、一升（一・八リットル）強の渋が得られる。渋の値は、二〇リットルのポリ容器一つで三～五万円。

「この小さな柿一つが、（渋になると）饅頭一つの値になる。一粒の柿もそまつにしてはいけないと義父《ちち》に言われたものです」と、若奥さんが、かたわらから話された。

渋作りの作業場を拝見した。粉砕機（木と鋼製）が勢よく回転する一方で、粉砕された後一晩水にひたっていた柿が、桶に入れられ、上からジャッキで圧力を加えられている。果汁は桶の下の容器にためられ、ビニールパイプで大きなホウロウの容器に導かれてゆく。あたりには、柿渋の匂いが漂っていた。

柿渋紙をはったマルボテ（徳島市のお茶屋深香野露園にて）

果汁は数日で発酵し始めて泡立つ。そして一ヶ月余りでほとんど発酵は治まる。表面に薄い膜がはり、分量は六割程に減っている。渋―タンニンの力が少しずつ出て来て、この新渋を一一月ころから売り始める。

渋用の倉庫へ案内された。雨戸が繰られるにつれて、まぶしく陽光が射し込む中に、二年ものの渋……、五年ものの渋……というふうに、大きな渋の桶が現われてきた。蓋を取ると、茶色の不透明な液がどんよりと鈍く光って眠っている。と、さきほど作業場で目にした透明な果汁を思い返していた私に、南川さんが五年ものの渋をヒシャクですくい上げ、静かに落して下さった。ゆっくりと落ちるその様に、渋の重さと粘りとが見てとれる。

　南川さんのところで柿渋作りを続けているのは、作った渋の八割を伊勢白子《しろこ》へ出荷しているからである。白子は伝統的な染型紙の生産地であり、型紙用の特殊な紙＝地紙は、薄い和紙を数枚、柿渋で貼り合わせて作られるためである。

　南川さんの名前を私が知ったのも、じつは白子の、地紙作りならこの人といわれる職人さんが、「柿渋はいきものでしてね。温度や湿度の変化で微妙に性《しょう》が変わる。五〇年も渋を使っていてようやく渋が解ったような気がするけれど、それでも、おやっと思うこともありますわ。まぁ、渋のことなら、菰野の南川さんに尋ねるんですね」と話されたからであった。

　その職人さんから地紙と染型紙の話を聞くなかで、柿渋の効用をいくつも知った。和紙を渋で貼り合わせるのは、接着効果と同時に紙の繊維を強くするためであること。染型紙（地紙に柄《がら》を彫ったもの）は使う前に薄い渋を含ませるが、そうすると固くなっていた紙がしなやかになり、型紙が布になじむこと。渋の防水作用が、染める時の染料や糊の浸透を防ぐこと。防虫、防腐の役も果していて、江戸時代の型紙で今も染めが可能なことなどである。

　こうした渋の効用と紙が結びついたいわゆる渋紙は、型紙以外にも、和傘、団扇《うちわ》、扇子《せんす》、敷物などの身の廻りの品にも多く使われていた。また酒粕などを絞る袋物は、必ず渋染の麻袋であった。板の塀に防腐剤として塗ったという話や、酒の清澄剤に使っているという話も聞いたことがある。先に触れた漁網・釣糸も加えると、柿渋の用途は多種で、二、三〇年前までは大量の需要のあったことがうかがえる。そして、そうした需要に応えるだけの渋が、自家用の他に各地の渋屋でも作られていたのであった。

岐阜市加納は和傘つくりの産地。傘にはる腰の強い紙は柿渋に糊や染料を混ぜて塗ったものである

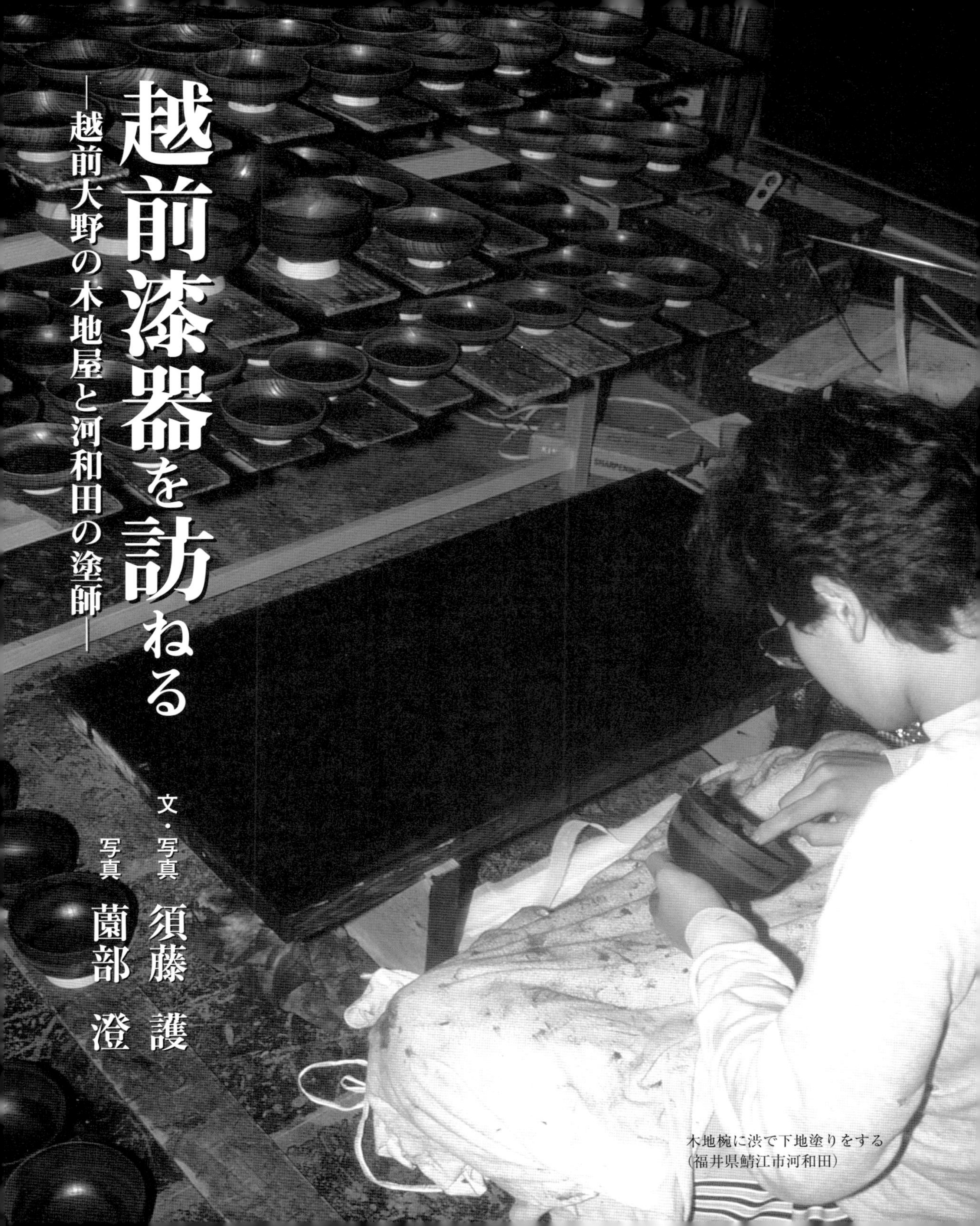

越前漆器を訪ねる

―越前大野の木地屋と河和田の塗師―

文・写真　須藤　護
写真　薗部　澄

木地椀に渋で下地塗りをする
（福井県鯖江市河和田）

序章

木地椀と漆に出会う

福島県南会津の山中の針生《はりゅう》という村で、木地屋《きじや》の小椋《おぐら》藤八さん（明治三〇年生）に会ったのは、昭和四八年の春のことであった。周囲の山々は、他の樹木よりも新芽をふく時期が早いブナの木が、浅い緑色に山をおおいはじめていた。

昭和一〇年代までは、このブナの木を求めて十数家族の木地屋たちが、木地椀づくりに活気のある毎日を送っていたが、電動ロクロが普及すると、木地屋たちは相次いで山を降りて、針生の村に住むようになった。山奥から原木を町場の木地工場まで運び、そこでいっきに椀を仕上げてしまうので、不便をしのんで山に住んでいる理由がなくなってしまったからである。

その山を間近にながめながら、藤八さんから何日も若い頃の話をうかがった。そればかりではなく木地椀のつくり方、道具の使い方、いい木の見定め方などを実演してみせていただいた。あぶなっかしい手つきで私も真似をしてみたが、椀の形すらつくることはできなかった。想いおこしてみると大変有意義でもあり、なつかしくもある。

その藤八さんはすでにこの世にはないが、この上もない大きな贈り物を残してくれた。藤八さんとの出会い以来、私は椀や膳などの木器に強くひかれるようになっていった。それも沈金《ちんきん》や蒔絵《まきえ》をほどこした豪華な漆器類ではなく、一般民衆の中でたくましく生きてきた木器や漆器である。人知れず消滅してしまうようなものではあるが、日本人の長い生活の歴史の中で、それが果してきた役割は大きかったのではないかと思う。そのような木器や漆器を追いつづけていくことが、藤八さんのような、ブナ林におおわれた深い山中で、椀をつくりつづけてきた人々の生活の歴史を追うことにもなると思った。

幸運にも昭和四八年当時は、器をつくって暮しをたててきた、また現に暮しをたてている職人に次々と会う機会にめぐまれた。同じ年の八月には、若い塗師《ぬし》の全国的な集団である「明漆会《めいしつかい》」の夏季セミナーが、会津芦ノ牧温泉で開催された。明漆会は、漆器をつくる作業は塗師だけでできるものではなく、いかに多種にわたる職人の共同作業によって成り立ってきたかを勉強し、それらの人々と協力し合って漆器の現在、そして将来を考えていこう、という主旨のもとに結成されたと聞いている。昭和四八年度は漆の木の栽培、研究に大きな業績をあげた会津若松市在住の初瀬川《はつせがわ》俊夫さんの話を聞き、夜遅くまで討論が行われた。当時漆や漆器についてはまったく知識がなかった私は、討論の内容はいかほども理解できなかったが、そのすさまじいほどの熱気が、強烈な印象として残っている。

明漆会のセミナーはこの年と翌年の二回しか参加できなかったが、漆塗りの刷毛《はけ》、漆こし用の紙、漆かきなど、漆器に関係する職人や道具の存在を知り、また宮城県鳴子《なるこ》町の澤口滋さん、福井県河和田《かわだ》の山本英明さん、そして石川県輪島市の奥田達朗さんなど、数多くの塗師の方々との交遊を深めることができたのは幸せなことであった。それが今日なお、私の大きな財産になっている。

　加えて昭和四九年は、近畿日本ツーリストの創立二〇周年記念事業の一環として、『日本のうつわ』という記録映画を撮ることになって、私はこのスタッフの中に雑用係として加わり、全国各地の器の産地をまわることができた。その年の夏は、岩手県二戸《にのへ》郡小鳥谷《こずや》で漆かきの仕事にたずさわっている、砂森栄三男《いさお》（大正一四年生）さんの作業風景の撮影があった。朝日が登らないうちに現場へ出かけ、ふいに襲ってきたブヨの大群に悩まされたが、漆木の間を飛びまわる砂森さんの素早い動きにみとれ、漆かき鎌で傷つけたその跡に、じわっと滲み出てくる漆液の宝石のような美しさに感動した。漆の液は、傷の痛みをこらえきれずに流した涙のようにみえ、また傷口を懸命に治そうと努力している姿にもみえた。とにかく感動的なシーンの連続であった。

　このような体験を積み重ねていくうちに、木地椀と漆と、それらを総合させて漆器をつくり上げていく職人さんたちの仕事が、徐々にではあるが私の頭の中で、結びついていった。

　木地椀と漆が出会うことによって、堅牢で、美しい漆椀が生まれた。それは気の遠くなるような古い昔のことであったように思われるが、漆器が私たち日本人の生活の中で、どのような役割を果してきたのだろうか。それを考えていくことが、私の旅の支えになって久しい。

第一章

木地屋のくらし

越美《えつみ》北線のオレンジ色のジーゼルカーは、福井駅を出発してしばらく稲の刈り取りが終った福井平野を、東に向ってゆっくりと進んだ。やがて一乗谷《いちじょうだに》をすぎるあたりから山がちになって、視界が少しずつせばまっていく。一乗谷は戦国大名朝倉《あさくら》氏の館があった所として名高い。民家の庭先にはまっ赤に熟れたカキの実が、とり忘れられたようにたわわに下がっている。これに対して周囲の山々の紅葉はすでに色あせて、民家の背後に、そして比較的なだらかな山の斜面に植えられたスギやヒノキが、緑色をはっきりと浮き立たせていた。昭和六〇年、車窓から見る越前の景色は、すでに冬の到来を告げていた。

　福井から約一時間で大野盆地に入る。四万石の城下町大野の東方には両白《りょうはく》山地が高くそびえ、その裾野のあたりまでうっすらと雪化粧をしているのがみえる。

　越美北線は昭和四一年の電源開発によってつくられた九頭竜湖《くずりゅうこ》駅（大野郡和泉《いずみ》村）が終点であるが、私はいったん越前大野駅で降りることに決めていた。大野には漆器の産地として知られる越前河和田や加賀の山中《やまなか》へ送り出す木地の工場があることを聞いていたからだ。大野市の市史編さん室を訪ねて概況をうかがったあと、室長の田中先生に案内されて桜井木工所を訪ねた。

　市役所への途中に出会った人や、市史編さん室でたずねても、木地工場の現状は具体的にはわからなかった。そのとき田中先生が「桜井さんの所ならまだやっているかもしれない」といって案内してくれたのだが、このひと言で大野とその周辺の木地業が、この地方の産業の主役の座を、すでに降りていることを感じた。そして北陸の初冬の空のように、何か暗い、重くのしかかってくるものがあった。

　後に聞いた話であるが、越前大野には桜井木工所のほかに丸裕《まるゆう》、笹島木工所、山口製材所といった木地工場があり、このほかにも数軒の工場があったが、近年閉鎖をしたという。プラスチックやその他の製品におされて、工場の経営も楽ではないとのことであった。

　幸いなことに桜井木工所は御主人の桜井武さん（昭和二年生）と弟さん、息子さん、そして奥さんの四人で作業をしていた。典型的な家族労働である。

　その夜、話をうかがった桜井さんは、年のわりには昔の木地屋の生活をよく知っていた。子供の頃に両親とともに山に入り、両親の仕事ぶり

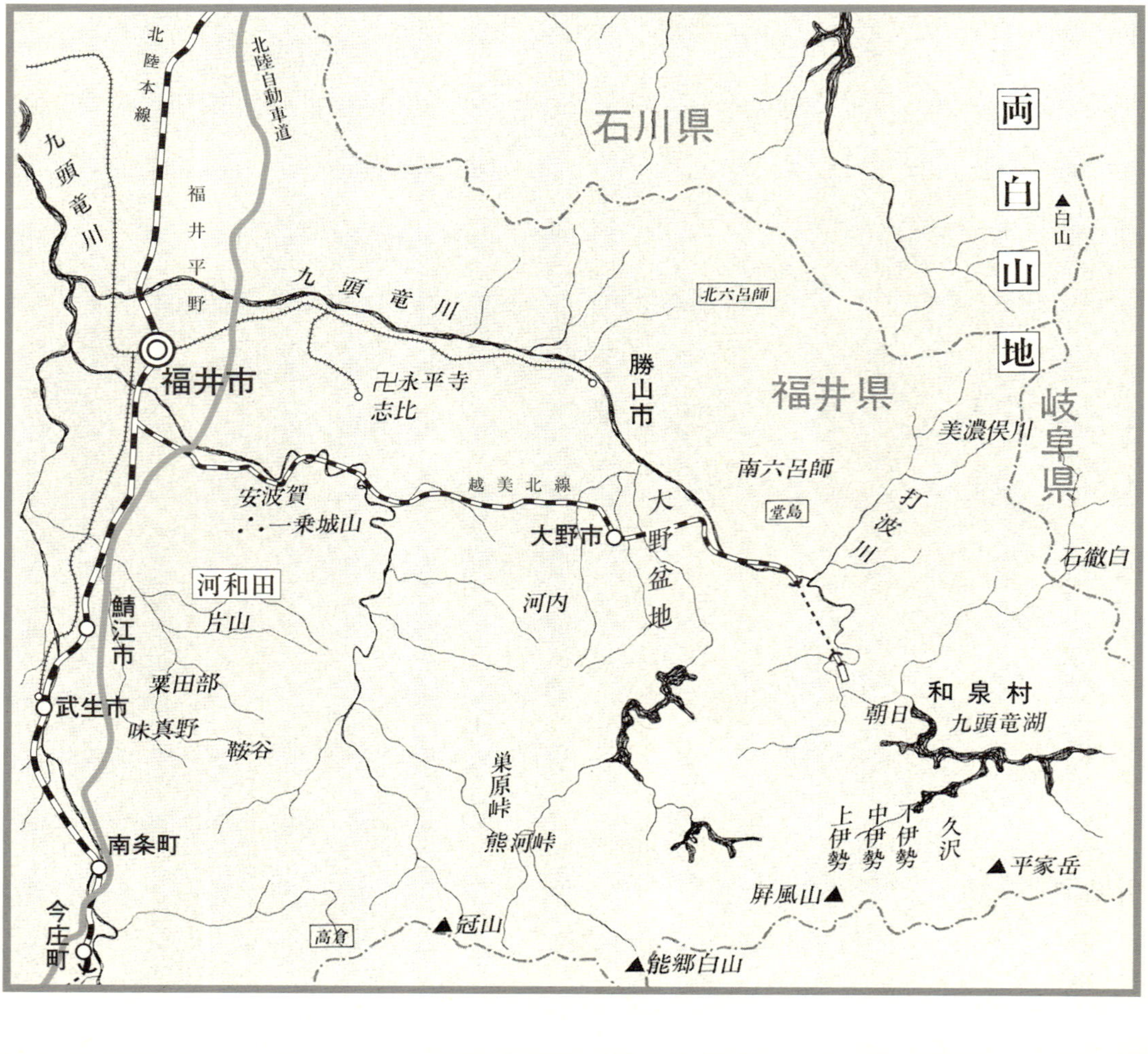

を見て過した体験があったからだ。また母親のスエさん（明治三八年生）も話をしてくれたので、いっそう山の暮しを頭の中に思い描けるようになった。

　スエさんの御主人は桜井栄作さん（明治三四年生）といい、大野市の堂島《どうじま》の生れである。堂島は白山西麓の農村で、栄作さんは農家の次男坊であった。早く父を亡くしたために尋常小学校を出るとすぐに木地屋の見習いに入ったという。はっきりした数はつかめないが、当時、白山西麓の山々には、多くの木地屋が入っており、農家の次、三男坊はその弟子になって技術を身につける者が多かったようである。栄作さんの弟も木地屋の弟子になっている。

　木地屋の集団には親方とよばれる人がいた。親方は地元の山主から、この地方の木地の原木であるトチ、ケヤキ、ミズネ（ミズネザクラ）が多く自生している山を買い、その山に職人を入れて木地を挽かせるとともに、若い職人の養成もしたようである。

　親方は加賀の山中《やまなか》の出身者が多く、スエさん夫婦も最初のころは山中の親方についていたという。また後に訪れた大野郡和泉村朝日在住の下出為吉さん（明治三五年生）も、山中の出身であった。為吉さんは七、八歳のときに両親と兄の四人で、旧上穴馬《あなま》村中野の山に入った。中野は九頭竜ダム建設のために水没した村である。そして後に為吉さんも木地屋の親方になった。

　スエさん夫婦が入った山は、主として岐阜県境に近い旧上穴馬村大谷、久沢、上伊勢、下伊勢の山で、そのすぐ北には平家岳、左門岳、屏風山などの一三〇〇〜一四〇〇メートル級の山が連なり、その名のごとく屏風のようにそそり立っている。大谷、久沢、上伊勢、下伊勢といった村むらは、山仕事と農業、峠越えの物資輸送などで生活をたててきた山村である。木地屋はそこから一里ほど離れた山中に、小屋を建てて生活の拠点にした。

　木地屋が活動する範囲は、一里という距離が基準になっていたようである。木地屋が住居兼仕事場にしていた小屋を一般に木地小屋というが、この小屋から半道（二キロメートル）の範囲に原木がなくなると、また木のある場所に移っていく。木地小屋を中心に半径二キロ、つまり直径一里の範囲になる。この距離は原木や木地椀の運搬と密接に関係しているようで、福島県会津地方でも同じような傾向がみられた。

　木地屋の生活の場も仕事場も山であった。古くは家族ともども年間通しての山暮しであったが、越前地方では次第に里村や大野市に降り、春から秋までの雪の降らない間だけ山に入るようになったようである。スエさん夫婦も結婚した当初は、冬期間も山を降りなかったというから、大正時代の後期ごろまでは山から山へ渡り歩く木地屋の姿があったとみられる。

　さて、越前地方の木地業はかなり早くから分業が成立していたようである。深い山に入って仕事をする職人は先山師《さきやまし》とアラガタを挽《ひ》く木地屋であった。先山師は原木を倒し、円筒形の木片をつくる職人、それを足踏みロクロを使ってアラガタ（大体の椀や鉢の形に挽いたもの）をつくる職人を木地屋といった。アラガタは漆器の産地である河和田や山中に送られて、さらに仕上げをする。

この作業をする職人もまた木地屋であった。

　先山師の仕事は原木であるトチやケヤキの大木をヨキとノコギリで伐採することからはじまる。まず木を倒す方向を見定めて、ヨキグチをあける。ヨキグチというのは倒したい方向にヨキで木の側面をえぐり取ることで、木の芯までヨキが入ると、今度はその背後からノコギリで挽いて見定めておいた方向に木を倒す。方向をまちがえると自分の方に木が倒れてくる場合もあり、経験と勘と体力を要する危険な作業である。倒した木は三尺の長さに玉切りをして、切断面に椀の大きさに合わせて円を描く。これが椀の直径にあたるが、このときアガタ（芯の赤味）は、はずして木取りをしなければならない。アガタの部分は木が割れやすく、狂いやすいからである。

　次に円と円との間のいらない部分に溝を掘るようにヨキで削り取り、玉切りした木から円筒状のトボ（丸太）を取り出す。これをヒを掘るという。どのような字を書くのかわからないが、樋《ヒ》の意味ではないかと思う。ちょうど太い原木からトボを取り出した形が樋《とい》の形に似ているからであろう。トボは直径が椀や鉢のスイクチ（口径）の太さで、長さ三尺の芯抜き（芯の部分がふくまれない）の丸太のことである。

　ここまでの作業は原木の伐採現場で行い、トボを背負って作業小屋まで運ぶ。夫婦で入っている先山師は、男がトボをつくり、運ぶのは主に女の役目であったという。そして作業小屋の中でダイギリとよばれるノコギリで椀や鉢の高さに合わせて挽き、円盤状の木片をつくる。これを枚切《まいぎ》りといい、木取りの方法はタテキドリである。先山師がつかうダイギリは両端に柄がついている二人挽き用が多かったという。一日に数百という枚数を挽くために、一人用ノコギリでは能率が上らなかったからであろう。この枚切りも夫婦で行う場合が多かった。そして枚切りしたものを木地小屋に運び、それからが木地屋の仕事になる。

　木地屋の仕事はロクロ挽きである。枚切りした木片をロクロにかけ、まず内側を挽き、次に木片をひっくりかえして外側を挽く。そして最後にコウダイの内部を挽いて大体の椀の形にする。これをアラガタといい、アラガタは一カ月ほど燻乾燥した後に、河和田や山中に送られる。

　河和田は吸物椀が中心で、親椀は直径四寸二分、高さ二寸、ふたは直径四寸、高さ一寸三分。この寸法のものと、それよりも少し大きめの椀の二種類を挽いていれば、ほぼまちがいなく売れたという。そのほかに飯椀、汁椀、ツボ、ヘラ（平椀）の四種類の親椀に、ふたがついた八重椀《はちじゅうわん》といわれる椀類が主力であった。主として報恩《ほうおん》講《こう》などの仏事に用いられたものである。そのほかにタカツキとチョクがつく場合もあった。タカツキ（高杯）は食物をのせる足付きの台、チョクは小型のツボでふたはない。この二種を加えて百椀《ひゃくわん》といった。その寸法は別

アラガタの寸法
（スイクチ×高さ　単位＝寸）

八重椀			
	飯椀	4.3×1.3	蓋 3.4×1.1〜1.3
	汁椀	4.0×1.8	蓋 3.8×1.3
	つぼ	3.4×2.3	蓋 3.8×1.0
	平椀	4.3×1.8	蓋 4.7×1.0
吸物椀			
	椀	4.2×2.0	蓋 4.0×1.3
	椀	4.5×2.0	蓋 4.3×1.3
高杯		4.3×2.5	
チョク		3.0×2.3	

の表で示したが、いずれもアラガタの寸法で、仕上がりはこれより二分ほど小さくなる。

　アラガタづくりは、山奥の谷の深いところに建てた木地小屋の中で行われた。木地小屋を谷あいに建てるのは、まず水を確保するためで、次にアラガタづくりの際に大量に出る木屑を捨てるためであった。ひと夏仕事をすると谷が埋まるほど木屑が出たという。スエさん夫婦は春から秋にかけて山に入ると、寝食を忘れて働いたという。谷あいにある木地小屋は朝日がのぼるのが遅い。暗いうちからランプの明りをたよりに炊事をし、男たちはロクロに向った。そしてその仕事は朝食、昼食、小昼《こびる》（午後三時ごろにとる中間食で、手のあいた人がてんでに食べる）、夕食の四回の休みを除いて夜遅くまで続けられた。食事の仕度に手をかけられないこともあって、おかずは味噌汁と漬物、それに塩物（塩魚）がつけば最上のごちそうであった。ご飯は混ぜもののない白米を食べたという。木地屋は里の農家にくらべて白米を食べることが多かったようで、多少オーバーな言い方ではあるが、福島県南会津ではこの白米と塩魚が食べたいために、農家の人々は木地椀運搬にたずさわった、という話

福島県南会津郡田島町針生の人々による かつての木地椀作りの再現作業（昭和50年）

ブナの木からヨキで椀のアラガタを刳りだす

チョウナでアラガタの外側を整える。右の女性はアラガタの中を刳っている

手引きロクロで椀を削って仕上げる。右の男性が紐を引いてロクロをまわしている。手引きロクロは明治末頃まで使われていた

を何度も聞いたことがある。

このようにして朝早くから夜遅くまで一生懸命働いて、一日五〇〇人前ほどの椀を挽いた。親椀とふたを合わせると千個ということになるが、スエさん夫婦の最盛期のころは七〇〇人前、一四〇〇個を一日で挽いたという。想像を絶する量である。そのかわり栄作さんの手は豆だらけでひどいものであったという。

「主人をロクロ場から降ろすと、それだけアラガタを挽く数が減ってしまうでしょう。だからなるべく主人をロクロ場から降ろさないように手伝いするのが女や弟子の役割でした」

と、スエさんは語る。

「私らは町で育ったもんやでぇ、初めて主人に連れられて山に入ったときは、びっくりしました。ただ家にいても仕方がないし、私がいかんば誰かを頼まんならんしね。いっそ山へ行って主人の手伝いをしようと思いました。

昔は手と足が動力でしたから、一人でたくさんのアラガタを挽くのは大変でしょう。大きいものも小さなものもみんな足踏みロクロを使ってましたから、私らはロクロの脇にいて足踏みの手伝いをするんですわ、えらい仕事でした。

それにアラガタの乾燥ができると、里村の人を頼んで、荷をおろしてもらわんばならんでしょ。それで米俵にアラガタをつめて、梱包するんですが、これも女の仕事でした。米俵は里村からたくさん上げてもらいます。里村の人が上ってくるときに、米や塩物なども上げてもらいます。荷を運ぶ人をボッカさんといってました。

私らは春に山に上ったら秋まで降りませんでね、身な

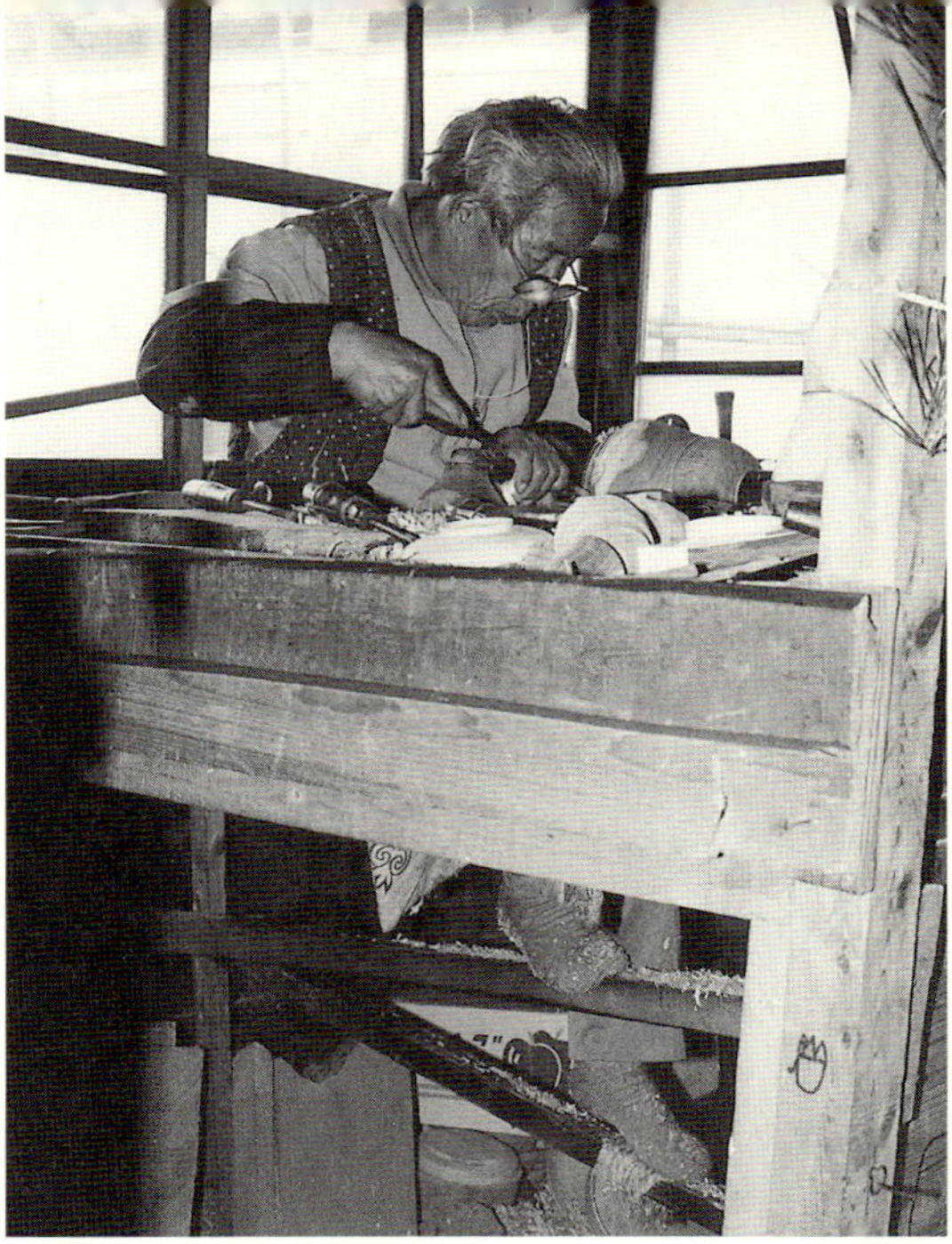

上下　越前では話に聞くだけだったが　数年前に奈良県吉野町で足踏みロクロを見ていた。吉野町ではタテキドリでヒノキの木地椀をつくっていた

りは何もかまうこともなかったし、荷物を運びに来るポッカさんと顔を合わせるだけで、秋に山を降りるまではあんまり里の人と会いませんでした。だけどまわりには何軒も木地屋が入ってましたから、お互いに競争でアラガタづくりをしました。

そんなえらい仕事をしてきたから、早く腰が曲がるんですね。農家のくらしの方がよっぽど楽だと思いました」

このようにして町育ちのスエさんが、次第に木地屋の女房としてたくましく立ち働くようになっていったが、大正時代から昭和初期にかけて、木地屋の仕事は大きく変った。動力に水車が導入されたからである。

何本かの沢を集めた比較的水量の多い川の近くに木地工場を建て、水力で回転させて木を挽く丸ノコギリが使われるようになった。そうなると深い山で伐採した原木は、六尺ほどの長さに玉切りをして川に流して工場まで運ぶ。工場まで運ばれた原木はまず丸ノコギリで椀や鉢の高さに玉切りして、大きな円盤状の板をつくり、先に述べたようにアガタをはずして円を描き、それを押し切りのような刃物を用いて、円筒形の木片をつくるようになった。したがって木地屋は奥深い谷あいから、里に近い川沿いに降りて仕事をするようになった。そして電力が導入された昭和初期以降は、大野のような町の中で工場を構える人が増えていった。

「今のくらしはまるで天国のようですわ」

と、スエさんはそういいながらも、昔をなつかしむような表情をうかべた。

第二章

越前の木地屋の歴史

さて、桜井さんや下出さんは二代目であり、大野市の他の木地業者もさほど古くから続いているわけではない。しかし、越前国全体での木地業をみると、それはずいぶん古い歴史をもっていたようである。

木地屋の研究は多くの研究者によってその歴史が明らかにされつつあるが、ここでは滋賀県在住の橋本鉄男先生と、福井県在住の杉本寿先生の論考を参考にしながら、越前木地屋の歴史をたどってみたい。

なおロクロをつかって木地物を挽き、生活をたててきた職人の呼称は、古代は轆轤《ろくろ》工、中世は轆轤師といわれ、そして近世においては、橋本先生は木地屋、杉本先生は木地師という呼称を用いている。それぞれ理由があってのことと思われるが、ここではすでに使ってきたように木地屋とよぶことにする。

越前の木地屋文書でよく知られているのが、越前国今南東郡吉河《よしかわ》郷鞍谷冨生《くらたにとみお》村（現武生《たけふ》市鞍谷地区）の鞍谷《くらたに》轆轤師に、正安三年（一三〇一）に下された伏見《ふしみ》院の院宣と、天正八年（一五八〇）の正親町《おおぎまち》天皇の御綸旨《ごりんじ》とよばれているものである。

正安三年のものは、この年の一一月に伊勢神宮へ新穀を献ずる大嘗会《だいじょうえ》という祭事に、越前の轆轤師が何らかの役を仰せつけられる、といった内容のものである。また天正八年の御綸旨は、越前州《えちぜんのくに》今南東郡吉河、鞍谷、大同丸保の塗師《ぬし》屋と轆轤師の諸役を免除する、というものである。

ところが、これらの文書はどうも本物ではないらしいのである。高貴な人のお墨付きを持つことによって、生業《なりわい》をやりやすくするための偽文書ではないか、という説が一般的である。しかし、文書にある年代の当否についてまでは、何ともいえないらしい。

ところで、こうした木地屋への綸旨や許可状、もしくは免許状といった文書類は、橋本先生の『ろくろ』（法政大学出版局刊）によれば、東北地方（会津）から四国地方（阿波）に至るまでの地域で二三通がみられる。これらのうち、最も古いものは近江（滋賀）の蛭谷《ひるたに》に残されている承平五年（九三五）の朱雀《すじゃく》天皇の綸旨で、あとは一三〇〇年代（四通）と一五〇〇年代（一七通）に集中しており、他に年代不明のものが一通である。

先の伏見院院宣も含めて四通がみられる一三〇〇年代とは、鎌倉時代末から建武年間（一三三四〜三七）を経て室町時代へ移っていく時期で、社会秩序が乱れた、いわば動乱期であった。

「此比《このごろ》都ニハヤル物、夜討強盗謀綸旨《ようちごうとうにせりんじ》…」で始まる、建武年間の有名な京都の二条河原の落書をみても、当時は偽の綸旨が相当に出まわっていたことをうかがわせ、轆轤師の集団がそれを持っていたことも考えられるだろう。

また、一五〇〇年代の日付が入っているものは、先の正親町天皇の綸旨のほかに北条早雲、朝倉義景、織田信長、豊臣秀吉など、戦国大名による免許状や許可状が多い。この年代もまた、室町時代中期から戦国時代にかかっており、一三〇〇年代と同様に政情の不安定な時代であった。さらに、商品流通も活発になった時代でもあり、商工業者が時の権力者や大寺社に一定の上納をすることで、諸役や関銭の免除をうけ、商売の独占をはかろうとすることが、広く行われていたという。いわゆるお墨付きが、重要な意味を持っていた時代であったといえよう。

越前の轆轤師の場合は、先の正安三年（一三〇一）の院宣と、天正八年（一五八〇）の綸旨のほかに、三通の免許状が発見されている。鞍谷轆轤師には永禄二年（一五五九）と天正一一年（一五八三）にそれぞれ朝倉義景と織田信長から、そして阪谷《さかだに》轆轤師には元亀三年（一五七二）に朝倉景勝から出されたとされている免許状がある。

それぞれの文書の真偽はともかくとして、そういう文書が存在すること自体が、大変興味深いことである。鞍谷や阪谷の轆轤師たちが、身分証明書ともいうべきお墨付きを持たなければならなかった理由の一つは、原木不足のために、新しい土地に移住する必要にせまられていたのではないかということである。

ましてそのお墨付きが偽造であったとすれば、なおさら原木不足は深刻な状況ではなかったろうか。

そして想像をたくましくすることが許されれば、その原木はケヤキを中心にした、比較的里山に近いところに自生する木ではなかったろうか。近年鎌倉、室町時代の豪族の館跡や、当時の町の発掘がさかんに行われるようになったが、その中から木製の漆椀が多数出土し、その樹種の鑑定をみるとケヤキの木が比較的多く用いられ、中世末から近世に入ると、とくにブナ、トチなどの樹木が圧倒的に多くなる。越前の場合は、武生市の隣の南条町鵜甘《うあま》神社に奉納されている椀が二個あり、いずれもケヤキ材を用いている。一つは元亨三年（一三二三）、他の一つは康正二年（一四五六）の年号が刻まれているという。

惟喬親王を根源とするという木地屋の伝承と技術の絵巻　滋賀県橋本鉄男氏所蔵

出土品や奉納品の樹種の鑑定例はさほど多くなく、少ない資料で即断するのは大変危険なことであるが、古くは比較的里に近い山々に自生している木を用いていたものが、中世末からとくに近世に入ると、標高七百メートルから千メートルのあたりに自生するブナ、トチ材を求めて、木地屋の集団は山深く入りこんでいったような形跡がみられるのである。

鞍谷轆轤師集団がいた鞍谷川ぞいの村むらは、現在は武生市に属しているが、この周辺もさほど深い山ではない。正安三年の院宣はともかくとして、中世末の綸旨や免許状を持ち歩くようになった背景には、このような事情があったのではないか、と私は推測している。

杉本先生の長年にわたる調査によれば、鞍谷轆轤師の集団は、その源は近江（滋賀県）にあり、その後滋賀県・岐阜県境の三国ヶ岳、夜叉《やしゃ》ヶ岳、三周《さんしゅう》ヶ岳の北麓（現南条郡今庄町）、その北の高倉《こうくら》、芋《いも》ヶ平《たいら》（同今庄町）、冠山《かんむりやま》北麓の割谷《わりだに》、田代《たしろ》、楢俣《ならまた》、河内《こうち》（現今立郡池田町）、大野郡阪谷六呂師《ろくろし》（現大野市南六呂師）、北谷村六呂師（現勝山市北六呂師）への移住があり、さらに白山西麓の朝日、川合（現大野郡和泉村）へとその移住経路がみとめられるという。

鞍谷轆轤師の仲間は加賀の国へも入り、山中《やまなか》漆器の産地形成の一端をにない、さらに能登、飛騨、越中、越後、信州、両毛、岩代をへて遠く奥州にまでその勢力をのばしていった。そして河和田、山中をはじめ、輪島、金沢、高田、高山、会津若松などの漆器産地の形成に重要な役割を果してきたという。この壮大な移住の歴史については、いずれ私自身の目で確かめてみたいと思っているが、このような移住を可能にしていく一つの手段として、高貴な方のお墨付きは、ぜひとも必要なものであったろうことは容易に推測できる。

さらに興味深いことには、この種の文書の中には轆轤師のほかに杓子《しゃくし》師、塗物師、引物師といった職種が出てくるものがある。たとえば元亀三年（一五七二）に近江の蛭谷あてに出された綸旨には、「諸国轆轤師・杓子師・塗物師・引物師等…」とあり、永禄二年（一五五九）の、越前の鞍谷への朝倉義景の免許状には「国中轆轤師同塗師屋職頭之事……」。そして同じ鞍谷では例の天正八年（一五八〇）の正親町天皇の綸旨には、「越前州今南東郡吉河、鞍谷、大同丸保、塗師屋。同轆轤師方蕪頭之事……」、といった記載がみられる。

元亀三年のものは、当時木地ものを扱う職人として、板物木地の職人と、椀などの丸物木地をつくる職人、そして塗物をする職人が分化していたことを示している。引物師とあるのは挽物《ひきもの》師の意とみるのが自然であるが、轆轤師も挽物師も、ロクロを使って丸物をつくる職人ということになるので、あるいは膳や箱物をつくる指物《さしもの》師のことであったかもしれない。

また永禄と天正の文書では、轆轤師と塗物師とが一つの職業集団を形成していたことを暗示している。これから、漆器の産地とまではいわないにしても、漆器を生産する小規模な職業集団が、越前の地に成立していたことが考えられる。それらの地が、「越前州今南東郡吉河、鞍谷、大同丸保」であろう。今日の鞍谷川の谷口にある味真野《あじまの》町がその中心地であったとみられる。さらに、年代は明らかではないが、その北の今立町粟田部《あわたべ》、河和田町片山なども、古い漆器の産地であったことが知られている。これらの地で生産された漆器が、府中（武生市）、朝倉氏の城下である一乗谷などに出されていたのではないだろうか。今日、一乗谷の朝倉遺跡の発掘が精力的に行われているが、出土品の中から多数の漆器類が出土していることは、それを物語っているのではないだろうか。

また、これらの職業集団では、古くは轆轤師の頭《かしら》が主導権を握っていたと思われるが、轆轤師よりも先に塗師屋が書かれている文書をみると、次第に塗師の力が大きくなっていったことを感ずる。漆器は木地よりも漆のかけ方によって、製品の良し悪しが決定される。したがって漆器の仕上げをする塗師、そして顧客により近いところにいる塗師の力が、轆轤師よりも大きくなっていくことは当然のなりゆきであろう。近世に入って各地に漆器産地が成立し、塗師の力が強くなっていくのだが、その前段階の過程が、これらの文書の中に現われているように思える。それは、主に木地を売りものにしていたであろう中世の轆轤師が、近世の塗師の下請業としての「木地屋」、もしくは「木地師」へと変貌をとげていく過程でもあったように思える。

鞍谷轆轤師の群れは、越前から加賀、能登、越中へと

福井市の郊外からのぞむ両白山地。この山々をかつてはブナ、トチなどの木を求めて木地屋が歩き回った

ひろがりをみせていったが、越前の国に残った人々はその後定着をはじめたようである。五万分の一の地図をひろげてみると、南六呂師、北六呂師、小倉《おぐら》谷といった地名をみいだすことができるが、いずれも近世の早い時期に定着農耕化した轆轤師のむらのようである。また和泉村朝日や川合にも定着した人々があったという。

近世に入ると近江の蛭谷と君ケ畑（現滋賀県神崎郡永源寺町蛭谷、君ケ畑）が木地屋根源の地として、全国各地に散在する木地屋を統制していった。そして木地屋の村むらを巡回して一種の徴税を行なった。これを氏子狩《うじこがり》（駈《がけ》）といっている。

越前の例では、正保四年（一六四七）の蛭谷の氏子駈帳に、「越前国大の山」「ふさか分」「宇山志やうし谷」「中ノ河内横谷分」「宇ら山いつ白谷」「のまふち山」に合計六八名の木地屋の名前がみられる。いずれも現在の地名に比定することはできないが、大野市から大野郡和泉村にかけての山中で仕事をしていた木地屋の集団であろうと思われる。

それ以降、一〇〇年ほど途絶えた後、寛延四年（一七五一）から再度大野郡の地に木地屋の名前が現われ、三年から三〇年の間隔をおいて、明治一四年まで九回にわたって氏子駈が行われた。これらの木地屋は主として大野市や和泉村の北側と南側の山地に入っている。石川県と岐阜県の県境に近い一帯と、桜井スエさん夫婦が入っていた平家岳、屏風山から、その東にかけての能郷《のうご》白山（一六一七メートル）、そして熊河峠を経て、今立郡池田町に通ずる山筋である。この山筋は美濃（岐阜県）との国境（県境）にあたり、美濃方面から移住してきた木地屋がほとんどを占めていたようである。

その軒数は寛延四年（一七五一）一六軒、安永九年（一七八〇）二四軒、寛政一一年（一七九九）二七軒と少しずつ増えていく。そして文政一三年（一八三〇）になって、一八軒に減少するが、この年に「越前国今立郡河和田片山邑《かたやまむら》椀師」が一九名出てくる。漆器の産地にいて、仕上げをする木地屋であると思われ、この時期には山でアラガタをつくる木地屋と、里で仕上げをする木地屋が分化していたことがうかがえる。

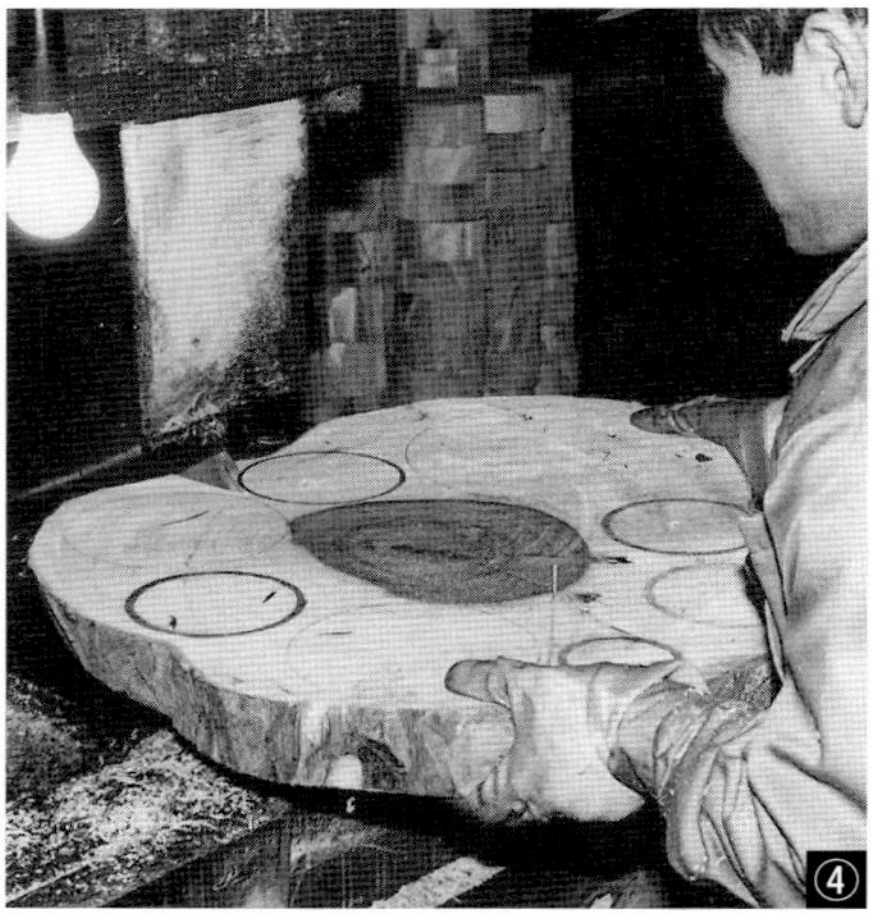

●アラガタをつくる

① 工場脇に積まれたトチの原木をチェンソーで伐る
② ダイシャに固定した原木を製品の高さにあわせて玉切りする
③ 芯の部分をはずして、椀や鉢のスイクチの寸法に円をかく
④ ⑤ 電動ノコで円にあわせて切るアラドリをする

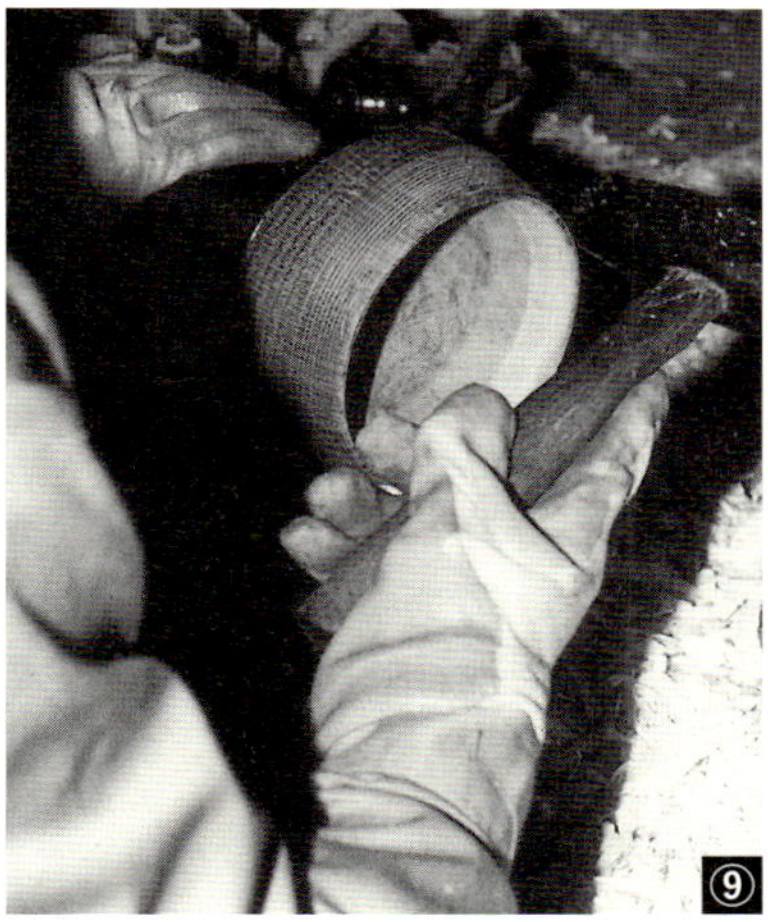

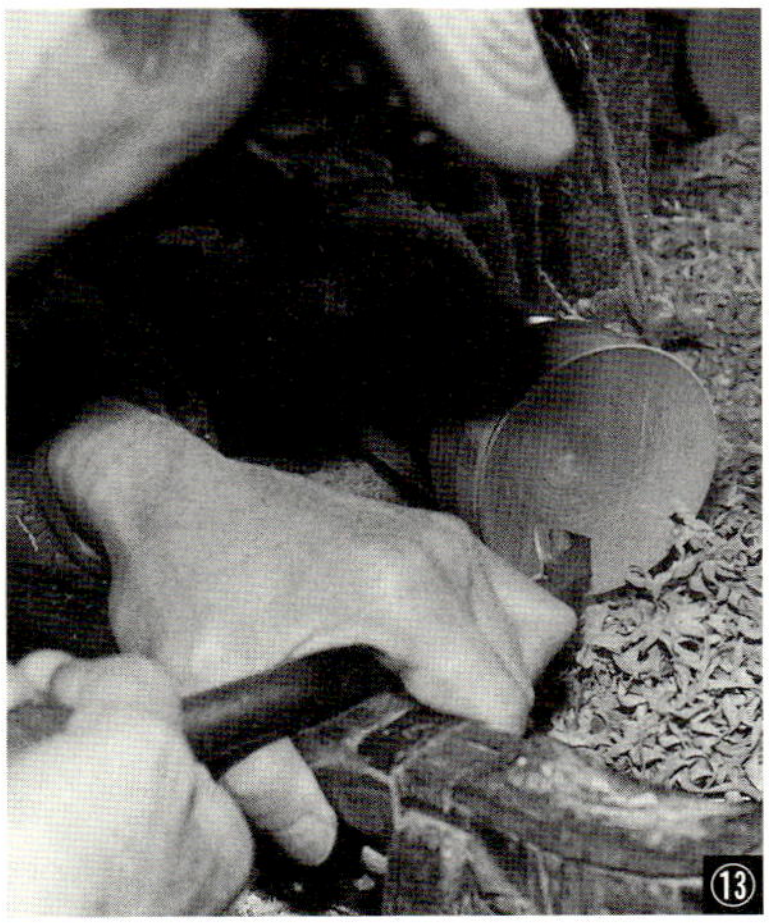

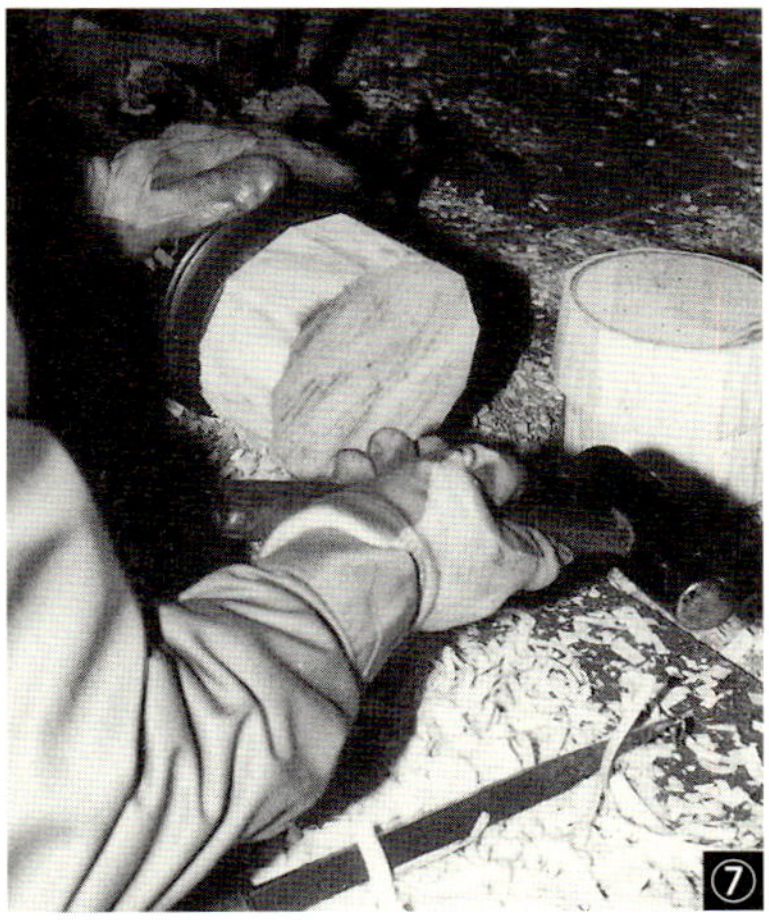

⑥ 同寸のアラドリを積み重ねて乾燥する
⑦ ロクロのツメにアラドリを打ちこみ
⑧ まず外側から挽いていく
⑨ 椀をはめこむ型をロクロにセットして
⑩ 外側を挽いたアラドりを型にはめこんで
⑪ 内側を挽いていく。内側でも外側でも挽く職人の位置は変らない。ただしロクロの回転方向は逆になる
⑫ アラガタは十分に乾燥させ、かつては山奥からボッカの背で河和田などの漆器産地に運ばれた
⑬ 可和田での木地椀の仕上げ

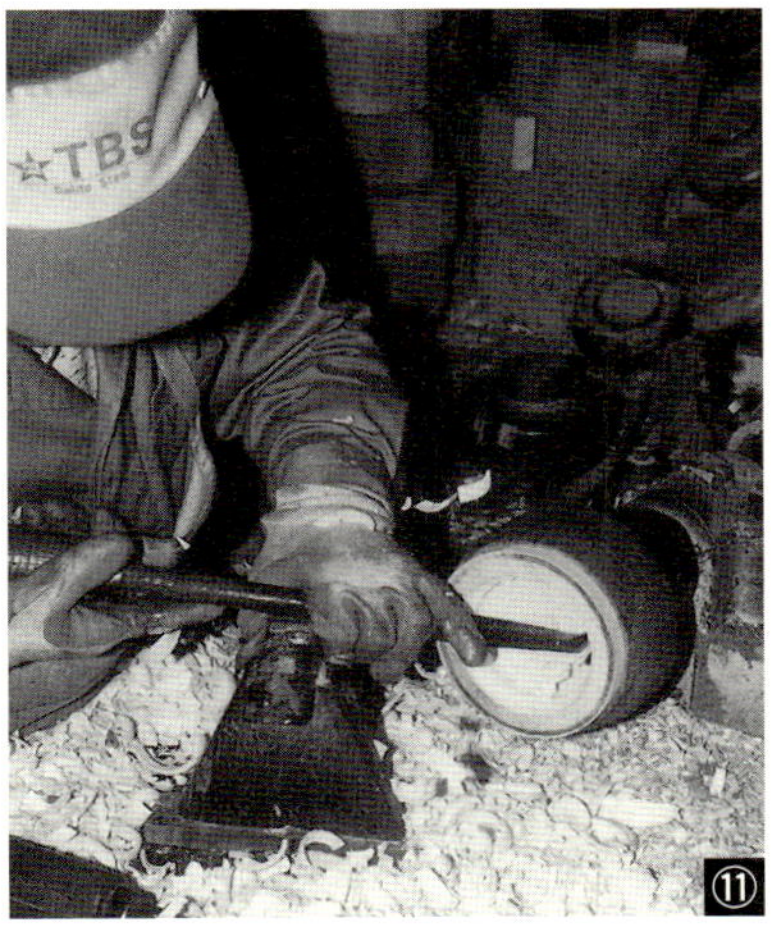

少なくとも近世後期には、山中で生産された木地は、アラガタのまま険しい山道をボッカの背で、河和田や片山まで運ばれ、越前漆器の素地になっていたのである。以後木地屋の数が減少していったのか、氏子駈がルーズになったのかはわからないが、とにかく木地屋の数はぐっと減少して明治を迎えた。

河和田や片山が越前漆器の主産地としてその名を知られ、生産量が増えていくのは明治以降のことである。それにつれて周辺の農村から、また加賀の山中《やまなか》から、木地業を志す人々が増えていったのではないかと思われる。そして再び越前の山々は活気づいていったのではなかったろうか。残念ながらその数はつかむことができないが、すでに何度も名前の出ている桜井栄作さん兄弟、下出為吉さんはその一例であった。桜井さんは大野市堂島の農家の生れであったが、堂島は阪谷《さかだに》轆轤師が定着したと伝えられている南六呂師からさほど離れていない。もとは大野郡阪谷村といい、南六呂師も堂島も阪谷村に属している。

こうしてみていくと、現在の大野市の木地業者の歴史は新しいとはいえ、そこを包みこむ広大な地域には、山を生業《なりわい》の場とする多くの人々の長い営みがあったことがわかる。彼らが育んだ木に対する智恵と技術は、白山山麓の風土に泌みこむ水脈のように、歴史のなかに流れついできたのではないだろうか。そしてそれを汲みあげて今に伝えたのが、現在の大野市の木地業者の先代、先々代たちではなかったかと思われる。

越前大野で桜井さん宅にうかがった翌日は、工場での仕事をみせていただいた。昭和三五年の越美北線の開通で町化した新開地の、道に沿って建てられた主屋の比較的広い玄関には、うず高く乾燥の終ったアラガタが積まれていた。見込み生産をしたが、まったく売れなかったのだという。プラスチック製品に圧倒されている木地業者の苦闘を、如実に示しているようであった。

木地工場は主屋のうしろにあった。脇の空地には太いトチの原木が積まれている。八時半ごろであったが、すでにノコギリやロクロを動かすモーターの音が鳴りひびいていた。桜井さんは予定の仕事を始める前に、一通りの作業工程をみせてくれた。それは水車時代のアラガタづくりの工程と、ほとんど変ってはいなかった。ただ、太い丸太を玉切りする作業は豪快であった。ホンキとよばれる小型のクレーンで、トチの丸太を二本のレールの上に置かれたダイシャに運ぶ。そして丸太をダイシャに固定すると、猛烈なスピードで回転している帯ノコまでダイシャを操作していき、椀や鉢の高さの寸法に玉切りする。このホンキ、ダイシャ、帯ノコのセットは、大体どこの製材所でも普及しているようだ。

その後桜井さんは、さっそく自分の作業にとりかかった。弟さんは玉切り、奥さんは玉切りした円盤の上に、椀や鉢のスイクチの寸法に合わせて丸かき、桜井さんはその丸に合わせてノコギリで切り取り、息子さんはロクロ挽きの準備をしていた。同じ仕事が一日中くりかえされる単純作業であるが、相手が刃物付きの機械であるために、一時も気をぬくことができない。私はその緊張感の中でほぼ一日中作業をみつめていた。

私は職人さんを訪ねたときは、少なくとも最低一日は仕事をみせてもらうように心がけている。職人さんにとってみれば目ざわりであり、邪魔な存在であることは充分承知のことである。なるべく邪魔にならないように隅の方にいても、私に気がねをしで昔使っていた古い道具を出してくれたりする。仕事のペースを狂わせてしまって悪いなァと思いつつも、ついカメラのシャッターを押し、スケールを取り出して寸法を計ってみたりする。そんな中から私にとっては重要な問題に気がつき、興味深い発展をすることがしばしばある。今回はタテキドリとヨコキドリの問題がそれであった。桜井さんもおもしろがって、そのちがいをいろいろと教えてくれた。

第三章 タテキドリとヨコキドリ

河和田や山中では、タテキドリの木地椀が主流をしめていたことは、以前から知識としては知っていた。しかし、木取りの方法を具体的に聞き、さらに実際に工場でその工程をみせてもらったとき、非常に大きな問題を投げかけられたと思った。

タテキドリはすでにふれたように、玉切りした木の切断面に、椀を置くような形で木取りをする方法である。これに対してヨコキドリは、木の芯に近い方に椀のスイクチを向け、木の皮に近い方にコウダイを向けるような形で木取りをする方法である。

二つの木取りの分布は近江から東北日本にかけては、東北地方の湯治場でコケシを挽いている人々を除いて、ヨコキドリであり、また北陸でも、輪島や富山はヨコキドリであるが、どういうわけか河和田と山中がタテキドリになる。近江、越前より西の方は、まだ未調査なので何ともいえないが、桜井栄作さんが若いころに鳥取や島根に出稼ぎに出ているというから、山陰地方にはタテキの産地があっても不思議ではない。タテキの職人はヨコキが扱いにくく、そう簡単には使い分けができないようで、その逆もまた同様であるという。

また数年前に奈良県吉野地方を訪れたとき、吉野町宮滝で足踏みのロクロで椀を挽くところをみせてもらったことがある。これがヒノキ原木のタテキの木地椀であった。吉野地方には吉野椀という古い椀の生産地があったことが知られているが、このヒノキの木地椀は、漆椀の産地である和歌山県黒江に送られていたとのことであった。

タテキとヨコキの特徴が形の上で現われる大きなちがいは、タテキは吸物椀のようなふた付きの小型の器に適し、ヨコキはふたのつかない汁椀や、鉢、盆などの大型の器に適していることである。それは木取りの方向が異なることによって、木の繊維の方向がちがってくるからである。タテキの場合は椀のスイクチに木の年輪が現れ、ヨコキの場合は柾目《まさめ》が現れる。

樹木は夏に育つ柔らかい繊維と、冬期間を経て形成される堅い繊維とで成っている。木の年輪をみると、比較的濃い色で幅のせまい円を描いているのが冬、その間の幅の広い部分が夏に育った部分で、ここは水分を多く含んでいるために、乾燥すると縮みやすい。この夏と冬が交互に直線で出てくるような木取りが柾目《まさめ》取りであり、椀の場合はヨコキがそれにあたる。会津では、柾目の繊維が走っている方向をタテッキ、その直角の方向をヨコツキとよんでいる。タテッキにくらべてヨコッキは縮みやすいので、椀のアラガタをとるときは、あらかじめヨコッキの方向を広めにとっておく。たとえばスイクチが三寸八分の椀をつくるときは、アラガタの段階でタテッキを四寸、ヨコッキを四寸一分にとる。そして乾燥させてほぼまん丸にさせ、ロクロにかけて三寸八分の椀に仕上げるのである。そのような工夫をしてもなお、ヨコキは狂いやすいという。したがって吸物椀のようなふた付きの椀にはむいていない。

これに対してタテキは年輪の部分が、そのままスイクチに出てくるために、乾燥した際にも縮み方が一定しているのであろう。そのため、とくに狂いが出ては困るふた付きの椀類はタテキでないとだめ、という職人も多いという。

タテキが小物、ヨコキが大物に適すという理由はごく単純である。タテキは木の芯をはずしてスイクチの寸法をとらなければならないために、たとえば直径が二尺の鉢をとろうとすれば、少なくとも直径が五尺ほどの大木でなければならず、現実では不可能といっていい。それがヨコキだと、鉢の高さの寸法がとれればいいわけで、直径が三尺ほどの木であれば二尺の鉢がとれる。

もう一つ大事なことはタテキにくらべてヨコキの方が、中を刳りやすいことである。切断面が柾目であるために、あらかじめ縁に沿って円を措くようにしてチョウナで掘り、次いで柾目の方向に沿って刃物を深く入れるとはがしやすい。したがって刳《く》りものはすべてヨコキを用いている。その反面ロクロにかけにくく、椀にした場合縁が欠けやすいということもある。

タテキはこの逆を考えればいい。つまり、椀を置いた状態では木の繊維が縦方向にはしっているから、中をきれいに到るには大変骨が折れるという。むしろ直接ロクロにかけた方が、年輪に逆らわずにロクロを挽けるから、椀のようなものはつくりやすいという。また木の繊維を縦にして取った椀は、底に無数の導管が開いているということであるから、漆を塗るときは底の補強をすることが望ましい。そこでタテキによる産地である河和田では、椀の底に布を張って漆をかけ、ヨコキによる産地の輪島では、縁に布を張ることが一般に行われている。

このようなヨコキ、タテキの木取りのちがいは、ほかの問題にもひろがりそうである。その一つは、技術の系譜に関わるように思われる。つまり、椀や鉢などの丸物をつくる技術は、刳りものに適したヨコキから出発している、ということである。大型の木器についてはすでに述べたが、小型の部類に入る椀にしても、ふた付きのものを使うようになるのはそう古いこととは思われない。一般に使われていた椀は、ふたのつかないもので充分であった。それは中世から近世にかけての出土漆器の中に、ふた付きの椀が出てくるのはきわめて少ないこととも符合する。そしてロクロを用いるのはあくまでも仕上げで

タテキドリ

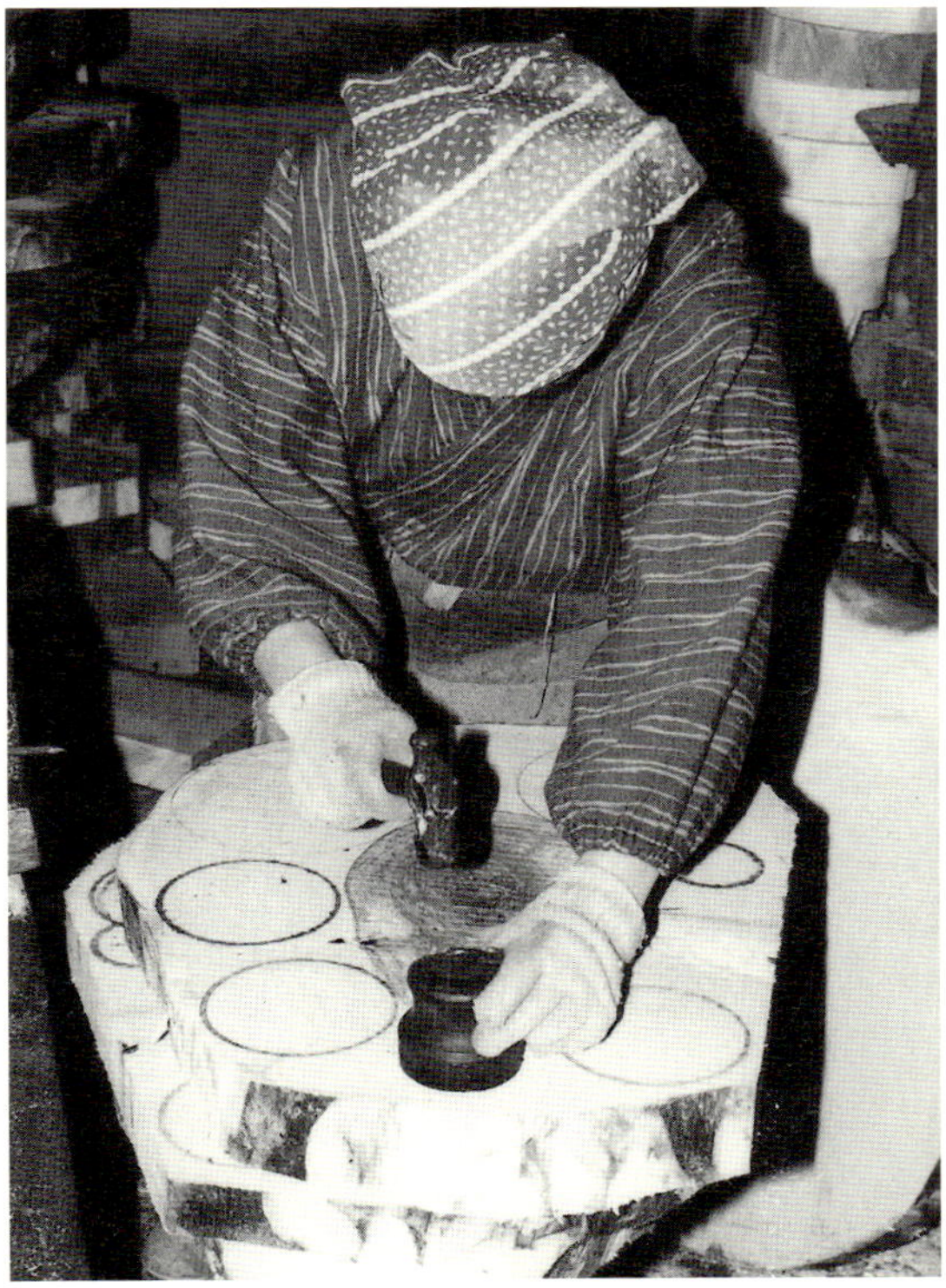

ヨコキドリ

●タテキドリ

左上　原木をバウムクーヘン状に輪切りにしていく
左下　その断面に椀や鉢の寸法をとった型をスタンプのようにあてて円をとる
（越前大野）

●ヨコキドリ

右上　クサビを入れながらヨキで鉢の高さにあわせて木を割る
右中　柾目が走る断面に竹のコンパスを使って円をえがく
右下　ヨコキドリした材の中をチョウナで刳って鉢をつくる
（福島県会津地方）

あって、挽きもの自体も木を刳るという技術が基礎にあったと考える方が自然であろう。

タテキの方が技術的に新しいと思わせることは、道具のちがいの中にも現れている。タテキの場合はヨキ、ノコギリ、ロクロがセットになり、ヨコキは基本的にはヨキ、チョウナ、ロクロがセットとなるのが普通である。その背景には、ノコギリの普及の歴史が絡んでいると思われるのだが、今の私にはそこまで言及することはできない。ただ、桜井スエさんの話にあった、トボから円盤状の木片を作る板切りの作業にノコギリを使うことは、丸太からチョウナで椀形を刳りだすのに比べれば、技術的には容易であり、材料のロスもはるかに少ない。そのことから、タテキの木取りはノコギリを使うことによって普及していった技術ではなかったかと思われる。そして近世の比較的早い時期に、農民として定着していった越前の木地業と深い関わりをもっていたのではないだろうか。

また、先にみたように、タテキは木片を直接ロクロにかけてアラガタを作り、ヨコキはチョウナを使って中を刳ってからロクロにかける。中を刳る作業をナカウチ、ナカギリなどといい、主に女の仕事になるが、大変危険な仕事であった。会津では平らな石にアラガタを足で押しつけ、それを回転させながら、ヒゲをも剃れるようなチョウナを、頭のあたりから振りおろして刳っていく。しかも、そのスピードが非常に速い。見ている者の手に汗を握らせるほどの迫力である。この技術は、子供のころから母親について刃物に慣れ、その感覚を養っていなければ、そう簡単に修得できるものではない。会津の木地屋は、農家に嫁を出しても、農家から嫁をとることはなかったという。この慣習はナカギリの作業があったためではないかと、私は今でも思っている。

ところが、越前大野周辺の先山師も木地屋も、もともとは農家出身の人が多く、桜井スエさんのように、町場で育った人が木地屋の女房になっている。これは会津では夢にも考えられないことであったろう。つまり、ノコギリを使うことで、ある程度の修業で木地椀をつくることが可能となって、いわゆる移動をこととした木地職人とは別の技術体系を作りだしたのではないだろうか。

そしてまた、水車や電力の導入以前は、原木の伐採から木地椀の仕上げまでの行程を一貫して行うのが、木地屋の一般的な形態である。それに対して、越前の木地業では、その中で原木を伐採する先山師とアラガタの製作をする木地屋、さらに河和田や山中の塗師屋の近くでの仕上げをする木地屋といった分業が、比較的早くから成立していた。このことも、木地屋としての伝統と技術のちがいを感じさせる。

河和田や片山の漆器でタテキの木地椀が用いられてきたのは、越前の木地屋の歴史とその技術とに相互に関係をもちつつ、とくに明治以降になって、周辺の農村や町場の需要が急速に増えたことが一つの要因であった。報恩講を中心とする仏事が盛んであるこの地域では、その席で、タテキが適している八重椀をはじめとするふた付きの椀類が多く用いられ、庶民の間でもそうした椀類をそろえることが多くなったからであろう。

第四章

渋下地の漆椀

かつての河和田漆器は、ふた付きの椀のセットが主力であり、それらは報恩講などの仏事に使われてきたものであった。ふた付きではあるが、決して高級品ではなく、大衆向けにつくられた椀である。

この河和田漆器の特徴は柿渋を下地に用いる、渋下地であろう。渋下地は河和田にかぎらず、浄法寺《じょうぼうじ》（岩手）、鳴子（宮城）、川連《かわつら》（秋田）、会津若松（福島）、魚津《うおづ》（富山）、山中《やまなか》（石川）、黒江（和歌山）などで用いており、共通していることは庶民の生活と密着したところで漆器をつくってきた産地が多いことである。

日本では柿渋は庶民のもの、漆は貴族や武家のものという伝統が、長く続いてきたように思う。柿渋が作業着、紙、漁網、木器など、より庶民の生活と深く関わってきたのに対して、漆は武具、馬具、家具調度品、高級漆器など、上流社会のものであったからであろう。庶民の手に漆が近くなるのはさほど古いことではないが、その一つが渋下地の漆器であった。

椀の下地に柿渋を塗るのは、渋を木部に浸みこませて虫喰いや腐蝕を防ぐとともに、木地椀の表面をなめらかにする働きがあるからだ。さらに表面をなめらかにすれば、製品がきれいに仕上がり、またその上に塗る漆の量を節約できる。強い渋を下地に塗ると、それだけ漆の食いつきが悪くなる。漆が下地に浸みにくくなるのだから、漆の節約になるわけだ。しかし、漆下地と渋下地とでは、耐久性の面では漆下地の方がすぐれているといい、中世から近世に作られた、いわゆる伝世品とよばれている高級漆器は、漆下地のものが多いようである。このように、渋下地の椀は決して高級品とはいいがたいのである。

さて、柿渋づくりは八月のお盆前後の、柿に渋が充分たまった時期に行われる。河和田の漆器業者は、あらかじめ周辺の農家と契約をむすび、一〇貫単位で買った。大口使用者になると数百貫の柿を仕入れたという。農家では庭先の柿を取って俵につめ、馬車に積んで河和田まで運んだ。柿は特別に栽培している風でもなかったが、どこの農家でも庭先きには三、四本のかなり太い柿の木をみることができた。それも渋味の強い小粒の豆柿ばかりでなく、大粒の柿もまじっている。それらをみな一緒にしてしぼると、ほどあいのいい渋ができるという。

農家から柿が届くのは夕方になることが多かった。一晩でもそのまま置くと柿が赤味をおび、渋が抜けていくので、その日は夜を徹してでも渋づくりの作業にかかる。ヘタつきの柿を臼の中に入れて搗き、適度にひびを入れる。着物もなんも、渋がついてまっ赤になるが、かまってはいられないほどの忙しさであったという。それを直径も高さも三尺ほどもある桶の中に入れる。このとき種渋（昨年つくった渋）を少し入れてやるとよいようで、その状態でまる一昼夜おくと、発酵したようにプスリプスリと湧くようにして渋が出てくるという。このほかに

●柿渋づくり

右上、中　農家から届いた柿はその日のうちに処理する。木臼でどんどん搗き砕き、桶に入れて一晩おく

右下　丸竹で桶状に編んだ籠に砕いた柿を足で踏みつけながらいっぱいに入れる

左上　ジャッキにかけて締めあげていくと、果汁が流れだして下の桶にたまる

左下　果汁を手桶で布を張った桶に移し、布を絞りあげてカスをこしとり保存する

撮影・薗部　澄

種渋と水を加えて三晩ほどねかせる方法もあった。
それをしめ機にかけて渋をしぼり出していく。しめ機は四尺四方の台の上に一辺が三尺ほどの正方形の木枠をはめ、その中に、竹で編んだ簀《す》を敷いたもので、簀の上に篠竹とみられる細い丸竹で編んだ桶状の籠を置き、簀の下には柿渋をためる桶をすえる。そして籠の中に先の柿を足で踏みつけながらいっぱいに押し入れ、ジャッキで締《し》め上げてしぼる。桶にたまった渋は倉や物置など日の当たらないところに保存する。漆器業者は三尺桶に毎年二、三個分の柿渋をしぼっておくことが多かったようだ。

渋下地による漆椀の製作工程は、河和田の伝統産業会館に展示されている工程をそのままあげてみると、(1)荒木地、(2)白木地、(3)刻苧《こくそ》彫、(4)見付《みつけ》布張り、(5)布埋め、(6)刻苧削り、(7)渋地荒地付け、(8)渋地一辺研ぎ、(9)炭ばなし、(10)渋研ぎ、(11)中塗研ぎ、(12)渋地仕上げ、(13)中塗り、(14)中塗研ぎ、(15)上塗り、の順になっている。このうち(1)から(6)までが木地椀の製作、修正、補強である。荒木地、白木地は木地椀のアラガタと仕上げのこと、刻苧彫りは仕上げた木地の割れやいたみがあるときに、修正をする作業で、木地がしっかりしていれば、このような作業は必要としない。(4)の見付布張りは、椀の底の部分に布着せをすることで、河和田の場合はタテキ取りの椀を用いるために、椀の底がいたみやすいからである。

(7)から(12)までが渋下地の作業である。

河和田の渋下地について簡単に述べておくと、渋下地は三回行い、一回目は柿渋に柳《やなぎ》炭の粉をまぜたもの、二回目は柿渋に松煙《しょうえん》をまぜたものを塗る。そしてそれぞれ塗ったあとは砥石で研いで　表面をなめらかにする。最後に柿渋だけで下塗りをして、再び砥石で研ぎ上げて渋下地は完了する。その上に漆を一、二回かけて漆椀の仕上りである。良い品物は中塗りと上塗りの二回、ふつうの品物は、上塗り一回だけで仕上げたという。

下塗りで柳炭の粉や松煙を用いるのは、木地の木目の凹凸を埋めるためであり、また柿渋にまぜると固くかたまるために、木部の表面を保護するという役割を果したようである。

渋下地の椀の製作工程をながめてみて、一五工程あるうちの一二工程までは木地椀の製作、修正、補強、そして渋下地の工程であったことは興味深い。漆塗りの工程は最後の三工程しかなく、しかも上塗りを一回で済ませる場合は、一三工程中たった一工程しか含まれていない。まさにこの漆器の基礎的な、しかも重要な部分は、柿渋と微粒子の粉末との混合物で、処理しているのである。

これが古い形の片山椀（片山、河和田でつくられてきた椀）の本来の姿であった。庶民向けの椀の一つの典型といえるものであろう。片山椀ばかりでなく、中世末から近世を通じて小規模な漆器づくりの集団があったとみられる味真野（武生市）、粟田部（今立郡今立町）などでも、このような椀が主流を占めていたものと思われる。それが近郷近在の農家や商家に、塗師自身の手によって売られていたのであろう。

しかし、今日の河和田漆器のほとんどは、プラスチック素地に吹きつけによる下地が主流を占めており、渋下地をする家はほとんどないという。今回の旅でも渋下地の作業をみたいと思い、何ヵ所か訪ねてみたが、漆器業者からの依頼がないから休業しているという話であった。渋下地や研ぎの作業は、漆器業者の下請でやっている例が多いが、その数も年々減少しているようで、共同組合側でもその実態は正確につかんではいない。

第五章　お講さまと漆器

渋地の椀を主力として、河和田や片山が漆器産地として大きくなりえたのは、この地方の農村や町場で行われてきた人寄せの行事に、漆塗りの膳椀が多用されたからである。人寄せの行事には結婚式、葬式、家の新築、屋根替え、元服、大田植（ユイによる田植）、秋祝い（秋の取入後の祝い）などがあるが、なかでも人々が熱心に行なってきたのは報恩講をはじめとした仏事であった。ここでは和泉村の報恩講について少しふれてみたい。

報恩講は、真宗地帯に属しているこの地方では宗祖親鸞の忌日に行なう仏事で、一一月二八日に盛大に行われる。他の町や村では人々は寺に集まるが、本願寺の直参門徒であるという和泉村には寺がないので、各部落の道場で行う。道場は仏道を修業するところであり、広義には寺という意味も含まれているようだ。また種々の修養や訓練を目的として、団体生活をする場でもあり、和泉村では青年団がよく使用していたという。古くは各部落の有力者の家に道場が設けられ、その家の主人が坊主（道場主）の役を果していた形跡がみられるという。

道場には須弥壇《しゅみだん》があり、寺と同じように木像や絵像が本尊としてまつられているが、住職はいない。そのかわり村の長老格で、人望の厚い人が、道場坊主としてその役割を果している。私がおじゃまをした和泉村朝日の場合は、現在の道場坊主は中屋稔さんという郵便局に勤めている五六歳の方であった。中屋さんの父も祖父も道場坊主を勤めたという。

報恩講の中で一番大きな行事はお七夜である。お七夜は旧暦の一一月二一日から始まり、親鸞の命日である二八日の朝に終わる。二一日から二七日までは朝、昼、晩の三回のおつとめがあり、二七日の晩は夜伽《よとぎ》になる。夜通し道場にこもるのである。そして二七日の夜と、二八日の朝に全員で食事をしてお七夜は終わる。私が和泉村を訪れたのが、偶然にも一一月二七日であった。これはいい時に来たなと秘かに思っていると、和泉村のお七夜は月遅れの一二月に行うとのことであった。また和泉村久沢《くざわ》では、毎年一二月二六日から二八日までの三日間行い、毎朝村中の人が道場で会食をするという。『和泉村史』には、

「御飯と食器の一部を持寄る。料理は当番が用意する。膳の上には、木皿にはアエモノ、それに小豆を煮てつぶしかためたタカモリをのせた。その他煮付はない。お汁は豆腐の粒切りの入った大根の味噌汁、これは大釜で作り、何杯食べてもよい、ヤクミの唐辛子は各人に紙に包

●ロクロで挽いて木地椀を仕上げる
漆器は塗師だけでなく木地屋や漆かきなどの技術が結晶してうまれる。アラガタを挽く木地屋から仕上げを挽く木地屋へ、そして塗師へと渡される　写真・薗部　澄

んでそえた。箸は自家製の桧を丸く削ったもの（久沢）。」とある。

このとき使う漆器は膳、木皿、飯椀、汁椀などで、ふた付きの椀は使用していなかったようである。各人は飯椀にご飯を盛って道場へ行き、味噌汁、おかず、漬物は当番の者が用意するが、同時に汁椀や木皿は当番の者が人数分だけ用意するのである。久沢は、九頭竜ダムによって水没した村の一つであるが、昭和三五年当時の戸数が三〇戸、人口一七四人となっている。三〇戸が三班に分れて当番をするので、一〇人の当番が三〇人分の汁椀や木皿を用意することになる。ところがお七夜の場合は一家の世帯主だけでなく、家族の者も会食をするから、その数倍の数が必要であり、その分の漆器は各家で収蔵していたという。

お七夜のほかに毎月の八日、一五日、二八日には「お講さま（報恩講）」といって、朝のおつとめがある。私がみせてもらったのは、二八日の「お講さま」であった。朝六時ごろには村の人々が集まり、道場坊主の中屋さんはすでに須弥壇の前に座ってお経の準備をしていた。以前は一家の主人がたくさん集まり、道場で朝の会食をするので、結局夫婦で来ることになったという。最近は公民館の婦人学級でお経を習っているせいか、女の人ばかりで集まるようになった。多いときには二五人ほど集まるというが、この日はわずか八人で、いささか寂しい集まりであった。

中屋稔さんが正信偈《しょうしんげ》、念仏讃《さん》、御文様《おふみさま》などを読み、みなが唱和する。この日、中屋さんは、少々風邪気味であったようで、さかんに咳ばらいをしておられた。唱和している人々もたまに調子が狂ったりして、心細いおつとめであったが、人々がおつとめに慣れ親しみはじめたころも、こんな光景が各地でみられたのではないか、と想像してみたりした。

七時すぎにおつとめが終り、ご飯、漬物、お茶が当番の人によって配られた。以前は久沢で行なっていたと同様にご飯は各人が持ち寄り、味噌汁と漬物は当番が用意して、お膳にのせて出したという。お講の後の食事が簡略化されていたために、このときは膳も椀類も出てこなかったが、漬物もご飯もずい分古そうな木皿が用いられていた。

お七夜と月々のお講のほかに、ヤァヤァ（個々の家）のお講がある。ヤァヤァとは「家々」もしくは「屋々」と書くのだろうか。ヤァヤアのお講は秋の取り入れが終り、忙しさも一段落したころに、親戚の人々や、隣近所、親しい人々などを呼んで先祖の供養をする。そして無事収穫が終ったことを報告するのである。このときに年忌にあたっている家では、盛大なお講になった。このお講も道場坊主に頼む家が多かったが、年忌にあたる家では正式なお寺さんを呼んだ。大野市の最勝寺、野津俣《のつまた》の長勝寺、岐阜県側の石徹白《いとしろ》の威得寺などが手継ぎの寺であったという。いちいち京都の本願寺に頼むことはできないから、これらの寺に代理をつとめてもらうわけである。

ヤァヤァのお講の食事が一番賑やかであり、食器もいいものを使った。久沢の場合は、精進ものを主体にした五種類の料理を用意し、器は飯椀、汁椀、木皿、手塩皿、平椀、ツボの六種類で、膳は黒塗りの猫足膳、漆器も黒塗りで、椀はふた付であった。ただし、お寺さんだけには朱塗りの膳椀類を用いたというが、これはその家の家宝のように大切にしていたという。黒塗りの漆器は越前漆器の八重椀が一番使いよく、次に輪島塗のものがよかったというが、これは使いがってよりも、価格の面で購入しやすかったためではないかと思う。膳は黒塗りの猫足膳を用いたというが、古くは春慶塗《しゅんけいぬり》の日光膳を用いていたようである。

春慶塗は木地の木目を生かした漆塗りの手法である。良質の木地と透明度の高い漆を用いるために、今日では高級品として扱われているが、かつては人寄せの際に、また実用品として多用していたものと思われる。日光膳は板の足が二方についた膳である。

一乗谷付近の民家。こうした家々に越前漆器が買われたのだろう

ヤァヤァのお講では、その家で最も大切にしている器を出したものだというが、その中に瀬戸物の皿や鉢が含まれていた。人々の意識の中には漆器よりも瀬戸物の方が、ランクが上におかれていたようである。この地方で瀬戸物がいつごろから使われるようになったかは、明らかにすることができなかったが、いわゆる瀬戸物とよばれている磁器の器物は、まず仏事のお膳を飾り、次第に日常用の茶碗、皿、鉢類までに及んでいったことがうかがえる。

和泉村朝日の報恩講の食事。碗はセトモノだったが、
皿は漆塗りの木皿だった

和泉村のような山村の報恩講にくらべて、大野の町の報恩講は、食べ物も器も多少異なっている。器は飯椀、汁椀のほかに平椀、ツボ、ふた茶碗、チョク、そして小鉢がつく。このうち小鉢とふた茶碗が瀬戸物で、チョクはふたなしの小型の木鉢で漆塗りである。

ところで、報恩講の席上に並べられたごちそうのほとんどは自家製であった。春から夏にかけて取ったものを

●椀の布きせ
ほぼ同量の生漆と米糊をまぜた糊漆を寒冷紗につけ、欠けやすい部分に張りつける。河和田では椀の底に張るが、ていねいにする場合はフチにも張る　撮影・薗部　澄

保存しておき、それに秋のキノコ類を加えたものが膳を賑わせた。料理がうまくできたことも一家の主婦にとって自慢になったけれども、それらを盛りつける漆器類を一通り揃えられた、という満足感がなお大きかったのではなかろうか。人並みに人寄せができ、そして先祖の供養ができたという満足感であり、一方では人並みに暮らしがたてられている、という安心感でもあった。漆器は単に器という役割だけでなく、村落共同体の中で互いに家の存在を確かめ合う道具としての機能も、果たしてきたように思えてくる。

この地方の一軒の家でふつう揃えている膳椀の類は、三〇人前が標準であったようだ。いわゆる八重椀、もしくは百椀とよばれているもので、それにお櫃《ひつ》、ヘラ、また僧侶用の朱塗りの膳椀が加わる。また村の本家筋にあたる家だと、一〇〇人前から一五〇人前も揃えていたという。

このような膳椀は、塗師が直接売りに来ていたという。輪島の場合は見本をもってやってきて注文をとり、あとから実物を持ってきたという。高いものであるから、支払いは何回かに分けることが多かったが、その分だけ塗師との接触が多くなる。作り手と使い手が互いに顔見知りであるということが、高いものを買うという不安感をとり除いていったようだ。そしてこわれたら修理をしてもらうこともできた。

このようにして、長い間庶民生活とは縁の遠かった漆器が、村々にいきわたっていった。それはさほど古い時代のことではなく、河和田が漆器産地として大きくなっていった明治以降のことであろう。そして、河和田、山中、輪島など北陸の漆器産地を支えてきたのは、北陸から越後にかけての真宗地帯の、「お講さま」の行事を心のよりどころとして守り続けてきた人々の力が大きかったように思われるのである。

第六章

塗師の心と技術

和泉村でヤァヤァのお講さまが行なわれなくなったのは、第二次大戦後間もなくのことだった。生活改善運動の一環として、村の人々が一同に集まってやろうということになり、現在は一月五日に集団で行なっている。生活改善運動は台所や便所の改善、ガラス戸の導入など様々なよい結果を生んだ。しかしその結果、個々の家で使ってきた膳椀を蔵の奥にしまい込むことにもなった。まっ白で清潔そうで、しかも安価な磁器のお碗が、日常雑器として広く普及したのも、生活改善運動が追車をかけたのではないかと思う。

さらに、ベークライト、次いでプラスチックの素地が、漆器製造の世界を大きく変えた。化学塗料を塗った安価な製品が大量に出廻ることになって、それまで漆器製造にたずさわってきた数多くの、多業種にわたる職人たちが積み上げてきた智恵と技術が、一挙に崩されようとした。そのような時期に明漆会がうまれた。東京オリンピックが開催された昭和三九年のことであった。

明漆会の中で、強烈な個性をむき出しにしていた一人が河和田の山本英明さんだった。私は山本さんの漆器にかける情熱に魅かれ、また職人としての姿勢に教えられることが多かったので、ご迷惑と思いつつもよく訪ねていく塗師の一人である。今回は大野市、和泉村をまわった後に、山本さん宅にうかがった。

山本さんはお盆、箱類など角物を中心に製造しているが、年間に二百個ほどの椀をつくっている。そして角物も椀も一年から一年半の期間をかけてつくるという。丈夫で長く使ってもらう器にするには、つくる時間も長く必要なのだという。そして、「漆器の作業工程はあってないようなものでのう」と山本さんはいう。それよりも塗る人が、漆器に対してどういう思いを込めているかが大切なことであり、作業工程をいくら聞いてみても漆器の良し悪しはわからない、というのである。

作業工程を追うことで物をつくる技術や道具を理解し、そこから問題をひろげていくという方法をとってきた私は、はたと困ってしまった。漆器に接近していく手がかりを失ってしまったからである。しかし現在の私の力では、やはり手がかりは作業工程しかない。塗師の方々に笑われることを覚悟で、それを記してみると次のようになる。

(1)**木堅め**　木地に生漆《きうるし》を浸み込ませて木地を強くする。

(2)**粉糞《こくそ》（刻苧とも書かれる）**　米ノリ、漆、木の粉をまぜたものを木地に塗って、木地の弱い部分を補強し、傷をうめる。

(3)**木地みがき**　サンドペーパー（丸物はトクサ）でみがく。

(4)**布張り（布着せ）**　ノリウルシ（米ノリと漆をほぼ同量に混ぜたもの）を布につけ、河和田では椀のミツケ（底）に張りつける。ていねいにする場合は椀のフチにも張る。

(5)小刀で布の重なり部分など余分な布を切り取る。

(6)**下地つけ（一辺地、二辺地、三辺地）**　生漆に米ノリ、砥《と》の粉《こ》（砥石を切り出すときに出る粉）、地の粉（珪藻土《けいそうど》を団子状にして焼き、粉末にしたもの）を混ぜて塗る。一辺地、二辺地、三辺地の間に砥石で砥ぐ作業が入る。

(7)**中重り**　くろめた漆をかける。

(8)**上塗り**　同。

この工程は山本さんが行なっているもので、河和田の塗師がこの工程に従っているということではない。また漆器には工程があってないようなもの、ということは、この工程に従っていれば良い漆器ができる、という保障もないわけである。

また山本さんが渋下地の椀を手がけていないのは、中国産の漆が安く入ってくるために、製作価格が漆下地と渋下地とではさほど変らなくなってしまったこと、そして漆下地の方が丈夫な椀ができると判断したからであるという。高い漆を倹約してより丈夫な漆器をめざした渋地の椀も、中国産の漆には対抗できなかったようである。

工程はそれぞれ大切であることは言うまでもないが、

●漆くろめ
生漆を太陽光にあてながらゆっくりゆっくり攪拌する。
水分をぬきとり、柔らかく腰の強い漆をつくるためには
欠かせない作業　撮影・薗部　澄

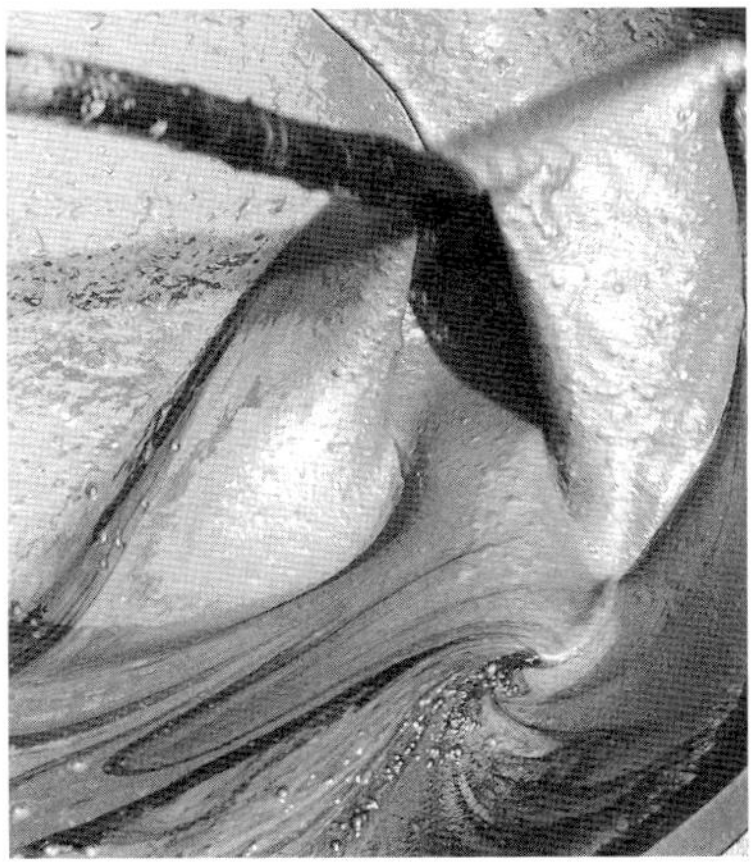

●渋下地塗り
下地塗りは三回。一回目＝柿渋に柳炭の粉をまぜて、二回目は松煙をまぜて、三回目は柿渋だけで。それぞれ塗ったあとは砥石で研ぎあげる　撮影・薗部　澄

●渋下地をした椀とふた
渋は木地の腐食をふせぎ、表面をなめらかにするだけでなく、上に塗る漆の量が節約できる。渋下地は漆器に憧れた庶民が産み出した知恵であろう　撮影・薗部　澄

なかでも大事な作業は下地の部分であり、その中でも布張りと一辺地ではないかと私は感じた。布張りは木地の弱い部分を補強するためであり、一辺地は建築でいうと荒壁の役目、つまり下の木地や布を守り、上の漆の食いつきをよくするためという。仕上ってしまうと外からみえないものであるが、漆器の重要な部分となっているわけである。

しかし、この一辺地を施さない方が上塗りはきれいに上るようだ。しかも目にみえない布張りと一辺地を省けば、仕上がる期間をうんと短くでき、しかも安く販売できる。木地固めをしたすぐ後に二辺地、三辺地、中塗り、上塗りという工程になる。目摺《めず》りは下地を塗った後の表面をなめらかにするために、漆を一度かけることをいう。

その結果お客さんに対して、ぬるま湯でていねいに洗って陰干しをして、乾いた布で乾拭きをして下さいとか、水に長い時間浸しておかないで下さい、といった注文をつけることになる。そして、本来であれば手荒く使っても、日常の使用に耐えるために漆を塗った漆器が、作業工程で手を抜くことによって、使いにくいものになっていった。漆器が人々の手から離れていったのは、本来各家庭や村落共同体の中で行われてきた種々の行事が簡略化されたり、家庭外へ押し出されていったことが大きいが、使いにくいものをつくる漆器業者自らが、人離れの状況をつくっていったことも否めないようだ。

さて、下地の作業が済むといよいよ漆塗りである。中塗り、上塗りがそれで、ていねいにする場合はその間に小中塗りという作業が入る。漆塗りに使う漆をくろめ漆という。くろめ漆は生漆を直径一メートルもある大きな鉢に入れ、太陽の光にあてながら櫂《かい》のような長いヘラでゆっくりと撹拌する作業である。しかも八時間という長い間休みなしにである。これが終ると足が棒のようになって、つらい仕事であった。もとは塗師自身で行なっていたようであるが、漆かきさんから漆を買いとり、漆を精製する専門の業者ができ、さらに機械化するようになって、負担がずいぶん軽くなった。

漆くろめをする理由は、漆の中に含まれている水分を抜きとり、さらに練り込んでいくことによって、柔らかみのある、しかも腰の強い漆をつくるためだという。上塗りした後のハケ目の直りが早く、きれいに仕上がるともいわれている。古い漆椀を手にとってみて、柔らかく手ざわりの良いものは、くろめをしっかりやった漆を使っている。一方ひび割れがして、表面がガサガサしているような漆椀はその逆であろう。

また漆の水分を抜くことは、漆の乾燥と関係があるようだ。漆は水分を多く含んでいると乾燥するのが早いという。そこで中塗りの場合は早く乾燥させるために水分が三〇％ほど含まれているものがよく、また上塗り漆はもう少し水分を抜いて、乾燥を遅らせる。そして四時間ほどで大方の乾燥が終るように上塗りをすることができれば、漆の性質を最大限に生かした漆器をつくることができるという。それは塗師が体験的に体で覚え込んできたもので、科学的な説明はまだなされていないようである。しかも同じ漆をつかっていてもその日の天気、気温、湿度などの条件によって多様に変化し、そう簡単に説明できるものではないという。漆くろめは漆を使う職人が漆の特性を引き出すために、長い時間をかけて得た技術であったように思う。

このようにしてくろめた漆が中塗り、上塗りに用いられるが、このときに染料が加わる。漆に鉄分を加えると黒色に変色し、黒漆の漆椀ができ、また朱を加えると朱色の漆椀になる。黒は主として仏事用、そして朱塗りの椀は祝儀用に用いられることはよく知られている。

漆器の耐用性からみると中塗りの役割がより大きいようである。中塗りが悪いと上塗りの漆が浮いてしまい、その中に汁物が入ると傷口がだんだん大きくなって、はげ落ちてくる。漆器は使い込んでいくと、上塗りの漆が徐々に減って、下の漆が見えるようになるのが、理想的なつくり方であり、使い方であるという。塗師はいい仕事をしたと思い、それを使ってきた人も、いいものを使ったと思う。これを人為的につくったのが根来塗《ねごろ》である。中塗りに朱漆を用い、上塗りに黒漆を塗り、黒漆が減って中の朱漆がみえている状態にしてある。人々はこれを味があるというが、漆椀の理想の形を追い続けてきた結果、このような椀が生れたのではないだろうか。

おわりに

漆は不思議な塗料である。漆は万能であるとも、塗料の王様ともいわれる。古くから接着剤として、錆《さび》止めとして、そして何にでも塗ることのできる塗料として、様々な用途に使われてきた。漆は東アジアで多用されたもので、ヨーロッパにはない。そのためヨーロッパ人は、漆のような塗料をつくろうと努力してきた。その結果生れたのがペンキであるという。しかしそのペンキも漆のような特性は持ち得なかった。ペンキには漆のような柔らかな肌ざわりはない。さらに漆は柔らかであると同時にすぐれた耐久性をもっている。ペンキは時間がたつとひびが入り、はがれていくが、きちんと処理をした漆は、減ってはいくけれどもはがれてしまうことはない。

このような優れた特性をもつ漆は、それだけに貴重であり、それを使った漆製品は、主に上流階級のものであった。しかし、白木に比べて格段の美しさと堅牢さをもつ漆製品に対して、庶民たちも限りない憧れを抱きつづけたことも当然であった。そうした強い願望が新しい智恵と技術を生み、柿渋を併用した椀などによって実現されたのだった。ところが、その後の生活環境の急激な変化と新素材の登場によって、再び漆製品は高級品というイメージを残したまま、日常生活から離れたものになっていった。そういう状況のなかで、山本さんたち明漆会の人々がめざすのは、単に伝統を追うことではなく、日常用として他の器物と同じよう使ってもらえる製品をつくることである。そうしたものをつくり続けていくことが、木地業者や漆かき職人など、漆器をつくるためになくてはならない業種の人々に対する思いやりであるという。

しかし、今日の漆器業界は、必ずしもそのような方向に向ってはいない。依然として伝統的な高級品志向があ

●漆こし
ゴミは漆塗りの大敵。特別にすいた目の細かい和紙で、わずかなゴミもこしとる　撮影・薗部　澄

●上塗り
清潔な作業着に着かえ、仕事場を掃除し、戸を締めきって作業中の出入りをしない。漆の上塗りは、それほどまでにほこりを嫌う作業である　撮影・薗部　澄

り、一方では粗製濫造が続いているのが大勢である。その結果としてのしわ寄せが、木地業者や漆かき職人、渋下地の職人など、弱い部分へと集中していく。

山本さんは大野市の木地業者から丸物木地をとり寄せたり、日本産の漆を使う努力もしている。けれど、一人一人の力だけではどうしようもないのが現状だという。地道ではあるが、漆や木地の良さを充分に引き出せるつくり手と、より人間味豊かな日常生活を考える使い手との輪をひろげていくことが、漆器の新しい伝統をつくりだすことにつながっていくのだと思われる。

現役の木地屋や塗師を訪ねる旅を通して、教えられたことがたくさんある。それはものをつくる技術や道具のみでなく、ものをつくる人の心であった。

「本来の伝統（文化）というのは、人間が懸命に生きていく、その行為の連続ではねえのかな」

「木地や漆を大事にしればぁ、それらは必ずうら（私）の期待に答えてくれるでのう。それができている間は、うらが生きているという証しにもなるんでねえか」

いずれも山本さんの言葉の断片である。

山本さん宅に二日ほど世話になって、東京へ帰る日、山本さんは早めの昼食をすませて、上塗りのための仕事場に入っていた。

上塗りをするときは洗いたての清潔な作業着に着替え、その上ほこりが立たないように全身に霧をふきかける、と聞いたことがある。仕事場もきれいにそうじをして、必要な道具の準備をすますと、ぴしっと戸をしめて誰も入れることはしない。それでも作業を始めてしばらくは小さなほこりが漆に付着して、思うような仕上りにならないという。そのうちほこりも落ちついてくる。だから、上塗りは終りに近づくほどきれいに仕上がるもののようである。

上塗りは今まで丹念に積み上げてきた作業の総仕上げであるが、私はまだ一度もその作業を見たことがない。上塗りにかかっている山本さんに思いが残ったが、この日はそっと帰ることにした。それが世話になった塗師に対する最大の感謝の意を表することになる、と思ったからである。

作業場で下地つけの作業

河和田の裏通り。たてかけてある板は角物の材にでもなるのだろうか　撮影・薗部　澄

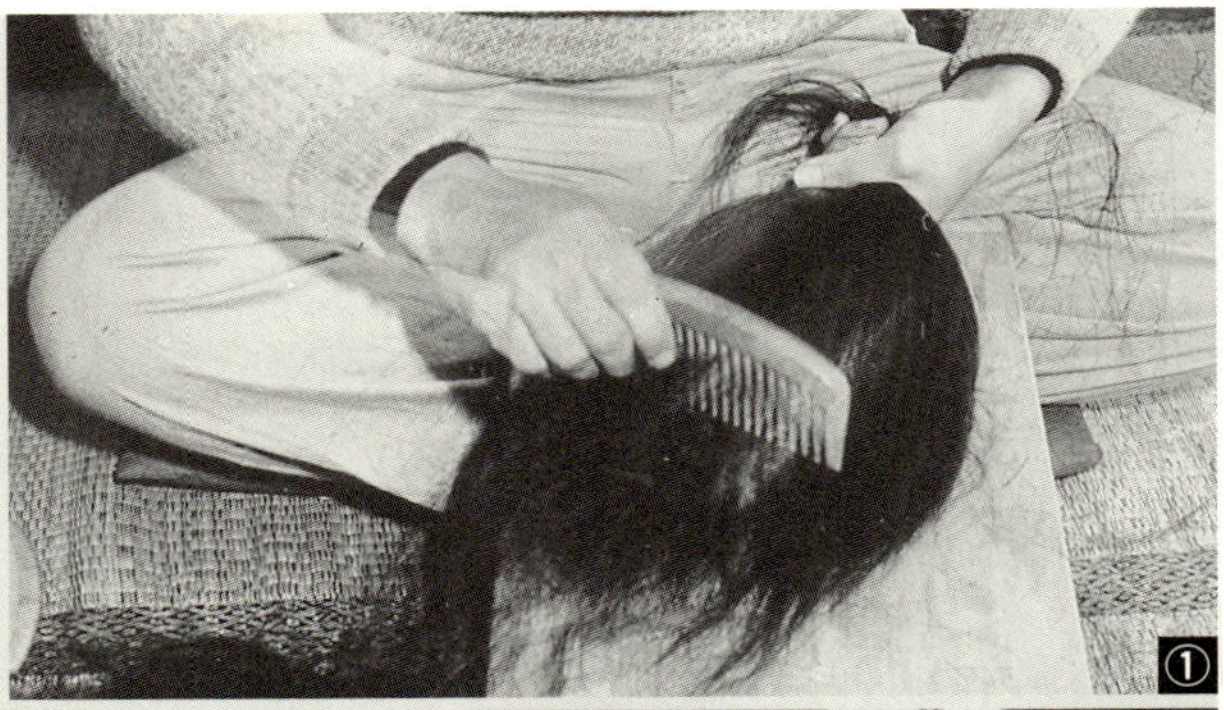
①

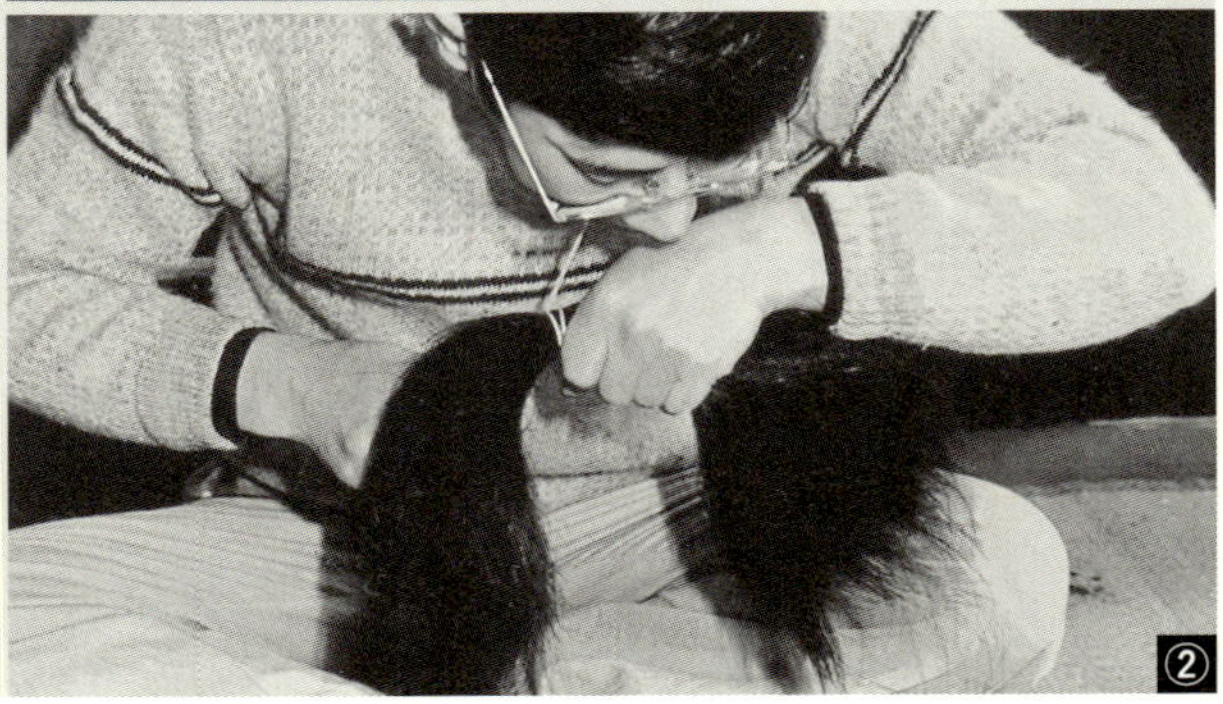
②

漆刷毛の製作

文●写真　近山雅人

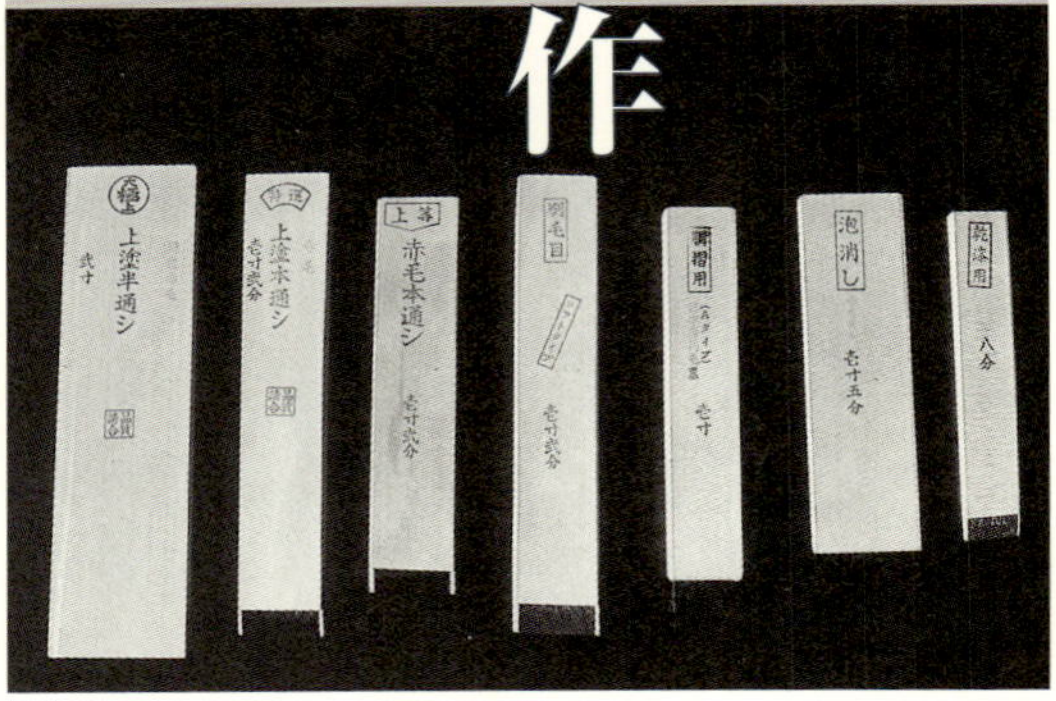

漆塗りには細かいチリが大敵であり、刷毛《はけ》から落ちる抜け毛やゴミは、とりわけ嫌われる。だから、柄《え》に毛を植えて作る普通の刷毛は、どうしても抜け毛がでてしまい、漆塗りには適していない。そこで漆塗りには長い毛を板で挟んだ独特の刷毛が使われる。

この漆刷毛は普通の刷毛とは印象が随分違う。外見は平らな五ミリほどの板である。この檜《ひのき》の柄の中を糊漆《のりうるし》で固められた刷毛が、鉛筆の芯のように貫いている。先端を斜めに切出された新しい漆刷毛の毛先は、コチコチに固まっていて、見た感じは刷毛というよりはヘラに近い。この毛先を木槌で叩いてほぐし、糊で丹念にしごいてゴミを取り、使い始める。

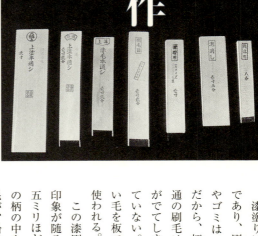

使いこんで毛がへたってきたら、毛の根元から五ミリ位のところで柄を切り落とし、改めて毛先を砥《と》ぎ出して使う。だから、何種類もの幅の刷毛を使い分けているせいもあるが、使う頻度の高い中塗り用の刷毛でも三年位は使えるし、上塗り用の刷毛なら職人さんが一生の間に二本も使い潰せばよい程である。先代の上塗り刷毛をいまだに使っている職人さんもいるし、上等な、つまり高価な刷毛を三人で共同購入し、三等分して使う場合もあるという。

……

漆は、塗料としては比較的粘度が高い。この漆を塗るための毛の材質も難しい。軟らかければ漆が伸びないし、硬いと刷毛の目が出てしまう。しかも長くなければならない。かつては馬のたてがみや尻尾の毛が使われていたが、江戸時代に人間の頭髪が使われるようになり、武具の製造に欠かせない技術として、諸藩に拡がっていた漆塗りの刷毛を一気に変えてしまった。髪の毛は、脂気が少なく、腰が強く、丈夫で、しかも馬の毛に比べると太さや長さも揃っているので、漆刷毛には最適である。

漆刷毛の一大技術革新ともいえる頭髪の使用は、江戸詰めの仙台藩士、泉清吉によって発明された。なかなか工夫に熱心な人だったらしく、内職にしてい

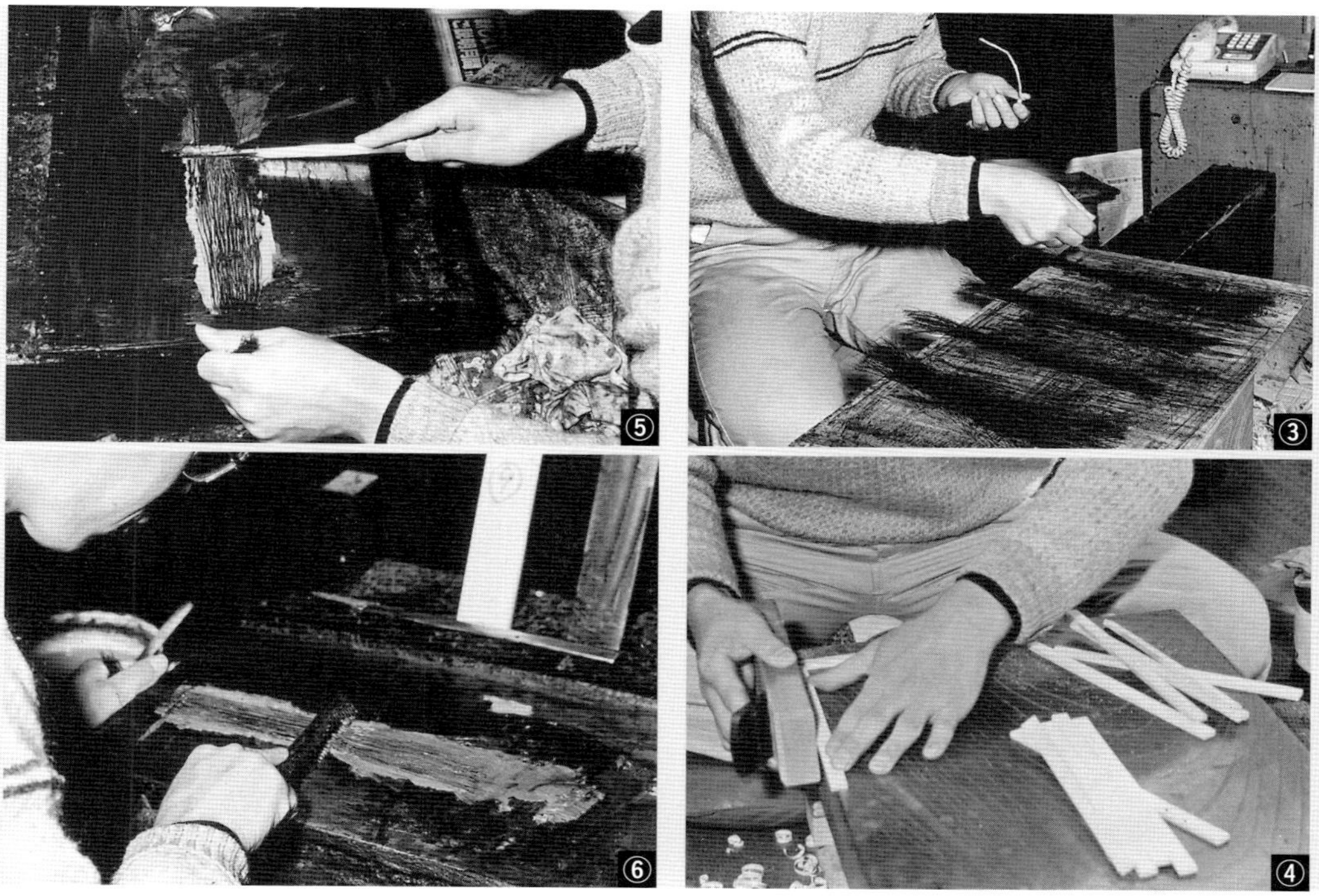

①②③洗って風に晒した毛を選別し、長さをそろえる毛摘みの作業。慣れるまでは指先が熱をおびてはれてしまう
④板は十分に乾燥した木曽檜が最もよいという
⑤⑥糊漆を毛に浸みこませ、金ベラでしごき出し、櫛ですくことを繰り返す毛固め

た漆塗りからこの刷毛を作り出し、ついには漆刷毛師になってしまった。それは明暦二年（一六五六）のことという。それ以来、漆刷毛は江戸が本家。八世泉清吉氏は今も東京で漆刷毛を製作している。

……

漆刷毛の製作工程を見せていただきに訪ねたところは埼玉県蓮田市の広重刷毛店。泉清二さんの工房である。清二さんは初代泉清吉から数えて九代目にあたるが、お父さんの八世泉清吉氏が昭和五一年に人間国宝に指定され、伝統工芸の技術を保存するために、昔からの材料と方法でしか刷毛を製作できなくなってから、問屋さんたちの勧めもあって独立した。というのは、昔ながらの材料では材料費が高くなりすぎて、出来た刷毛が一般に使える価格にならないのである。

刷毛の材料は髪の毛と檜の板、そして漆である。髪の毛はパーマをかけたことがない日本人の髪の毛が、それも生きているうちに切ったものが一番適しているという。つまり、病気回復などの祈願で神社に奉納された髪の毛が最もよい。八世泉清吉氏はよい髪の毛を求めて、全国の神社に参ったという。しかし、髪の毛を奉納する人も、パーマなどの薬品で痛めていない髪の毛も減り、最近ではほとんど入手できないので、鬘《かつら》などの日本髪に使われる髢《かもじ》を利用しているそうである。しかし髢もそう簡単に手に入るものではない。泉さんは普通の刷毛には中国から輸入した髪の毛を使っている。日本人の髪の毛に比べて、食べもののせいか脂気が強いそうである。板も日本産の檜の板だけでなく、アラスカ檜などの輸入材も使う。漆の国産化率はたったの一パーセント。九九パーセントの漆液は、中国などからの輸入品である。漆器の英語はジャパンなのに、純国産の刷毛を作っているのは親父くらいしかいないでしょう、と泉さんはいう。

いずれにせよ、まず髪の毛を洗い、風に晒《さら》して脂分を抜く。神社に奉納されていたような髪

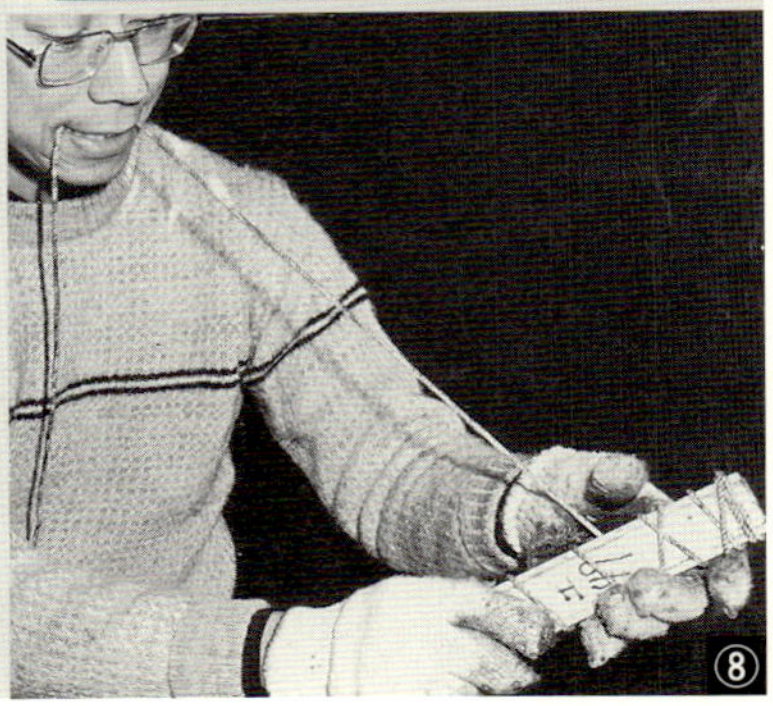

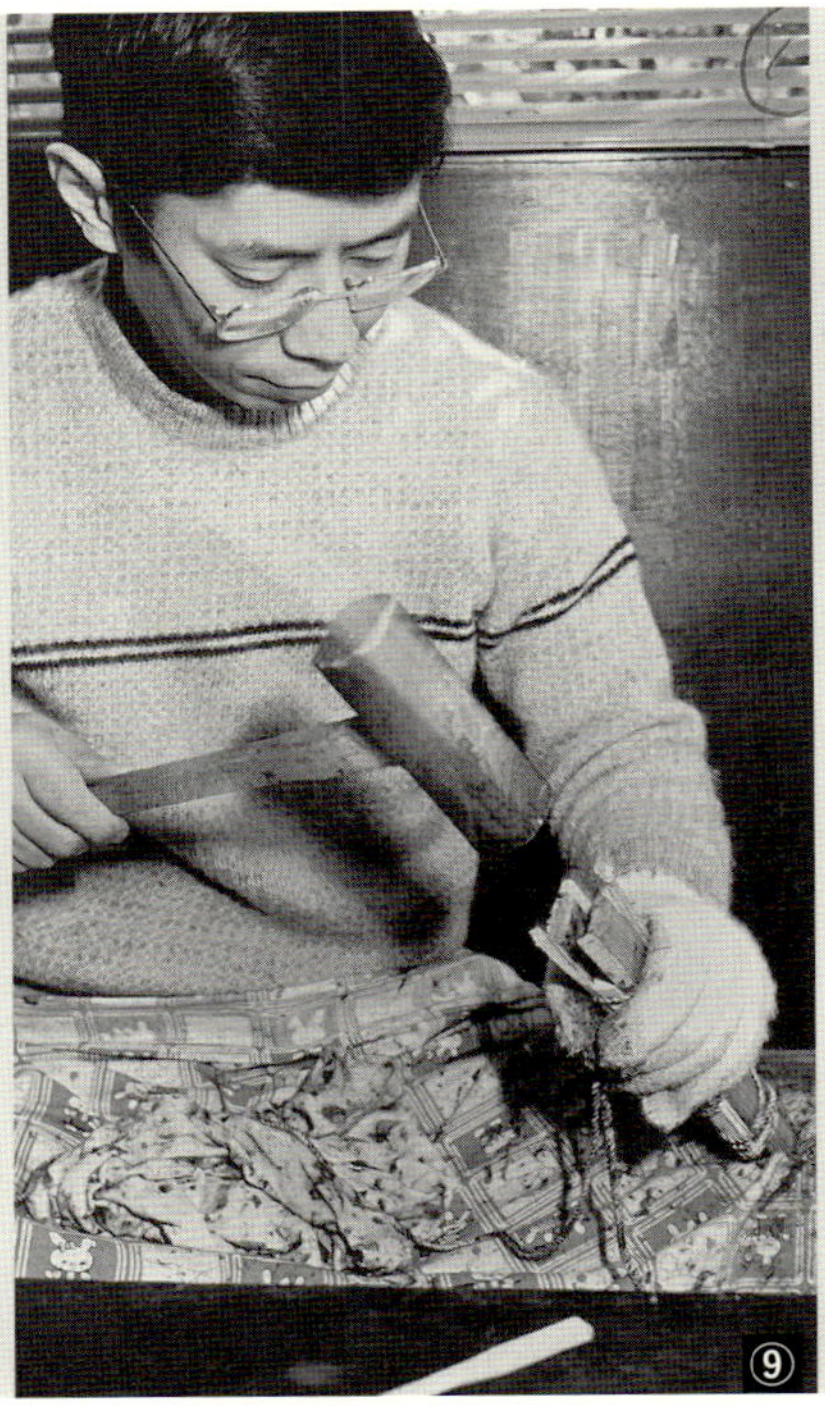

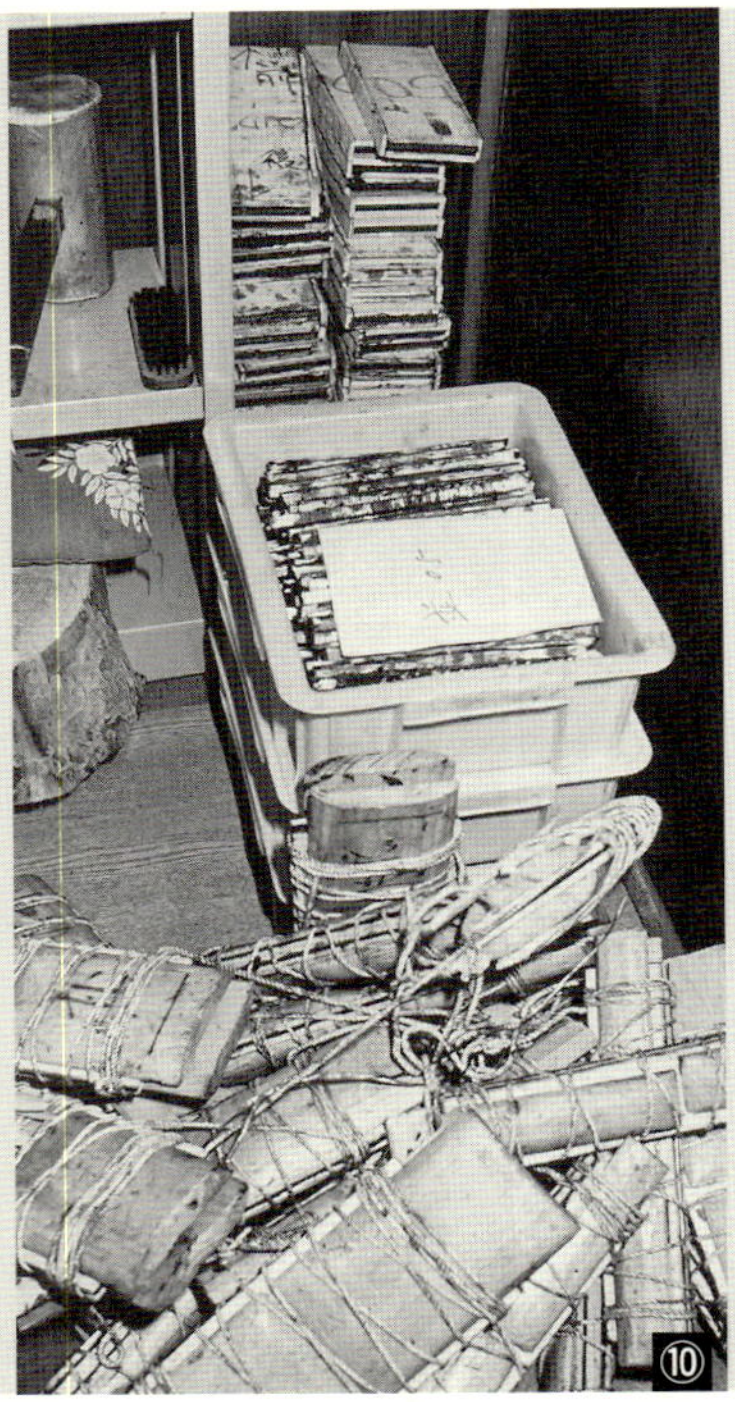

の毛は、長い間晒されているので最適である。新しい髪の毛なら洗濯ソーダ（炭酸ナトリウム）で洗い、風に晒し、二週間以上かけて枯れさせる。つまり、表面の硬い鱗《うろこ》状のキューティクルが剥《は》げて刷毛として使えるようになるのである。このような髪の毛は「髪は血から生まれて、血に返る」ことから赤毛と呼ばれている。

　この赤毛をばらばらにほぐし、そろえて櫛《くし》けずる。太さや長さを揃え、異質な毛をはねだす「毛摘み」とよばれる選別作業である。束ねられた髪の毛が櫛を通すごとにどんどん減っていく。プラスチックの櫛だと静電気が起るので、木の櫛で丹念にとかしていく。細かい目の三番櫛を通すころにはくせのある毛や太さの揃わない毛は抜けおちて、ほんのひと握りの毛が残る。初心者用の刷毛は、目の荒い一番櫛を通すだけだが、上等な刷毛ほど、この櫛を通す回数が増える。このひと握りの束ねた髪の毛を少しずつ爪で摘み抜いて、長さを揃える。爪先が痛くなる根気のいる作業である。こうして選別すると、もとの髪の毛のうち、刷毛に使える毛が約六割残る。四割は捨てることになる。

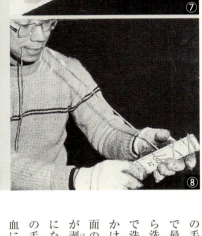

　漆は油でのばし、湿気で固まる。束ねただけの刷毛ならば毛の隙間に油が染み込み、漆を均一に塗れなくなる。だから漆刷毛は毛が固められている。この「毛固め」の作業が刷毛作りの要《かなめ》となる。生漆と小麦の糊を混ぜ合わせた糊漆で髪の毛をしごいてゆく。刷毛の幅に揃えられた髪の毛に糊漆をつけ、櫛でとかし、金ベラで絞り出す作業の繰り返しで、髪の毛を固めてゆく。くせのある毛はこの段階でも抜き出される。荒櫛、中櫛、仕上櫛と工程を重ねていくと、毛は板昆布のようになる。枯れた毛ほど漆を吸い込み、良い刷毛となるという。

　次に、固まった髪の毛に糊漆で板を張り、紐で巻いてくさびを打つ。歯で紐を噛み、ぐるぐると巻くので「巻き込み」という。入れ歯では出来ない作業である。巻いた紐と板の間にくさびを打つ時に、打ち加減で刷毛

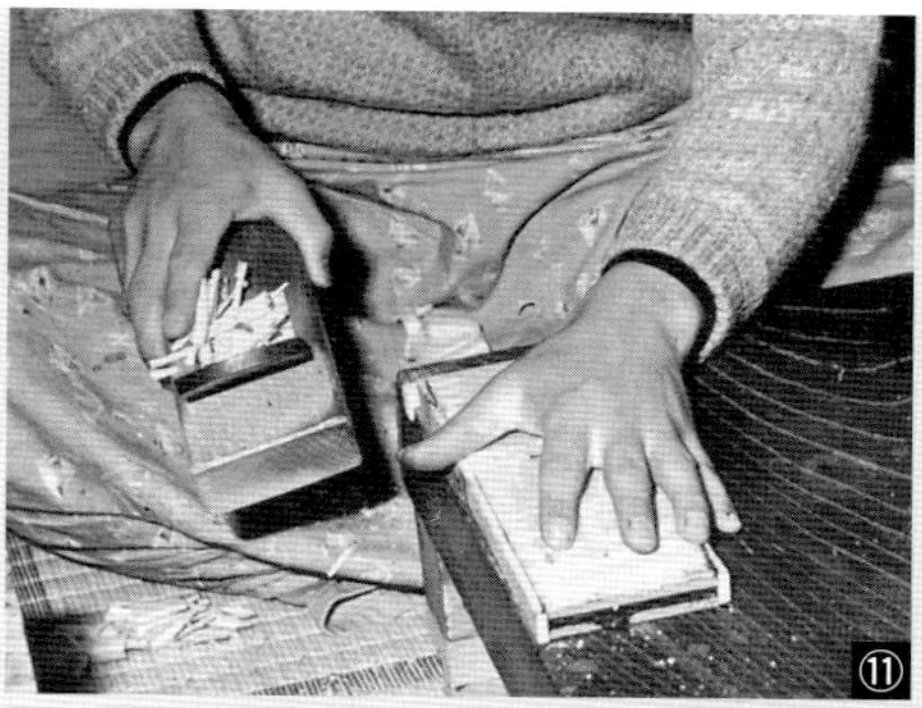

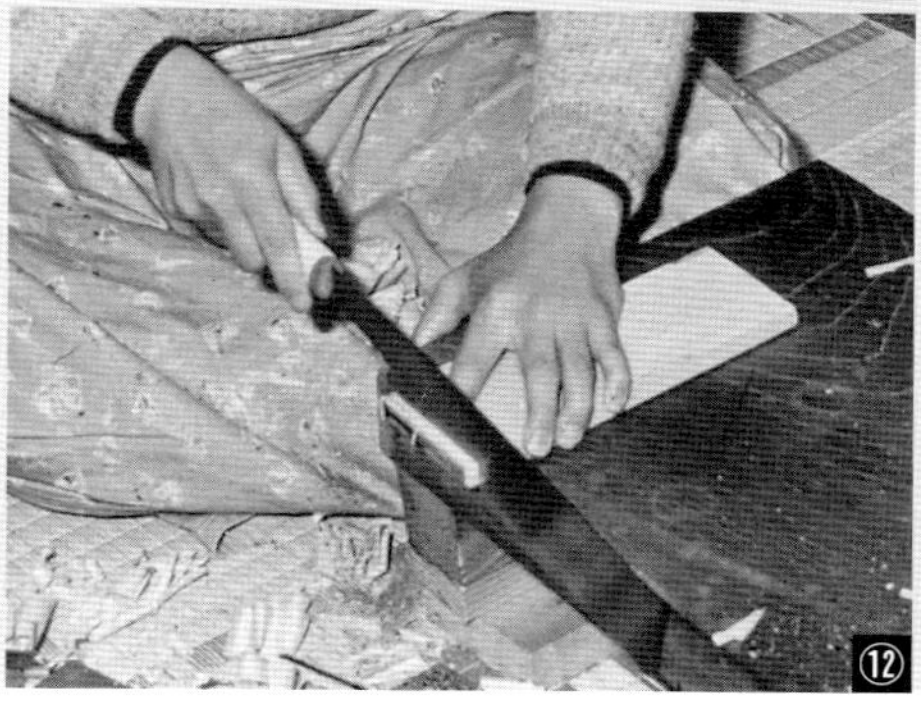

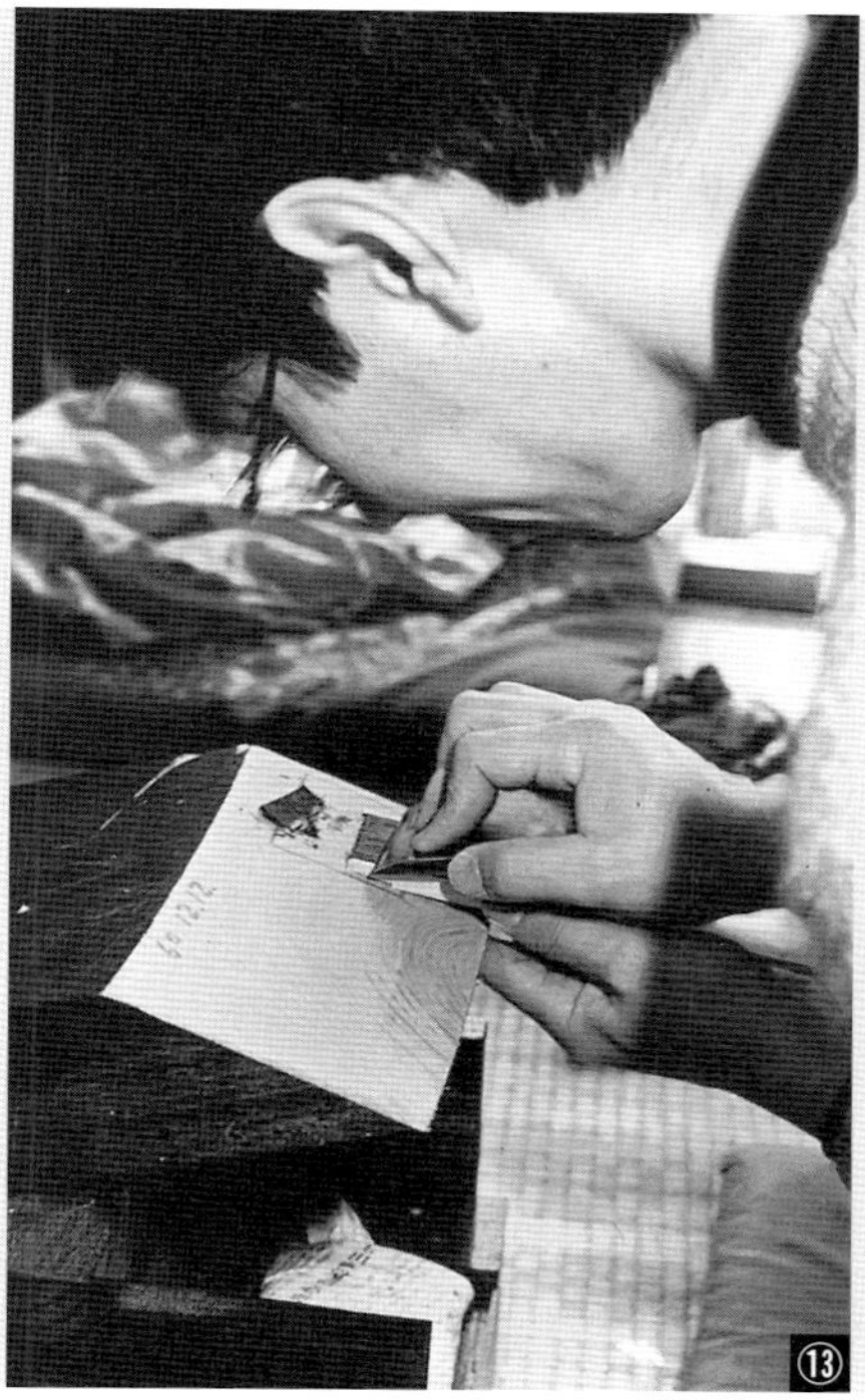

⑦板昆布のようになった毛束を寸法に合わせて切り、檜板とはり合わす
⑧⑨麻紐の一方を歯で噛んで、力いっぱいに引きながら巻きあげ、檜の根でつくったくさびを、漆でしまり具合をみながら、打ちこむ
⑩紐を巻いたまま充分に乾燥させる
⑪⑫刷毛が反らないように、仕上げの鉋は毎日少しずつかける
⑬鉋の刃で刷毛先を根元が太くなるように削りだす。塗師は石のように固い刷毛先をくだいて柔らかくして使う

の微妙な厚みの違いを調節する。じっと見て大小いろいろなくさびを選び、板を締めるのである。板は、檜の板、それも木曽の檜を充分に寝かせた、狂いのこないものが最もよい。

紐で巻いたまま充分に乾かし、二週間ほどしたら紐をほどいてまた乾かす。仕上げの鉋《かんな》も一度に掛けずに、毎日少しずつ掛ける。刷毛が反るときれいに漆が塗れないから、反りがこないようにするためである。最後に毛先を平らなケヤキの小口を台にして鉋の刃で切出してできあがる。

……

漆刷毛は、ほかのどんな仕事でも同じだろうが、手間と暇をかければかけただけ良い刷毛になる。毎日少しずつ様々な作業を重ねて出来あがるが、一本の刷毛を作るのには、最低で二ヵ月かかる。どんどん量産すれば、と思うが、漆器の産地によって刷毛の厚さが違うので、どちらかというと注文生産に近いかたちにならざるをえないそうである。津軽塗などの東北地方の漆器産地では厚い刷毛が喜ばれ、比較的薄い漆を塗っている越前の河和田《かわだ》では薄い刷毛が使われるそうである。刷毛は幅と厚さで注文されるが、幅は一分きざみで、厚さは一厘きざみで指定されるという。一厘といえば○・三ミリという細かさである。

漆刷毛にはこの中塗り、上塗りに使われる普通の刷毛のほかに、髪の毛の両側を馬の毛で補強して腰を特別に強くした「立交《たちまぜ》」や、馬の毛だけで作った「胴摺《どうずり》」や「刷毛目」、それに毛を漆で固めない「泡消し」などがある。また、刷毛の毛が柄の中を全部通っている「本通し」だけでなく、半分だけの「半通し」もある。

漆刷毛を専門に作っている漆刷毛師は、全国でたったの五人しかいない。東京と大阪にそれぞれ二人と埼玉に一人。この職人さんたちが作った刷毛が、全国に拡がっている漆工芸の塗師に使われているのである。

宮本常一が撮った

写真は語る

東京都西多摩郡日の出村

東京の府中市に居を構えていた宮本常一が、近郊の農村西多摩郡の日の出村を訪れたのは昭和四九年三月一四日のことである。宮本の故郷の山口県周防大島に建つ周防大島文化交流センターには、このときの宮本の調査メモと写真が残されている。メモはB6の原稿用紙で一八枚、宮本独特の小さな文字でカタカナで書かれている。いま、写真に併せてこのメモを少し紹介し、宮本の目線を追ってみよう。

日の出の釣具店。看板に「ろ」とあるので艪などの船具も扱っていたのであろう。あるいは町の誰かが作っている木材加工品のひとつだったのだろうか

日の出は現在も卒塔婆《そとうば》や棺桶づくりなどの木材加工業が盛んな土地であるが、宮本がまず目を向けたのも卒塔婆生産であった。写真には製材された卒塔婆が並んでいるが、実に壮観である。メモには、

「トウバ　モミノキ　コノアタリノ木ハ字ヲカイテスジチラズ　木ガ白イ」

「テビキガ多ク七〇―八〇年マヘニマエビキ　トーバヲヒイテイタ」

などと記されている。日の出周辺の山のモミの木は割ると材の表面が白く、そこに字を書いても墨が滲まない木質だったようで、戒名

卒塔婆用の板材の乾燥。日の出村には17軒の卒塔婆工場があった。
木材は日の出のみでは足らず、九州や福島県からもきていた

を書くには適している。そこで日の出ではモミの木を用いた卒塔婆生産が始められたことが宮本のメモからわかる。またこれらは「テビキ（手挽き）」で製材されており、「七〇―八〇年前」とあることから、その歴史は明治時代末頃にさかのぼるのだろう。

日の出にはこうした木材の伐採を行なう木こりも多かった。木こりの中には腕がたち、名人と呼ばれる者もいたようで、宮本のメモには、

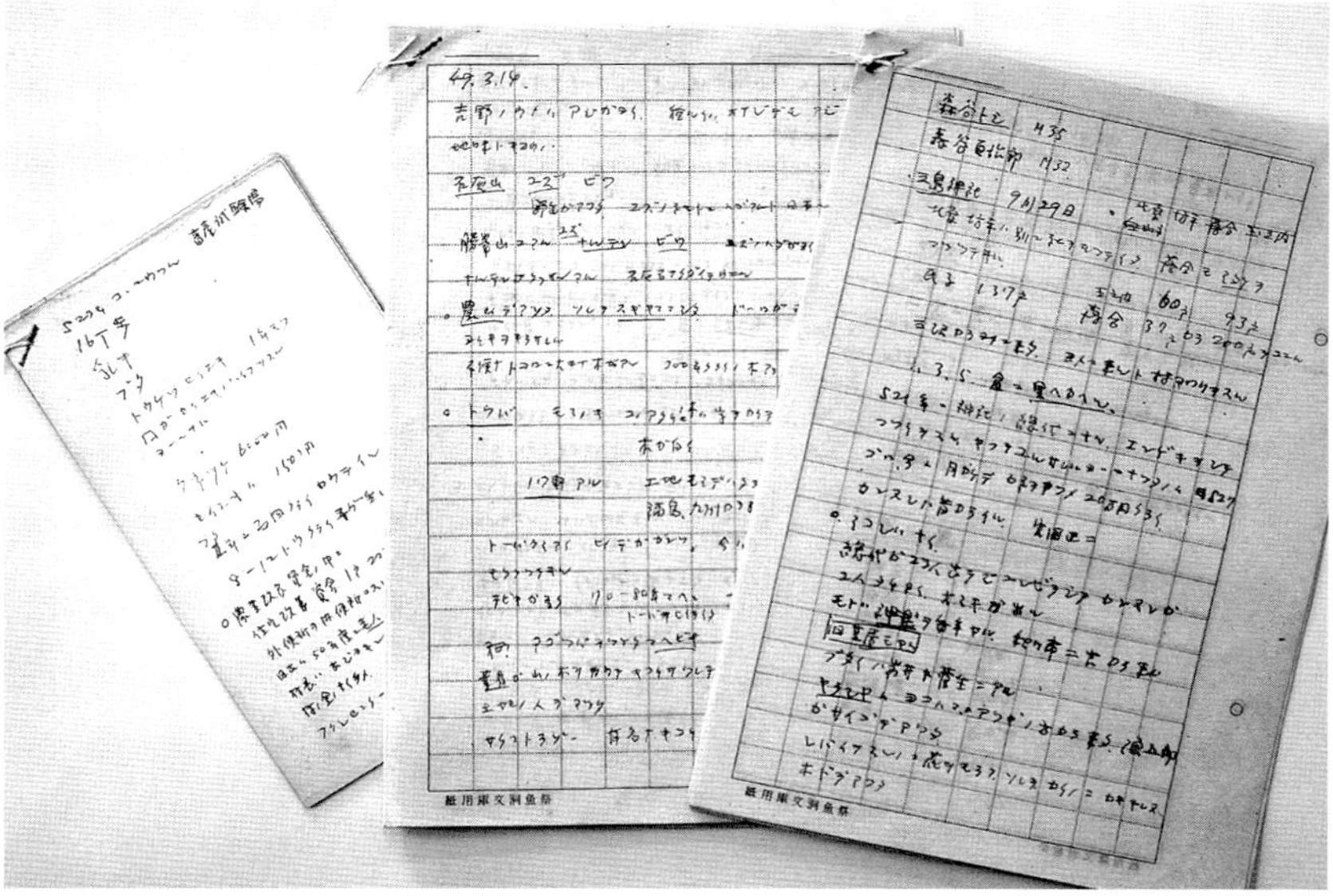

日の出調査でのメモ書き。調査の際、宮本はA6のノートか写真のようなB6の原稿用紙を使用することが多かった。書くスピードを考慮してか、メモは片仮名と簡単な漢字を使い、小さな字で書かれている

「大キイ木ヲキルトキニハサクマサンヲタノンダ（中略）青梅ノ大ヤナノハチマン二三メートル近イ木アリ（中略）高アツセント都道ニハサマッタトコロニアッタノヲ見ゴトニ伐リタオシタ」

というエピソードが記されている。「サクマサン」という木こりが、都道と高圧線に挟まれた三メートル近い太さの木を見事に刈り倒したというのである。木を切るには難しい場所に立つ大木に周囲の者が手をこまねいていたところで見せた名人芸だったのだろう。「サクマサン」は青梅方面からも仕事の依頼がくるほどの、評判の木こりであったと思われる。宮本はこうした情報を人から人を尋ねての聞書で得たのであろうが、宮本のメモ書きからは話し手が自分の土地が生んだ卓越した技術をそなえた仲間を誇らしげに語る顔が浮かんでくるようである。

日の出村ではこうした林業、木材加工だけでなく、写真にあるように「ミキノクチ」や竹箒の生産が兼業で行われていた。「ミキノクチ」はその名の通り正月に備える神酒徳利の口に刺す装飾品である。宮本は日の出坪之内で唯一生産を行なっていたある家の明治三〇年代生ま

ミキノクチを作る。繊細な工夫が見事である。写真は聞書を行った森谷家での再現の様子で、同家では宮本来訪時には既に商売用の生産は止めてしまっていた。宮本はこうした技術の継承を模索していたのではないだろうか

老人会での竹箒づくり。月に1度、13人ほどが集まって作業を行った。利益金を旅行費として積み立て、皆で旅行に行くのが老人達の一番の楽しみであった

れの古老から聞書を行なっている。宮本のメモには、
「五〇年マヘニ七日市場デミキノクチノックリ方ヲナラフ　神山トイフ人ニナラフ」「三年修行シナイト人ノマヘニ出セルモノハデキヌ　キヨウナ子ガ多カッタ」
などとある。この家では昭和の初め頃に「七日市場」で作り方を教わり、以来作り始めたという。できあがった商品は高月や平生などまで売りに行ったようで、一日に三〇軒ほど売り歩いたようだ。繊細な物だけに作るのは容易ではなく、人前に出すには三年ほどの修行が必要だったという。

メモによると竹箒は老人会で生産を行っていた。月一回、皆で集まって作っていたようだ。一日に八〇本ほど作り、セメント工場などに売っていた。もっともこうした仕事は収入としては大きな位置を占めるものではなかった。手芸のような趣味的要素もあり、皆で集まって語らいながら行う作業が、老人たちの楽しみの一つだったようだ。

宮本が日の出村で強く関心を持ったのはこうした日の出の「生業」についてであったようだ。宮本はここに挙げた写真で何を語ろうとしたのだろうか。

日の出村に隣接する羽村市小作の藁葺き屋根の民家。ところどころ差トタンで補修されている

宮本はメモの最後に箇条書きで、

「村人ノイシキヲタカメルタメニタテル予算ノ出タトキダケヤルノデナクテソレヲヤルニハドーシタラヨイカ　高齢者生活開発パイロット事業」

と記している。当時、過疎化や高齢化が進みつつあったこの村で、村人の意識を高め、よりよい村づくりをするためには何をすればよいか、という課題を自らに課してこの調査メモを結んでいる。それは宮本が生涯を貫いて掲げたテーマである。機械による大量生産と、大量消費社会に移行する世の中に置き去りにされていきつつある村々を、宮本はその村の人々の「生業」の歴史や技術を生かして村の再生ができないかということを、この日の出村でも模索していたのであろう。

ここに掲げた日の出村の写真は、宮本がその旅と調査の中で忘れてはいけないもの、記憶にとどめておかねばならないものとして、単に自分のためだけでなく、後世のその土地や広く日本社会へのメモとして伝えたものの一つといえそうである。

原崎洋祐（はらさき　ようすけ）

宮本写真提供・周防大島文化交流センター

著者あとがき

「越前漆器を訪ねる」の前後

須藤　護

今から四〇年ほど前のことである。拙文「越前漆器を訪ねる」の序章と一部重複するが、当時体験したことは私にとって大きな出来事であったので、この機会にもう一度振り返ってみることにした。

昭和四八年（一九七三）八月、会津塗で知られる福島県会津若松で、「明漆会」が主催する夏季セミナーが開かれた。「明漆会」は、次世代を担う若い塗師（漆塗職人）の全国規模の組織で、輪島（石川県）、越前（福井県）、木曽（長野県）、鳴子（宮城県）、川連（秋田県）など、各産地から漆器の将来を模索する塗師と漆器関係者が参加していた。

この年のテーマは日本漆の栽培技術を学ぶことであった。当時の漆器業界は、安価な漆器を大量生産する方向に向かっていた。また日本産漆の生産量が減少し、主に中国からの輸入漆に頼るようになっていた。当時の明漆会の若い塗師たちは、「用の美」の再構築を目指していたように思う。漆器における「用の美」とは、機能性と美しさ、そして強靭さを兼ね備えた器のことである。しかしその伝統が崩れようとしていた。

塗師は漆器の最終工程を担うこと、そしてお客さんと身近に接することから、業界においては頂点に立つ存在である。漆器の生産は木地屋（丸物木地、板物木地）や漆掻き、そして漆刷毛、漆漉し紙（和紙）など漆塗り関係の道具や材料を製作する職人の存在があって初めて成り立つ。そのため塗師を支えてきた多くの職人の技について認識を深め、その技術の継承にも力を注ぐ必要を塗師たちは感じていた。その試みとして、この年のセミナーは漆の栽培を学習の主要なテーマにしたのだと思う。

同じ年、私は武蔵野美大の仲間たちと福島県田島町（現南会津町）針生という山の村に住み込み、村の暮らしを体験することに面白さを感じていた。そして序章でも述べたように、この村で小椋藤八さん、それに星平四郎さんという木地師さんに出会った。小椋さんは当時八〇歳をむかえていたが何となく品格があり、七五歳ほどであった星さんはやんちゃな山男のような風貌をしていた。

私はこの二人から木地挽きの話を山ほど聞いた。また彼らは「いいものをみせてやるべ」といって、ブナの大木から椀の荒型をとる作業をみせてくれた。マガリヨキというヨキを、玉切りしたブナの大木に素早く打ち込んでいく。そして目の前に横たえた大木から、椀を伏せたような山型を次から次へと掘り出していった。それをまた一つ一つはぎ取っていく。椀の荒型の誕生である。同じ作業の繰り返しであったが、長い間見ていてもまったく飽きることはなく、むしろ作業の面白さを感じていた。

彼らはまた、カタブチ（平刃の手斧で椀の外側を成型する作業）、ナカッポリ（湾曲した刃の手斧で荒型の中を刳《く》る作業）もみせてくれた。これより五〇年ほど前（昭和初期の頃）まで、山中の木地小屋で行なっていた作業であった。とくにナカッポリは、直径一五センチ前後の小さな椀の荒型を両足でおさえ、くるくる回しながら鋭い刃物で中を刳る。大変危険な作業であった。

そして二人はついに、「手引きのロクロで椀を挽いてやろう」といってくれた。しかしながら、何分にも五〇年ぶりの作業であったので、ロクロもカンナボウ（椀を挽く刃物）も急ごしらえであまりうまくはいかなかったが、何とか素朴な椀が出来上がった。これら一連の作業は後に、民族文化映像研究所により「奥会津の木地師」という記録映画にまとめられた。

会津の奥深い山中で、家族と共に暮らしてきた木地師の存在を初めて知り、その後、ケヤキやセンを使って太鼓胴を掘る職人や、杓子、へら、曲物などを作る職人の存在を知ったのも会津の山中であった。これらの職人たちは、平地で暮らす人々とは異なる優れた技を保持し、稲作に携わる人々の周辺部に活動の場を広げていた。どんな山の中の村へ行っても海辺の村であっても、水田が開かれている景観に出会うことが多い。この列島は稲作文化が民俗文化の中心的な位置を占めていた。したがって会津での体験はとても新鮮であり、文化の奥深さを教えてくれた大きな出来事であった。この時期から今日に至るまで、「日本人と山と木の文化」というテーマが私の頭から離れることはなかった。

その後、日本人が木を活用してきた時代は同じ状況が連綿と続いたのではなく、大きな波があることが分かってきた。用途によって素材を使い分け、時代によって、また地域によって主役が交代する。その好例が器であった。日本列島は草や木がよく生える国土であるが、器に関しては縄文の昔から中世にいたるまで、主役は素焼きの焼物であったと思う。その補助手段として樹木が活用された。箸、杓子などの多くは木製であったし、焼物を焼くときには短時間に強い火力が得られるマツが大量に使用された。裏方としての樹木が機能したのである。

唐突ではあるが、木の器が素焼きの焼物に代わり、食用具の主役として登場するのは柿渋の活用と関係が深いのではないかと私は考えている。漆器の下地に柿渋が使われるようになり、それまで漆下地を基本とした高級漆器とは異なる類の漆器が誕生した。比較的安価であり、口触りのいい渋下地の漆器が日常生活の中に浸透したのだと思う。その存在を裏付けたのは広島県福山市の草戸千軒町遺跡をはじめ、各地で出土した漆器の存在であった。草戸千軒町遺跡は中世から近世初期にいたるまで存在した町の遺跡で、多数の日常用とみられる漆器が発掘された。その後近代に至り、鉄道の普及とともに陶磁器が全国的に普及することで、次第に生活の中から漆器の存在が遠のいていった。

漆器業に携わる人々は、漆器の存続を期して二つの道を選んだように思う。その一つがさらに安価で大量に生産できる道であり、他方は「用の美」を選ぶ道であった。皆その両方を目指した塗師もいたと思う。それぞれの立場で、必死で漆器を支えようとしていた。

一方私自身は、会津で体験したことを基本にしてもう少し広い世界をみたいと思い、木を扱う職人を訪ねて歩くようになった。越前大野の木地師さんと、明漆会のセミナー会場でお会いした河和田の塗師・山本英明さんを訪ねたのは、それから一〇年あまり後のことであった。

角盆のみがき（鯖江市河和田）

「漆かき―そのしごとと人―」記録映画制作を振り返って

池田　達郎

本巻への「漆かき見聞記」（姫田道子氏著）の再録にあたり、漆かきの写真提供者の私に、漆かきの記録映画の制作当時を振り返って欲しいとの話があった。かなり昔になるが、私にとっても思い出深い映画制作であり、また私がその後歩んできた映画制作の原点ともなる作品であるので、喜んで当時を思い出しながら、その顛末を記してみたい。

私は、紆余曲折を経てカメラマンの道を目指し、年齢も普通の人より多く経た後、最終的にその道の大学・東京写真大学（現東京工芸大学）を卒業し、大学の勧めもあり写真家薗部澄氏に師事した。私の唯一の師匠である薗部との思い出は色々あるが、それはさて置き、薗部は風景（特に民俗を取り入れた日本の原風景）、伝統工芸、民具、郷土玩具などを中心に取材を進め、写真界でも一目置かれた存在であった。そのため交友関係も多く、日本各地に多岐にわたって友人もいた。その中の一つが漆関係の人々である。私の薗部助手時代以前から、漆を生業としている日本各地の漆関係者の人々で、明漆会という勉強会を開催していた（リーダー的役割を宮城県鳴子の澤口さんと石川県輪島の奥田さんがになっていた）。薗部も当初からその会に参加しており、私も助手時代一緒に参加し、澤口さんをはじめ多くの漆関係者と面識を得た。

その後私は薗部の元を独立し、カメラの道でなく映画の道を目指し、監督となり既に自主作品（過疎を題材にした映画で、文部省選定やＮＨＫでも放映された作品）を作り上げていた。その頃何かの件で鳴子の澤口さんのところを訪ねた際、漆かきという仕事があるが、その全てを記録にした映画を制作してみないか、という誘いを受けた。

記録映画の制作

澤口さんの話は大変興味深く、また漆かきさんの現状を考えると、今記録しておかないと日本が培ってきた素晴らしい文化が途絶えてしまうと考え、是非ともやってみたいと澤口さんに伝えた。しかし現実の問題を考えると、このような作品には日本ではまずスポンサーがつくことはない。国などの公共団体の補助も受けることは難しく、制作するならば自主作品として作る以外にない。そうなると制作費が一番重要な問題になる。ところが澤口さんをはじめ漆関係者たちの方々は、制作費は一切ない。しかし制作費以外の記録制作についてのあらゆる援助は、澤口さんや奥田さんをはじめ明漆会の会員たちが全面的な協力を惜しまないという話だった。

私もまだまだ駆け出しの監督であり、一本目の自主作品を作り上げたばかりで、内実は借金も抱え込んでいた。さあどうしようかと悩み抜いていた頃、澤口さんから連絡が入り、漆かきの砂森さんが、そろそろ今年の作業を始めるとの連絡が入った。この機会を逃すと次に良い条件で漆かきさんの仕事のすべて収めることができるのは、いつになるかわからないと聞いていたので、ともかく作業の記録だけは撮っておこうと、レンタルした撮影機とフィルムだけを私の車に積み込み、横浜から夜っぴいて走り鳴子に明け方到着した。

この取材で初めて砂森さんにお会いした。職人気質丸出しだが朴訥な感じを受けた。まだ若造の私との対話にも真面目に耳を傾けてくれ、漆かきの仕事を記録するのであれば、砂森さんも全面的に協力するといってくれた。一回目の取材で体制はすべて整ったわけだが、この取材期間中に制作するかどうかの結論を出さねばならない雰囲気になった。その折宿泊させてもらっていた澤口さんの御宅で、飲みながらいろいろ話をしているうち、私の楽天的な性格もあるだろうが、やればなんとかなるという気持ちが生まれ、記録して映画を制作するという決意を伝えたことを覚えている。

制作の基本姿勢

制作することが決まれば、あとはどのような作品作りを目指せばよいのかが問題となる。砂森さんの一年間の仕事の手順を聞いて全体の流れは理解はしたが、それをどう構成し、何を訴えていくかを明確にしないと、作品が目指す方向性が曖昧になる。そこで二回目の撮影の前に、何度か澤口さんのお宅を訪ね砂森さんも交えて全体の構成を考えた。そして結論として漆かきさんの仕事については、作業工程の時間軸の中で順を追って紹介し、それらを克明に描き、視聴者に漆かきとはどのようなものかを理解してもらうことを第一の目標とする。次の目標として現状の漆かき産業の実態を作品の中で訴え、今抱えている漆関連全体の問題点を提議し、多くの関係者や一般の人々にも、漆（特に漆器製造に関わる様々な事）に関することを理解してもらえるような作品づくりを目指すことになった。

また砂森さんの意見で、最近はやめてしまった作業も記録として残すことになった。それは「留めがき」「伐採」「枝漆」の作業だ。漆かきの技術が確立した頃から、昭和三〇年の半ば頃までは誰もが行なっていた作業である。しかし今ではそれらの作業を行なう人ほとんどいなくなっていた。手間もかかりその割には賃金としては余りにも安いため、ほかの仕事をするか、やらないほうがマシだとなってしまったそうである。

さらに漆かきさんの仕事ではないが、集荷された漆が塗師（木地製品に漆を塗って漆器を作る人）の手にわたる前に行われる漆黒目の作業も、漆器産地である福井県鯖江市の越前河和田で明漆会の方々の協力を得て撮影を行なうことになった。

製作に入り、漆にかぶれ

漆かきさんの初めの作業、「根払い」と「足場組み」が終わり、二度目の撮影のために鳴子を訪れたのは六月の半ば頃だった。その時初めて漆の木に刃物を入れる「初辺《はつへん》」の作業を撮影した。

まず皮剥ぎ鎌で漆を採取する箇所の漆の木の皮を剥ぎ、次にその剥いだ箇所に掻き鎌で横に一本、疵を入れていく。これらの作業を克明にカメラに収めていったのだが、詳細は姫田道子さんの「漆かき見聞記」を読んでもらえばと思う。

この二回目の撮影の数日間は、私たち記録映画取材班（といっても私と助手の二名のみ）は、砂森さんと行動を共にし、かなり克明に撮影を行なった。漆の木に触り、浸出する漆の樹液をアップで撮影するため、漆の樹液に触らんかごときまで近寄り（実際に樹液が手についてしまったこともあった）撮影した。すると鳴子に入って三日目ぐらいに、私の顔がむくみだし、腕や太腿の付根まで痒くなった。これが漆のかぶれなのかと頭で理解できたが、その痒さは半端ではなく、血がでるほどにかきむしった記憶がある。また作業を終え、風呂に入るとかぶれたところがむず痒く、なんと言っていいか言葉に出せないほどの快感を経験した（この快感は経験した人でないと絶対わからないと、同じ体験をした人たちと共感した）。それで私は漆に弱い体質であることが分かったのだが、撮影を中止するわけにもいかず、目的の撮影は全て取り終え横浜に帰った。

夏の「盛辺《さかりへん》」の取材では、漆の浸出も多くなり、私は再びすぐに漆にかぶれた。漆かぶれは免疫ができるので、一度かぶれると二度とかぶれないという人がいたが、それは嘘八百である。横浜に帰ると、漆かぶれはますますひどくなり、体の三分の一位はかぶれたのではないかと思う。さすがに心配になり病院へ駆け込んだが、医者から、最近漆かぶれは珍しいので是非資料として全身を写真に撮りたいとの依頼があり、ライティングまで指導しながら、かぶれた体を撮影してもらったことを、今になって思い出す。

その後も私は取材に鳴子を訪れる度に漆にかぶれた。しかしそのくらい漆にかぶれると、対処の方法も会得した。要は何もしないことである。痒くなったら思いっきり掻いて、血が滲み出したら、ほっぽとけば自然とかさぶたができる。だが、かさぶたは一、二週間で自然に剥がれ、跡は全く残らないのである。

私はその後の映画制作で、日本の国宝や重要文化財の彫刻や、古建築の修復記録の映画を制作することが多かった。それらの現場では漆を使うことが実に多い。そのため相変わらず漆にかぶれ、悩まされている。しかし、日本の伝統工芸や彫刻・建築など実に多くの分野で、様々に漆が使われている事も理解した。漆は日本の文化を支える縁の下の力持ち的な存在なのだ。私が得意とし未だに興味をもって制作している映画を作り続ける限り、これからも漆かぶれと付き合っていかなければならない。

制作の仕上げ作業と普及

こうして漆にかぶれつつ最後の撮影「伐採」と「枝漆」の撮影を終了し、漆かきさんの仕事をすべて撮影することができた。後は仕上げ作業を残すだけ。

まず撮影中に作成した構成案に沿ってラッシュ編集を行なう。その後ナレーション原稿を作成し、ＢＧＭを付けてくれる音楽家や、原稿を読むナレーターを決め、録音スタジオで録音作業を行ない、その後ネガ編集を終え、初号現像で色合わせをして、

漆の木を伐採する砂森さん

作品は完成する。最初のラッシュ編集の要所要所で澤口さんや、特に大事な箇所では砂森さんにも実際に映像を見てもらい、作業手順などの間違いがないことを確認する作業を何度も行なった。ナレーション原稿でもその作業を繰り返し、『漆かき―そのしごとと人―』というタイトルの、長さ三〇分の伝統技術記録映画がようやく完成したのである。当時の日本の漆かきの仕事を、正確に記録した作品に仕上げた自信がある。

完成した作品の活用段階で、大いに力になってくれたのも澤口さん、奥田さんはじめ、明漆会会員の人たちである。

まず作品の普及と制作資金の回収のため、映画のプリントを販売しなくてはいけない。それは日本各地に散在する会員たちが、所属する漆器組合などに掛け合い、販売の手助けをしてくれた。並行して公共の図書館やライブラリーなどにも作品の宣伝をしてくれ、いくつかは購入もしてくれた。

さらにもっと多くの人々にこの作品を見てもらおうと企画し、明漆会が京都市の伝統産業課に掛け合い、京都市共催の作品発表会を京都の伝統文化会館で行なうことも決定した。発表会の当日、岩手県から砂森さんも駆けつけ、また明漆会も同時に京都で会を開催するなど様々な形で協力をしてくれた。発表会の当日、漆器関係者以外にも多くの方々が映画を見に来てくださり、この漆かきの映画を制作して本当に良かったと、感謝の気持で一杯になったことが昨日のことのように思い出される。

その後、私はさらに漆の世界にのめり込み、三年後に「漆器づくりの要具―手仕事の世界」という作品を自主制作した。この作品は漆器づくりに用いる様々な要具（道具とすべきかもしれないが、漆器作りに欠かせないものという意識もあり、あえて要具とした）作りを紹介すると共に、その仕事に従事する職人さんたちが置かれている状況を描いた作品だ。

その要具は、漆器を研磨するためだけに使用する「研ぎ炭」、漆を上塗りする際、漆の中に混じっている塵を濾すための「漆濾紙」、漆を塗るためだけに用いる特殊な「漆刷毛」、蒔絵を描くときのみ使われる特殊な形状の「蒔絵筆」。作品ではこの四種類の要具づくりの実際を描くと共に、漆器を取り巻く日本の現状をも訴えた。これらの仕事をする人は、昔から言われている、「駕籠に乗る人、乗せる人、そのまた草鞋を作る人」の、まさに草鞋を作る人たちであった。

この作品も澤口さんのアドバイスを受けつつ、およそ一年の歳月をかけ、福井県の若狭の名田庄村（研ぎ炭）、京都府の丹後にある大江町（漆濾紙）、奈良県吉野町（漆濾紙）、山形県上山市（漆濾紙）、東京都の文京区千石（漆刷毛）、京都府の京都市下京区（蒔絵筆）と、取材対象者が各地に点在していたため、私のオンボロ車に寝泊まりしながら、撮影を行なった。そして撮影から約一年をかけて、四二分の伝統技術記録映画が完成した。

この作品は東京の富士フィルムホールで発表会を行い、「漆かき」の作品同様、明漆会の皆さんの多くの協力を得た。そしてこの作品は、その年の芸術祭大賞や文部省特別選定、さらに教育映画祭をはじめ数々の賞を受賞した。多くの賞を受賞したことは当然嬉しかったが、それよりも世の中にはこのような縁の下の力持ち的な仕事に、全身全霊をかけてひたむきに従事する人々がいることを、多くの視聴者に分かってもらえることがさらに嬉しかった。

私の映画制作はその後「和紙作り」「彫刻の修復作業」「古建築の修復作業」等々、我が国が培ってきた様々な優れた文化を記録し、後世に残すための一助となるべく作品を作り続けてきた。そして、またこれからもそのような作品作りを目指していくつもりである。

こうした私の映画制作の方向性を定めてくれた「漆かき」の記録映画は、私には本当に思い出深い作品である。だがこの映画を制作して、三十年余も過ぎた現在、砂森さんはじめ、澤口さん、奥田さん、さらに明漆会の主だった人々の多くは鬼籍に入られている。それら多くの関係者の方々のご冥福を心より祈って本稿を終わりとしたい。

著者・写真撮影者略歴（掲載順）

宮本常一（みやもと　つねいち）
一九〇七年山口県周防大島の農家に生まれる。大阪府立天王寺師範学校卒。柳田國男の『旅と伝説』を手にしたことから民俗学への道を歩み始め、一九三九年に上京し、渋沢敬三の主宰するアチック・ミューゼアムに入る。戦前、戦後の日本の農山漁村を訪ね歩き、民衆の歴史や文化を膨大な記録、著書にまとめるだけでなく、地域の未来を拓くため住民たちと語りあい、その振興策を説いた。一九六五年武蔵野美術大学教授に就任。一九六六年、後進の育成のため近畿日本ツーリスト（株）・日本観光文化研究所を設立し、翌年より月刊雑誌「あるくみるきく」を発刊。一九八一年没。著書『忘れられた日本人』（岩波書店）、『日本の離島』、『宮本常一著作集』（共に未來社）など。

姫田道子（ひめだ　みちこ）
一九二九年東京市生まれ。旧制日比谷女学校及び桑沢デザイン研究所リビング科卒業後、第一生命保険相互会社、モノプロ工芸に勤務。写真家・薗部澄や漆器製作者・澤口滋、奥田達朗らの導きによって漆器の記録を始め、また宮本常一に師事していた夫・姫田忠義の影響もあり、主婦業のかたわら漆業関係者が結成した明漆会に出入りし、漆器や漆について学んだ。

竹内久雄（たけうち　ひさお）
一九二八年徳島県美馬郡半田町字逢坂生まれ。一九四七年旧制池田中学校卒業後、家業の漆器製造に従事。一九七〇年半田町役場に勤務し、「半田町誌」の取材、編纂に携わる。八九年町役場退職後、半田漆器の復活を目指して漆器製造を再開。「半田漆器復活協議会会長」を務め、現在も漆器製造業を続ける。

吉野洋三（よしの　ようぞう）
一九四一年生まれ。一九六五年年多摩美術大学を卒業。長年、神奈川県工芸指導所研究員として勤務し漆塗りの研究・指導に当たる。二〇〇八年没。漆にまつわる古典文献をDVD『うるし草―にほん漆器風土記』として集大成する。

池田達郎（いけだ　たつお）
一九四七年生横浜生まれ。ドキュメンタリー映像作家。東京写真大学（現東京工芸大学）卒業後、写真家薗部澄氏に師事する。一九七五年独立しドキュメンタリー文化映画の制作を始める。一九七七年の自主制作作品「山をおりる日」制作以来、「漆かき」、「漆器づくりの要具」（芸術祭大賞、キネマ旬報文化映画グランプリ受賞）、「甦る仁王」（芸術祭TVドキュメンタリー部門グランプリ受賞）、「箏の物語」などの自主作品や、「遥かなる流の郷」（シカゴ国際映画祭ドキュメンタリー部門ゴールドプラーク賞）他多数の委嘱作品を制作し、現在に至る。

澤口　滋（さわぐち　しげる）
一九二五年宮城県鳴子町に漆器学者の澤口悟一の三男として生まれる。鳴子漆器の塗師となり、また漆器販売の竜文堂を経営した。一九六四年、衰退しつつあった漆器関連産業、技術の復興のため、石川県輪島塗の塗師奥田達朗らと共に明漆会を結成し、その中心メンバーとして活躍した。一九九七年没。

小林　淳（こばやし　じゅん）
一九五二年神奈川県相模原市生まれ。武蔵野美術大学商業デザイン科卒。大学で宮本常一と出会い、三原市史民俗編や奥会津地方の民俗調査に参加。周防猿回しの会の設立時には、猿の調教過程を記録し『あるくみるきく』に発表した。一九八二年にインドを経由し、アフリカを目指して旅立ち、現在に至る。

TEM研究所（テム　けんきゅうしょ）
所長は真島俊一。佐渡宿根木のデザインサーベイをしていた武蔵野美術大学の学生たちで結成した調査研究グループ（現在は株式会社組織）。宮本常一にそそのかされ、佐渡の村落の生業と生活文化の調査を行った。文化財や民具の保存・展示計画、博物館等の設計施工、町つくり計画等を業務にしている。小木民俗博物館、周防大島文化交流センター、民博の四棟の民家模型、弁財船の実物大の復原施工がある。著作は『南佐渡の漁村と漁業』、『図説佐渡金山』（河出書房新社）、『棚田の謎』（農文協）などがある。

山崎禅雄（やまさき　ぜんゆう）
一九四三年島根県桜江町生まれ。早稲田大学第一文学部史学科大学院博士課程修了。宮本常一没後の日本観光文化研究所『あるくみるきく』編集長。同研究所の閉鎖後、帰郷し日笠寺住職。桜江町『水の国』初代館長、江津市教育委員等を歴任。主な著書に『水の力―折々の表情』（淡交社）などがある。

西山　妙（にしやま　たえ）
一九四三年東京都生まれ。早稲田大学第一文学部卒。日本観光文化研究所に初代事務局員として入る。『あるくみるきく』の創刊以降は、その編集、執筆に携わる。著書には『道は語る』（ほるぷ出版）がある。

須藤　功（すとう　いさを）
一九三八年秋田県横手市生まれ。川口市立県陽高校卒。民俗学写真家。一九六六年より日本観光文化研究所所員となり、全国各地を歩き庶民の暮らしや祭り、民俗芸能の研究、写真撮影に当たる。日本地名研究所より第八回「風土研究賞」を受賞。著書に『西浦のまつり』（未來社）、『花祭りのむら』（福音館書店）、『写真ものがたり　昭和の暮らし』全一〇巻、『大絵馬ものがたり』全五巻（共に農文協）など。

森本　孝（もりもと　たかし）
一九四五年大分県生まれ。立命館大学法学部卒。日本観光文化研究所では漁村調査や『あるくみるきく』の編集を行う。平成元年から平成二一年まで水産・漁村社会経済専門家として発展途上国の水産・漁村振興計画調査に従事。この間、水産大学校教員、周防大島文化交流センター参与も務めた。著書・編著に『舟と港のある風景』（農文協）、『鶴見良行著作集フィールドノートⅠ・Ⅱ』（みすず書房）、『宮本常一写真図録Ⅰ・Ⅱ』（みずのわ出版）他がある。

須藤　護（すどう　まもる）
一九四五年千葉県生まれ。武蔵野美術大学建築学科卒。龍谷大学国際文化学部教授（民俗学）。著書に『暮らしの中の木器』（ぎょうせい）、『東和町史各論編4―集落と住居』（東和町教育委員会）、『木の文化の形成―日本の山野利用と木器の文化』（未來社）などがある。

薗部　澄（そのべ　きよし）
一九二一年東京市生まれ。写真家。日本観光文化研究所同人。岩波写真文庫スタッフ等を経て、一九五七年独立。フリーの写真家として地方の農山漁村の風景や民俗文化をとり続けた。一九九六年没。主な写真集に『北上川』（平凡社）、『日本の郷土玩具全六巻』（美術出版社）、『奈良六大寺大観』（岩波書店）、『列島を行く』（淡交社）、『忘れえぬ戦後の日本』（ぎょうせい）等がある。一九九四年『冬―日本海』『冬―北海道』（日本カメラ社）で芸術選奨を受賞した。

近山雅人（ちかやま　まさと）
一九五二年山梨県生まれ。写真家。東京工業大学像情報工学研究施設修了。日本観光文化研究所の「あむかす探検学校」への参加を機に所員となり、「あるくみるきく」に執筆する他、研究所関連の写真撮影に携わった。著書に『新版カメラマン手帳』（朝日新聞社）がある。

原崎洋祐（はらさき　ようすけ）
一九七七年静岡県島田市生まれ。広島大学大学院文学研究科博士課程前期修了。二〇〇九年一〇月より周防大島文化交流センター学芸員。宮本常一関係資料の文書・蔵書整理を担当。論文に「明治期における日本茶輸出とアメリカ市場の動向」（『文化交流史比較プロジェクト研究センター報告書Ⅴ』）などがある。

監修者略歴

田村善次郎（たむら　ぜんじろう）
一九三四年、福岡県生まれ。一九五九年東京農業大学大学院農学研究科農業経済学専攻修士課程修了。一九八〇年武蔵野美術大学造形学部教授。武蔵野美術大学名誉教授。文化人類学・民俗学。
大学院時代より宮本常一氏の薫陶を受け、国内、海外のさまざまな民俗調査に従事。『宮本常一著作集』（未來社）の編集に当たる。著書に『ネパール周遊紀行』（武蔵野美術大学出版局）、『棚田の謎』（農文協）ほか。

宮本千晴（みやもと　ちはる）
一九三七年、宮本常一の長男として大阪府堺市鳳に生まれる。小・中・高校は常一の郷里周防大島で育つ。東京都立大学人文学部人文科学科卒。山岳部に在籍し、卒業後ネパールヒマラヤで探検の世界に目を開かれる。一九六六年より近畿日本ツーリスト・日本観光文化研究所（観文研）の事務局長兼『あるくみるきく』編集長として、所員の育成・指導に専念。
一九七九年江本嘉伸らと地平線会議設立。一九八二年観文研を辞して、向後元彦が取り組んでいた「(株) 砂漠に緑を」に参加し、サウジアラビア・UAE・パキスタンなどをベースにマングローブについて学び、砂漠海岸での植林技術を開発する。一九九二年向後らとNGO「マングローブ植林行動計画」（ACTMANG）を設立し、サウジアラビアのマングローブ保護と修復、ベトナムの植林事業等に従事。現在も高齢登山を楽しむ。

あるくみるきく双書
宮本常一とあるいた昭和の日本 23 漆・柿渋と木工

2012年4月25日第1刷発行

監修者　田村善次郎・宮本千晴
編　者　森本　孝

発行所　社団法人　農山漁村文化協会
郵便番号　107－8668　東京都港区赤坂7丁目6番1号
電話　03（3585）1141（営業）　03（3585）1147（編集）
FAX　03（3585）3668
振替　00120（3）144478
URL　http://www.ruralnet.or.jp/

ISBN978－4－540－10223－3
〈検印廃止〉

印刷・製本　(株)東京印書館